Original Japanese language edition
Nisoku Hokou Robot no Model-Based Kaihatsu
Edited by ROBO-ONE Iinkai

Published by Ohmsha, Ltd.
This Chinese version published by Science Press, Beijing
Under license from Ohmsha, Ltd.

二足歩行ロボットのモデルベース開発
ROBO-ONE委員会　オーム社　2005

双足步行机器人仿真设计

〔日〕 ROBO-ONE 委员会 编
杨 洋 杨斯爽 译

科 学 出 版 社
北 京

图字：01-2011-7156号

内 容 简 介

本书面向ROBO-ONE on PC双足步行机器人仿真大赛，主要介绍使用CAD设计软件Autodesk Inventor、分析软件MSC.visualNastran 4D、控制仿真软件MATLAB/ Simulink，进行双足步行机器人的CAD建模、机构和结构分析、控制以及协同仿真的步骤和方法。同时，以历届比赛中取得优胜奖的5件作品为例，介绍了双足步行机器人设计与开发中的成功经验和技巧。

本书有助于高等院校师生和参加相关机器人大赛的爱好者了解和学习相关知识，也可作为从事机器人设计和开发人员的参考书。

图书在版编目（CIP）数据

双足步行机器人仿真设计/（日）ROBO-ONE委员会编；杨洋，杨斯爽译.—北京：科学出版社，2012

ISBN 978-7-03-035703-8

Ⅰ.双…　Ⅱ.①R…②杨…③杨…　Ⅲ.机器人-仿真设计　Ⅳ.TP242

中国版本图书馆CIP数据核字（2012）第235644号

责任编辑：喻永光　杨　凯 / 责任制作：董立颖　魏　谨
责任印制：赵德静 / 封面设计：林一帆

北京东方科龙图文有限公司　制作
http://www.okbook.com.cn

科学出版社　出版
北京东黄城根北街16号
邮政编码：100717
http://www.sciencep.com

骏杰印刷厂　印刷

科学出版社发行　各地新华书店经销

*

2013年1月第　一　版　　开本：787×1092　1/16
2013年1月第一次印刷　　印张：14 3/4
印数：1—5 000　　字数：284 000

定价：38.00元

（如有印装质量问题，我社负责调换）

译者序

继本田ASIMO、索尼SDR和富士通HOAP-2等人形机器人问世以来，人形机器人给我们带来了梦想。现在市面上已经出现了双足步行机器人玩具，我国的一些中小学也结合实践教学课程的要求配备了双足步行机器人本体和相应的控制平台。经过编程，双足步行机器人可以站立、行走，有些还可以跳舞、唱歌。有兴趣从事机器人制作的朋友们，可能一直在琢磨：我们自己能否亲手制作、控制机器人？现在的机器人是否可以实现更复杂且难度大的动作？能否像动画片中的超人那样飞翔？

ROBO-ONE是实现这种梦想的双足步行机器人大赛。越来越多的人追逐梦想、制作机器人并挑战ROBO-ONE。系列书《双足步行机器人制作指南》《双足步行机器人进化技术》《双足步行机器人仿真设计》就是在这样的背景下出版的。该系列书由ROBO-ONE委员会组织编写，以参加ROBO-ONE的双足步行机器人为题材，由日本著名的机器人专家和往届优胜者执笔。

本系列书以参加ROBO-ONE的双足步行机器人为对象，全面介绍机器人硬件选型制作、机器人动作（运动）创建（程序）、无线通信及控制器。同时，引入协同仿真技术，利用CAD软件、分析软件及控制和仿真软件，构建机器人仿真环境，讲述仿真过程和方法。还邀请历届ROBO-ONE的获奖机器人制作者，向想要参加ROBO-ONE及想要制作双足步行机器人的人们解说艰苦而富有乐趣的双足步行机器人的制作历程。

本系列书旨在为高中生以上正考虑制作机器人、正在制作机器人或虽有机器人制作经验但仍想挑战独创的机器人的各位读者提供一个学习和交流的平台，帮助大家了解和学习双足步行机器人的设计、制作、动作控制及仿真方面的知识，培养学习者的动手技能，提高设计制作水平。尤其是怀有梦想的机器人爱好者，能够从中收获机器人制作的知识，使他们如虎添翼，实现梦想、迎接挑战。

本系列书系统性强，从简单的机器人零部件的设计、制作到整体机器人的装配和运动控制构成完整的体系，贯穿以硬件制作实际机器人和通过软件进行机器人设计、分析及控制仿真的手段和方法。该系列书图文并茂、简明易懂，不涉及抽象的理论，实用性强，是目前我国机器人爱好者不可多得的参考书，可望对提高我国的机器人技术水平、推动机器人技术的普及有一定的贡献。

值此译稿付梓之际，我谨向百忙中拨冗执迷的各位译者，向编辑出版该系列书的科学出版社有关编辑，以及日本欧姆社和ROBO-ONE委员会的各位表示诚挚的谢意。

由于书中涉及的内容广泛，译者水平有限，错误和不妥之处在所难免，敬请读者批评指正。

杨 洋

2012年10月30日

前言

在日本，人形机器人人气最旺，诸如铁臂阿童木、魔神、机动战士高达、无敌三四郎等，一代代青少年都有自己的机器人英雄。机器人给人类带来了梦想，而实现这个梦想的却是人类自己。机器人竞赛ROBO-ONE，就是因人们追寻他们心中永远的英雄——铁臂阿童木而诞生的。

当机器人爱好者蜂拥而至时，人们注意到可以模仿无敌三四郎实现双足步行机器人这一梦想。逐渐地，双足步行机器人玩具进入市场。那我们可不可以让双足步行机器人也像机动战士高达一样在宇宙中战斗呢？随之就诞生了ROBO-ONE on PC仿真竞赛。

如何让机器人在宇宙中活动呢？如果通过试验实现，需要昂贵的花费；若只是仿真的话，不需要高额花费的实验装置，也不需要反复地制作机器人，仅有PC就足够了。

本书为了比较简明地说明仿真设计过程，在对双足步行机器人进行建模的同时，结合实际的应用案例对其中重要的部分进行讲述。希望读者能够体验基于模型的设计过程。

为了加深对本书的理解，可以参考以下关于双足步行机器人仿真的相关书籍。

《双足步行机器人制作指南》：已由科学出版社翻译出版。

ROBO-ONE 委员会提供了以下网址供大家参考。

ROBO-ONE 主页：http://www.robo-one.com

那么，我们就从学习仿真开始，直到参加ROBO-ONE竞赛。到那时，看着机器人在PC上运动，你真会有宇宙战士在太空格斗的感觉，你一定不会失望的！

梦想与感动，然后到现实。

ROBO-ONE委员会代表　西村　辉一

目录

第1章　基于模型的集成开发……1
1.1　什么是集成开发……2
1.2　机器人开发的流程……2
1.3　CAD……3
1.4　CAE……4
1.4.1　结构分析……4
1.4.2　机构分析……4
1.5　Simulink……5
1.5.1　MBD……5
1.5.2　Simulink简介……5
1.5.3　与MSC.visualNastran 4D的协同……5
1.5.4　实时工作间嵌入式代码……5

第2章　三维CAD系统……7
2.1　三维CAD简介……8
2.2　Inventor 的使用……9
2.3　机器人部件设计……9
2.3.1　绘　图……9
2.3.2　钣金件的绘制……13
2.3.3　伺服电机支架的建模……17
2.4　机器人的机构与装配……23
2.4.1　使用通用零件……23
2.4.2　使用标准件……24
2.4.3　三维空间中的装配……25
2.4.4　装配模型的动作检查……27

第 1 章

基于模型的集成开发

西村　辉一　ROBO-ONE委员会代表。

1.1 什么是集成开发

在机器人制作中，把从CAD开始到结构分析、机构分析及控制的全过程集成起来，可以高效地进行机器人开发。“集成”的意思就是在这些开发过程中使用不同软件，使每一个过程各有所长。CAD是用于实现CAD设计的软件，其使用性能优良并适用于不同专业领域，同时也是用于机构分析、结构分析最好的软件。这里，从上游到下游的设计数据必须集成起来使用。所以，把不同厂家的软件集成起来使用就叫做集成开发（图1.1）。

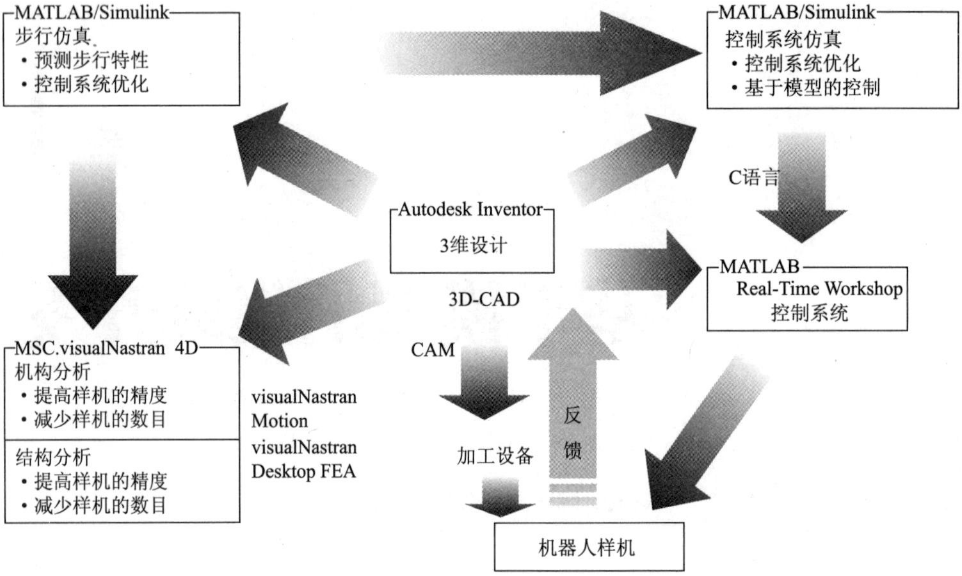

图1.1 集成开发实例

这里，CAD采用的是Autodesk Inventor软件，结构与机构分析采用的是MSC.visualNastran 4D软件，而控制采用的是MATLAB/Simulink软件环境。将这几种不同的软件协同起来使用不仅能提高开发效率，而且不用重复创建模型。同时，也会大幅度减少资源浪费。

1.2 机器人开发的流程

业余爱好者在进行机器人开发时，可以按下面的步骤进行：

（1）机器人整体结构设计；

（2）画图纸；

（3）制作零部件；

（4）组装机器人；

（5）编写步行动作程序。

如果由于结构与强度的问题而导致机器人动不起来，就只能返回（1）重新开始。很多人便会认为双足机器人太难而放弃，也有一些人在花费了很多工夫之后还是无法使机器人动起来。

双足步行机器人中常常使用多个伺服电机，因此连接这些伺服电机的元器件会比一般机器人中的零件数目多出很多，要在软件中解决这些问题是非常令人头痛的事情。如果只是轻量化制作的话，软件开发就会变得轻松些。可是，要让机器人动起来，就必须确定各部分的强度和伺服电机的转矩。而现在，我们不需要再制作出真实模型后编程演示，运用基于模型的集成开发就可以了。

基于模型的集成开发流程如下：

（1）设计机器人的草图；

（2）画设计图；

（3）导入机构分析软件；

（4）编写软件；

（5）编制步行程序；

（6）进行机构分析，求出所需力矩；

（7）进行结构分析；

（8）提高强度或轻量化。

重复以上过程，提高完成度。至此，就是所谓的虚拟开发。

（9）制作零部件；

（10）装配；

（11）将写好的程序，下载代码到CPU中，机器人就会动起来。

根据以上流程，我们可以结合自己所预期的机器人动作情况计算伺服电机的转矩、结构体的强度以及所需CPU的能力等。这样，可以大大降低元器件购置时的选型错误或无谓的重复试制带来的损失。并且，编写程序的语言也较容易理解，有助于机器人进一步智能化。

1.3 CAD

现在，CAD已经被普遍使用，特别是随着三维建模的进一步普及，其三维设计图中也增加了所包含的多种数据信息。所以，如果知道材料，我们可以求出从形状到质量、重心位置等各种各样的物理量。并且，在装配状态下可以进行干涉检查或动作检查。把这些三维数据传送到机构分析软件或结构分析软件中，再把这些过程串起来，在PC上进行反复分析、修正，就能使设计过程大大缩短。图1.2是Inventor的例子。

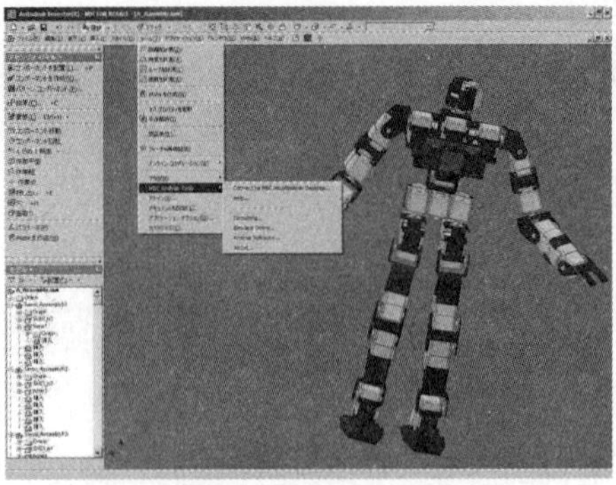

图1.2 Inventor 举例

1.4 CAE

CAE（Computer Aided Engineering）就是通过PC进行开发，尤其是在结构分析领域，宏观一点地说就是虚拟开发，即在PC上进行制作。本书中将采用MSC.visualNastran 4D进行结构分析和机构分析。

1.4.1 结构分析

计算零部件的强度或振动时常采用有限元法。有限元法就是把复杂零部件的形状分割成许多小单元，再把这些单元组合起来计算整体的应力和应变。这种方法可以实现高强度设计和轻量化。图1.3是结构分析的实例。

1.4.2 机构分析

在机构分析中，可以对连杆机构等运动学模型进行分析，还可以使机器人在PC上动作。在每个关节处安装伺服电机，根据输入的数据进行动作（图1.4）。这里，伺服电机与编程语言Simulink连接，通过Simulink 给定各个关节的角度，机器人就可以在PC上显示给定运动。

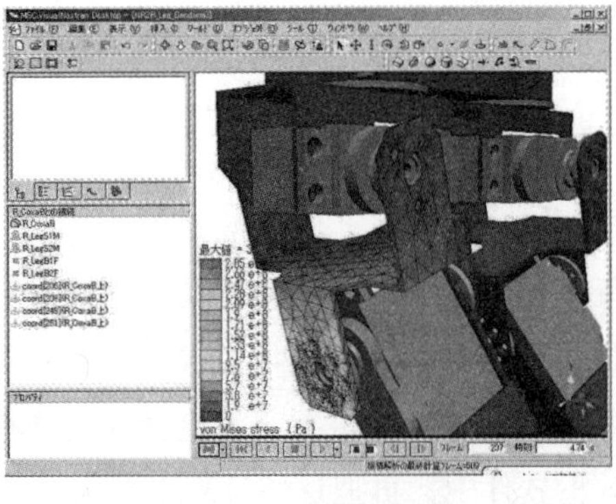

图1.3 结构分析举例

图1.4 机构分析举例

1.5 Simulink

1.5.1 MBD

最近，各个企业都开始在推广基于模型的开发（Model Base Development）。在这些工作中以基于使用Simulink的程序开发，对开发的全过程通过Simulink进行建模。把这些有效的手段集成到一起，通过虚拟制作，就会缩短开发周期、降低开发成本。

1.5.2 Simulink简介

Simulink是组装模块、编写程序的一个工具。如图1.5所示，使用配置的虚拟示波器可像真实示波器那样显示计算结果。用Fortran、C语言编写，更便于理解，可以简洁地表示计算过程。并且，如图所示的程序格式简单易懂。

1.5.3 与MSC.visualNastran 4D的协同

一般在开发控制程序时，要把控制对象模型化，进而评价其程序的合理性。可是，对控制对象建模是一项非常麻烦的事情。在力学建模时，可以通过Inventor把设计的模型导入MSC.visualNastran 4D中，并将这个模型作为控制对象。图1.6是把MSC.visualNastran 4D连接到Simulink中添加的S-Function程序。这个函数可以输出需要的控制信息，输入用于控制的数据，以此验证控制的正确性。

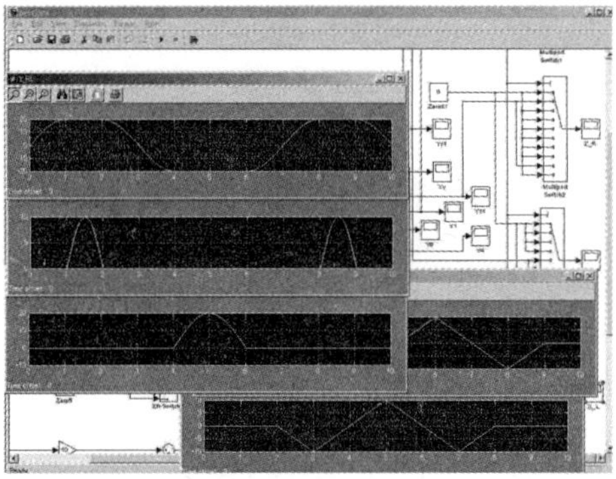

图1.5　Simulink 画面

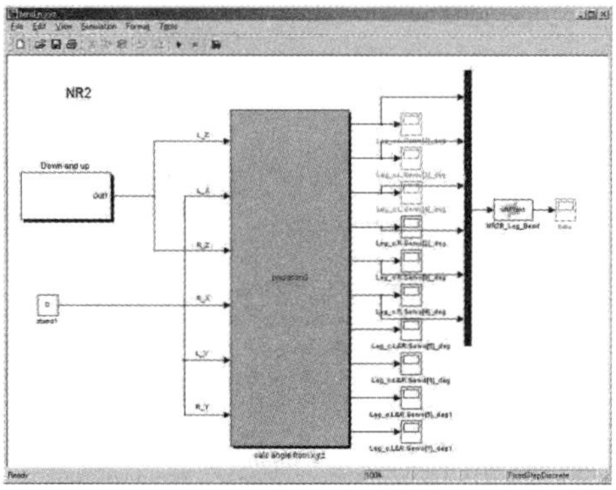

图1.6　与MSC.visualNastran 4D的协同

1.5.4 实时工作间嵌入式代码

在Simulink中开发的程序可以通过实时工作间下载到C语言中。只要将输入/输出设定成与所使用的微处理器相对应，就可以使机器人按预定动作运动。并且，在实时工作间嵌入式代码（Real-Time Workshop Embedded Coder）中，会生成与CPU对应的代码。图1.7是Power PC的开发环境。

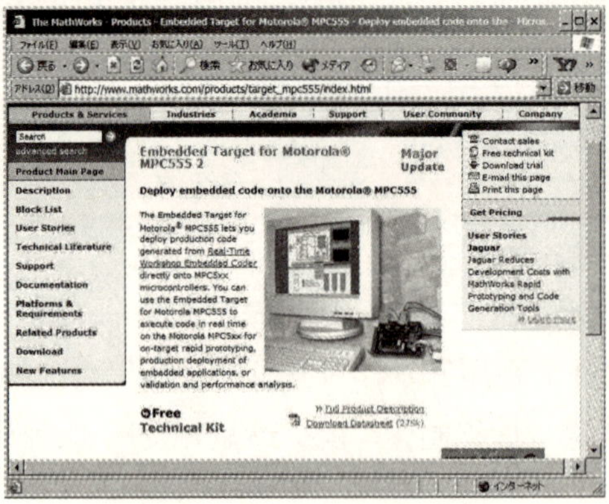

图1.7 MPC555的开发环境

上面简单介绍了集成MBD。从下一章开始，进一步详细介绍。

第2章

三维CAD系统

宇土　和宏　生于1971年，毕业于长崎大学工学院机械系统工学系，现在在Autodesk公司从事以Autodesk Inventor Series为中心面向制造业的软件服务的营销技巧和市场营销工作。

2.1 三维CAD简介

这里就三维CAD进行简单介绍。自1970年三维CAD的三维线框（Wireframe）模型开始投入市场以来，人们逐步开发了面模型和实体模型，但是与此相关的用于分析、制造方面的通用三维CAD系统却由不同的CAD制造厂家提供。

截至目前，三维CAD的目的除了表示二维CAD不能定义的三维模型空间内的形状外，还可以用于生成更精确的数据（如NC代码等）和分析模型，使CAD数据得到更有效、灵活的运用。因此，随着面模型开发的深入，曲面定义也从Coons方法向Bezier、NURBS方法发展。可是，这些三维CAD系统只能在比较昂贵的PC或微处理器上运行，操作起来也很麻烦。而且，为了更有效地使用，用户还需要具备一定的数学知识，因此，只有在企业的开发部门或生产技术部门使用此系统。

其中需要特别注意的是实体模型。由于在构建面模型中要重复进行粘贴操作，因此需要考虑修补和操作顺序，在进行复杂形状建模时，就需要非常娴熟的技巧和足够的时间。可是，在实体模型中，利用形状集合运算，像搭积木那样构建模型，可以更加直观地进行建模。这里，进行复杂的数据处理时数据结构需要大量的PC资源(CPU性能、内存、磁盘大小等)。为此，实体模型的普及就指望20世纪80年代中期出现的高性能工作站。

与此同时，实体模型的应用技术也得到了发展。实体模型表达方法开始从CSG向它的主流B-REPS方向发展，进而与面模型融合形成混合模型。所以出现了通过体素的交并差运算生成实体模型的方法，并且可以生成具有自由曲面的实体模型。同时，也出现了通过自由曲面切取实体模型的雕刻建模法。

第一代三维CAD系统进行建模时需要精确地输入尺寸，但是，在需要变更其形状时，要先消除需变更的部分后再重新建模。为了进一步普及三维CAD，必须解决这个问题。我们把这样的开发称为参数连接（Parameter Link）方法。

1990年初进入市场的三维CAD系统是把实体模型的构建历程作为数据，通过编辑历程，可以自动改变形状的模型框架。同时产生了Feature（特征）的概念。Feature表示形状的特征，如凸缘、孔、端面、倒角（圆角）等实体模型的各个部位的特征。也就是说，特征是构建实体模型的最小单位。

最近，主流计算使用的硬件是PC和工作站。随着硬件的进一步高性能、低成本化，Parameter Link模型已经得到了普及，从而成为第二代三维CAD系统。

1990年下半年，出现了在PC上运行的中端三维CAD系统。而PC上运行的面模型和实体模型等均为高端三维CAD系统。又因为其低价格供应市场，加速了三维CAD系统的普及，使得三维CAD成为产品设计过程中必不可少的工具。

本章中采用中端三维CAD系统中的Autodesk Inventor软件来进行以实际操作为主的学习，从而加深对三维CAD系统的理解。

2.2 Inventor 的使用

下面介绍Inventor的基本操作过程（图2.1）。先以三维CAD中一般形状的基本图形作为截面形状进行绘制。然后，通过附加称之为Feature的形状特征，构建实体形状。

在进入下一节的设计阶段之前，需要先打开Inventor软件中附带的图2.2所示Inventor教程。

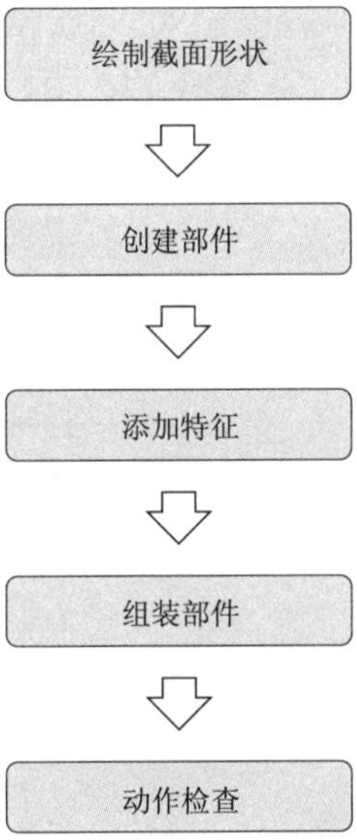

图2.1 Inventor的基本操作过程

图2.2 Inventor教程

2.3 机器人部件设计

在这一节中，我们学习设计机器人部件的操作步骤。在三维CAD中构建一般部件形状的过程叫做几何建模。下面就进行机器人三维CAD形状的绘制。

2.3.1 绘 图

下面开始模型制作。在建模时，需在绘图平面中定义截面形状。建模之前，我们先稍稍做一下绘图练习。

准备阶段，需要进行以下操作。首先，打开新建文件夹，在“文件”菜单的“新建文件”下，打开“Standard.ipt”。接着，确认网格所表示的部分（输入绘图模式，准备完成）。

■ 画基准线（绘图开始）

在画面中间部分，单击鼠标的右键。选择“生成直线”命令开始绘图，光标就会变成黄色。如图2.3所示，移动光标到绘图的起点，单击鼠标左键。然后把鼠标向右移动，随着鼠标的移动可以画出绿线。若绿线接近于水平状态，光标的一侧会出现水平符号“——”。

在水平符号表示的状态的终点处，再次单击左键，完成水平基准线的绘制。这里，要选取合适的线段长度。

■ 画垂直线

由于直线命令处于激活状态（没有结束），可以继续添加线段。沿垂直方向向上移动鼠标，直线接近垂直状态，可以画出与刚才所画线段呈90°的线段，光标的一侧出现垂直符号“⊥”。再次单击鼠标左键，便可以添加第二条线段（图2.4）。

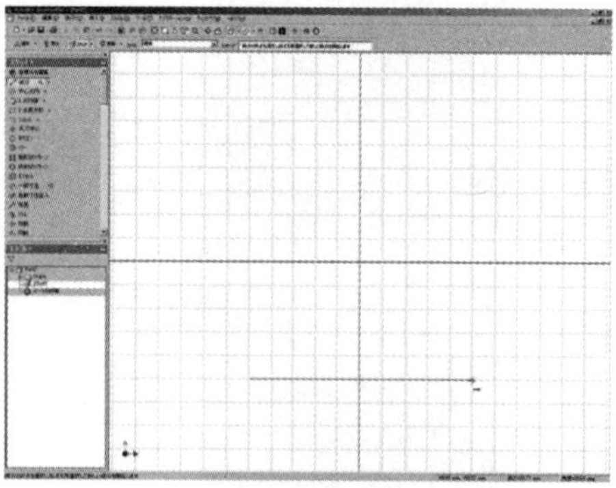

图2.3 基准线

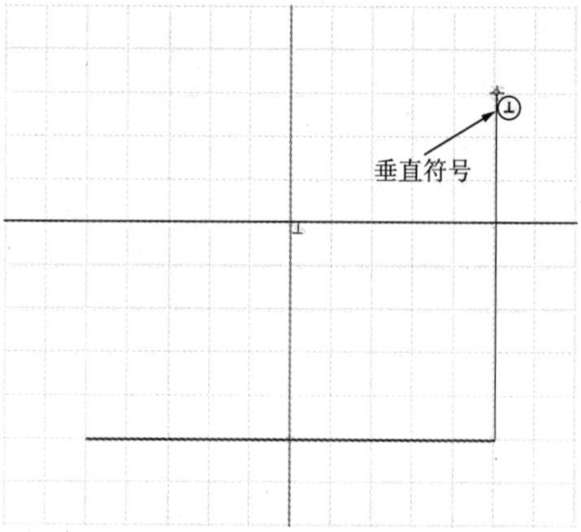

图2.4 垂直线段

■ 在图形上添加半圆

如果直线命令仍在激活状态下，那么鼠标移动到第二条线的端点时会从黄色变为绿色。

这时，按住鼠标不放并拖曳到上方，再向左便可移动画出半圆。随着鼠标的移动，就定义出半圆。移动到图2.5所示大体位置（表示水平线的绿色虚线的起点）时，松开鼠标左键，就作成了圆弧。

■ 关闭绘图

直线命令处于激活状态时，若把光标移动到绘图的起点，黄色捕捉端点会变为绿点。此时单击端点，关闭绘图（图2.6）。单击右键，选择“菜单”下的“结束”。

【**补充说明：**到目前为止的一连串的操作可以用一条命令完成。在普通CAD中，画直线和圆弧都是不同的命令。而且，普通CAD中都有关于水平线和垂直线等相关的具体命令。但是在Inventor中不同，鼠标操作只要稍稍做一些改变，就可以画出丰富多彩的图形。】

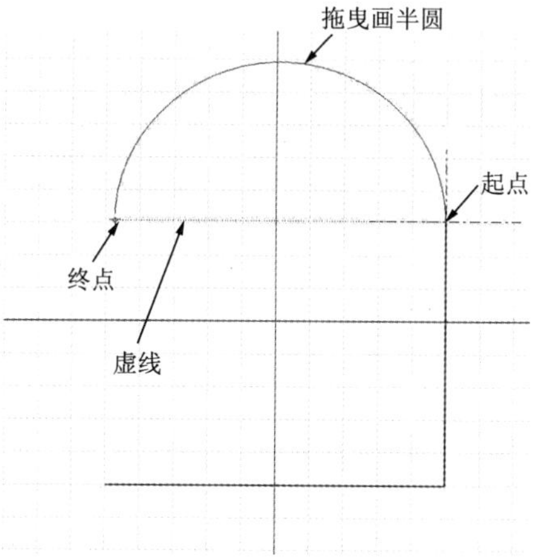

图2.5 添加半圆

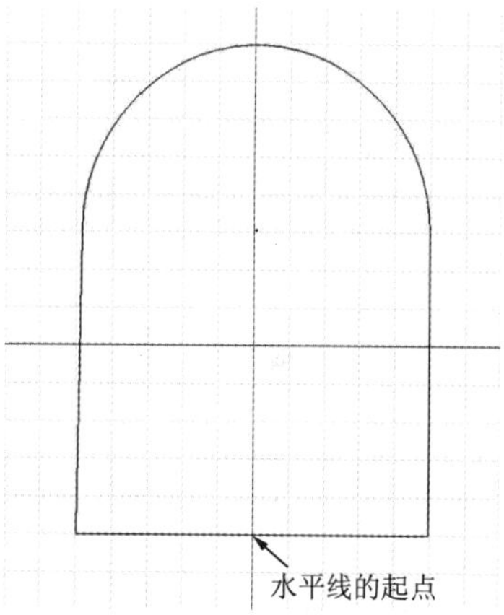

图2.6 关闭绘图

■ 添加约束

通过在精确的位置单击鼠标，可以看到生成的图形全部或者部分稍有不整齐。有些地方的不精确线段，需要修正并使其保持水平或垂直。

如果单击上部横向Inventor标准菜单的图标▼，就可以看到有“水平”、“相切”等约束命令。使用这些命令可以添加约束。

那么，在最先画出的水平线段与最后生成的垂直线段之间添加垂直约束。单击右键，在菜单中选择“结束”，就完成了约束命令的添加（图2.7）。

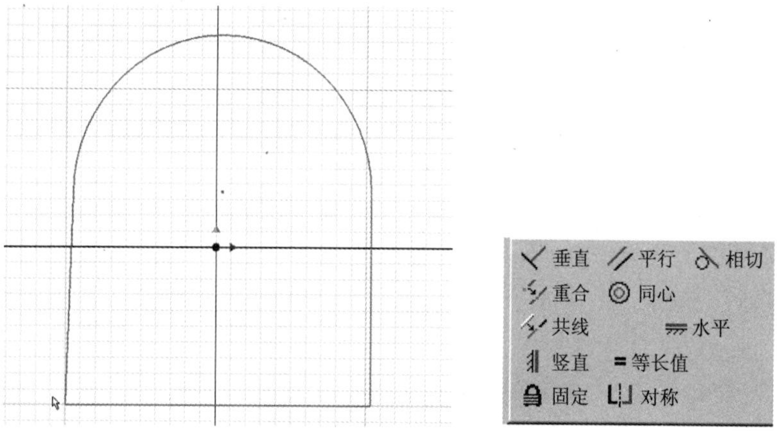

图2.7 添加垂直约束

【补充说明：想确认当前的约束状态时，单击“显示约束”命令，然后选择要确认的线段，这个线段相关的约束就被显示出来了。如果光标移到约束符号上，约束关系就变深红色。单击“约束”菜单，所有的约束都可以显示出来。**】**

■ 添加圆弧切线

选择“直线”命令，把光标放在圆弧线上，单击左键并拖动，就可以生成圆弧切线线段（图2.8）。如果圆弧线段的位置、方向、长度都合适，就单击右键并选择“结束”

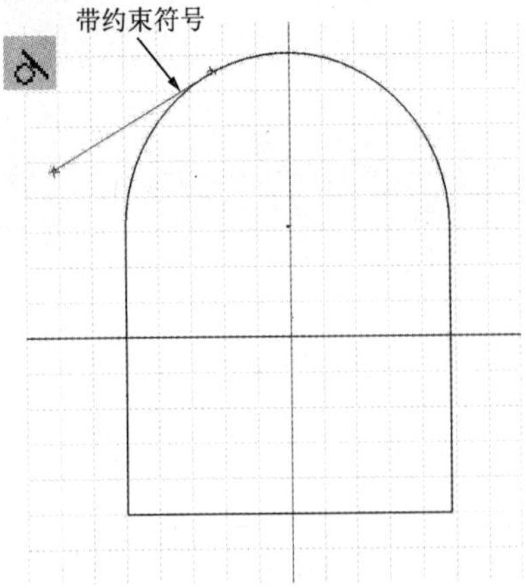

图2.8 添加圆弧切线

来结束直线命令。

■ 修剪线段

首先，画出与切线相交的线段，如图2.9所示。然后，选择“修剪”命令(图2.9)，把光标移到想剪掉的线段部分（变红色），单击右键，选择“结束”，即完成了线段的修剪。

■ 标注尺寸、编辑尺寸

按右键，选择“标注尺寸”命令。选择需要编辑尺寸的水平线，右键单击“标注尺寸”命令进行尺寸标注（图2.10）。单击尺寸值并输入想要的尺寸值，即可编辑尺寸。右键单击“结束”，完成“编辑尺寸”命令。

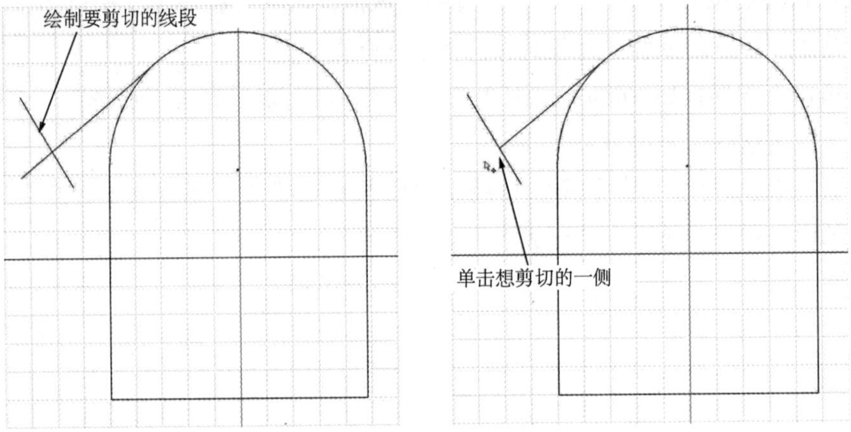

图2.9 修剪线段

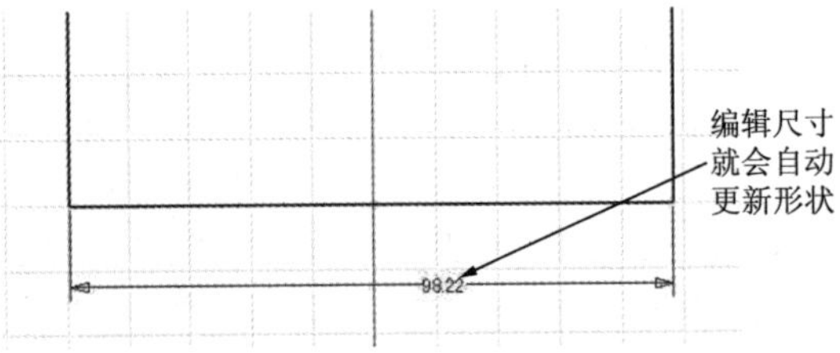

图2.10 编辑尺寸值

■ 删除线段

删除前面用于修剪的线段。在不选择任何命令的状态下，单击想删除的线段，然后按右键，从菜单选择“删除”。如果拖动鼠标围住需选择线段，可以一次性选择多条线段。

（1）从左→右拖住，选择完全被选取框包围的对象。

（2）从右→左拖住，选择被选取框触碰的任何对象。

2.3.2 钣金件的绘制

机器人中使用钣金件来固定伺服电机、连接关节。

这里介绍Inventor中钣金件的绘制方法。制造支架和外壳等零件时需要把平板折弯成形，切口、孔等都可由平板冲切而成，而沉孔、环状零件等三维形状零件也是由平板加工而成的。

在Inventor钣金环境中，具有在折弯状态和未折弯状态都可以作出模型的工具（图2.11）。钣金实体模型中有很多固定的信息，比如Inventor钣金特性中板的材料性能、厚度值、折弯半径、展开方式等。

钣金件建模或编辑的步骤如下。

钣金样式中，事先设定板厚度、材料、折弯半径等参数确定钣金特征，弯曲半径等属性也可以根据特征来设定。可以按照不同用途设定不同样式，当然也可以随时更改。要观察钣金特征中样式的变更，在“标准”工具栏中单击图2.12中的“更新”按钮。

图2.11 钣金特征

图2.12 “更新”按钮

要新建样式，单击图2.13中的“属性”图标。单击“钣金特征”的“选项”或工具面板的“钣金样式”，就会出现图2.13所示钣金对话框。

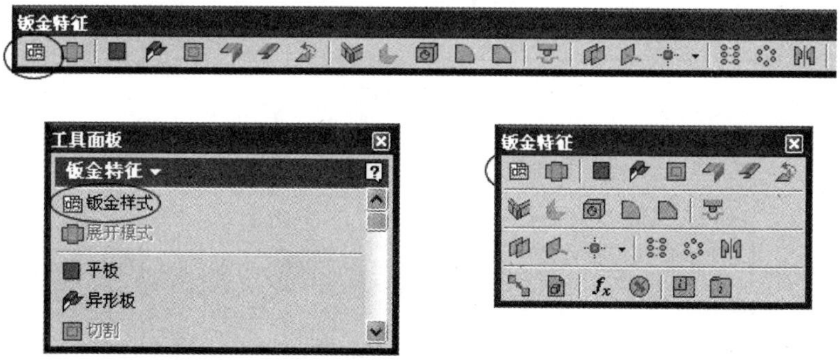

图2.13 运行“属性”工具

利用钣金对话框制作和设置钣金样式。根据默认样式“Default”，单击“新建”按钮，就可以创建新的样式。

■ 新建样式

新建样式如图2.14所示。单击对话框下部的“新建”按钮，在“样式列表”中出现名为“副本Defalult”的属性名。

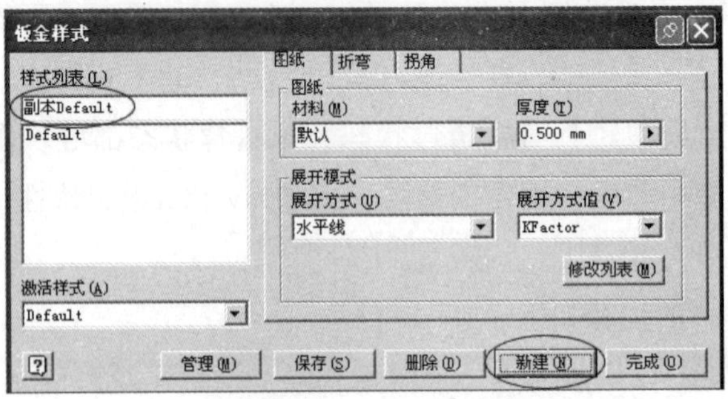

图2.14 新建样式

■ 设定样式的内容

修改对话框各子项目的内容，从而设定样式。我们会在后面详细地解释各子项目的内容。

■ 保存样式

一旦设置完成，可将“样式列表”的名称修改成任意名称，单击“保存”按钮（图2.15）。然后，就可以在“样式列表”中添加样式和选择样式。选择“激活样式”之后，即可启用相应样式。

以图2.16为例，对在新建样式时设置的各项目进行说明和解释。

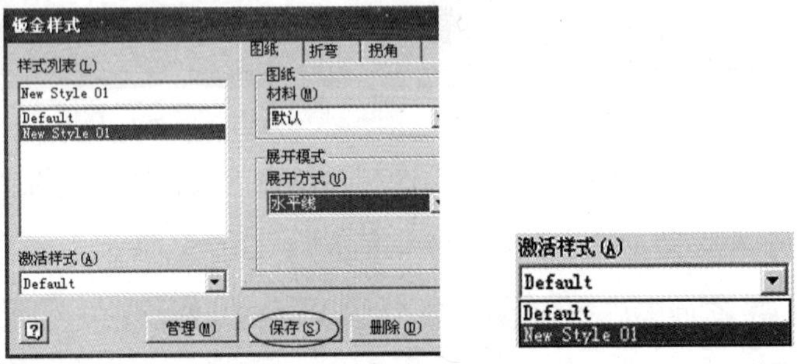

图2.15 保存样式

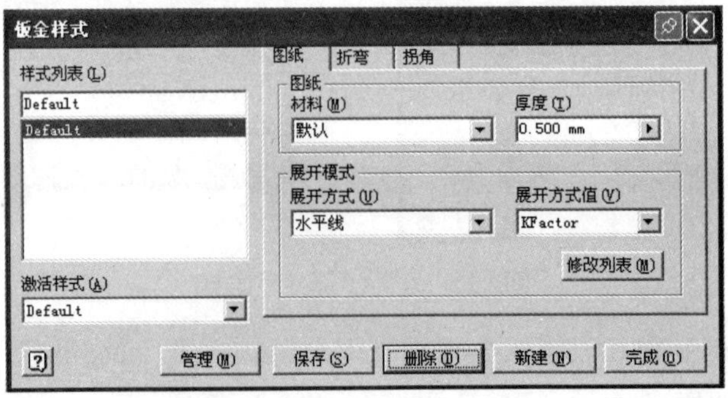

图2.16 “钣金样式”对话框

● “图　纸”

○“图纸”列表

“图纸”的作用就是把钣金件中最重要的属性设置成通用的参数和样板，比如板厚、材料等。

• 材料：从列表中选择适合于钣金的材料。

• 厚度：制作钣金表面时推算的距离，可设置其用于其他钣金的厚度。

○展开模式列表

在钣金件展开时，要计算折弯容许误差。钣金成形时，折弯的内侧被压缩，外侧被伸长。这些变形取决于材料类型、厚度、折弯半径与角度，以及所采用的工装特性。

• 展开方式：选择“水平线性”或“折弯表”。

选择“水平线”，单击“修改列表”，在“展开方式列表”的对话框中输入偏心值（K系数）。这个偏心值是从折弯中心线到折弯内侧面的距离，输入到“值”参数中。偏心值的容许范围是0~1，折弯展开长度按照下式计算：

2π×（折弯半径+偏心值×厚度）×（折弯包角/360°）

“折弯表”是根据特定材质和工艺给定的修正值，可以使用K系数代替折弯样板（通常使用给定的K系数，无需限制）。若使用折弯样板，则按下面的公式计算展开长度：

展开长度 = 边A的长度 + 边B的长度 − 折弯表的修正值

折弯表的修正值与板厚、折弯角度及内折弯半径有关。

一般情况下，在折弯表文件中，对应于板的厚度就有一个折弯表。由于不同材料有不同的变形特性，需要根据材料的不同制作出不同的折弯表。若“展开方式”选择折弯表，“打开文件”对话框中选择折弯表文件即可（后缀.txt）。

折弯表文件是一种ACSII形式的文本文件，这个文件可以在文本编辑器中进行编辑，再添加对应的扩展名就成为折弯表文件。折弯表文件的示例和扩展文件在“目标文件/Autodesk/ Inventor/ Samples/Bend Tables”中。

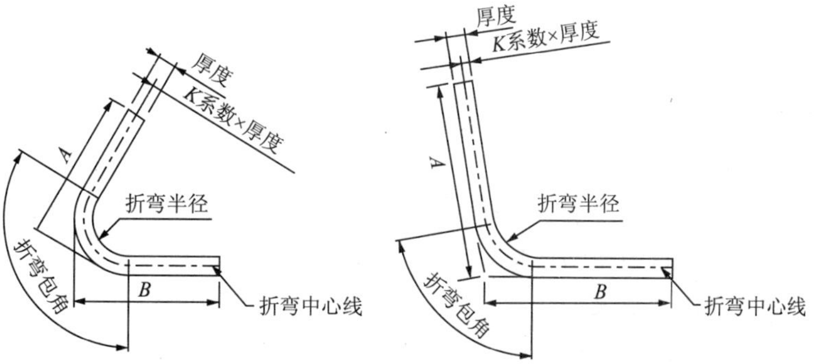

边A、B长度的测量在折弯包角小于90°与大于90°时采用不同的方法

图2.17　使用折弯表时的边A、边B的测量方法

· 展开方式值：选择“线性”时，使用“展开方式”列表中的方法；选择“折弯表”时，根据折弯表的数值确定折弯半径、包角及其修正值。

● “折 弯”

下面来设置钣金的折弯与释压（图2.18）。对于折弯来讲，若连接两个面的边缘长度不同，就需要创建折弯释压。这里，可以直接使用默认值，也可以按照不同特征分别设置。

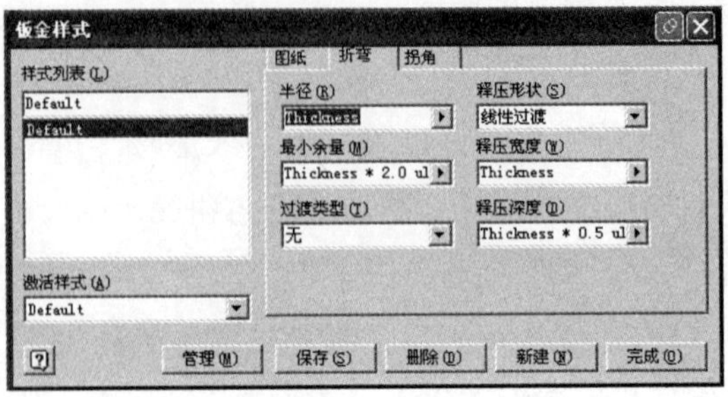

图2.18 “折弯”

○ 释压形状

从“无”、“圆角”或“线性过度”中选择释压形状（图2.19），可以输入固定值或变量作为“释压宽度”和“释压深度”。

○ 最小余量

指定释压与钣金边缘之间的距离（图2.20）。当释压与零件侧面的距离小于这个距离时，将会删除这个余量或折弯释压。

释压：无　释压：圆角　释压：线性过度

图2.19 释压形状（1）

图2.20 释压形状（2）

○ 过渡类型

没有给定折弯释压时，就要给定展开状态的折弯过渡类型。

· 无：折弯通过样条曲线相切连接。

· 相交：折弯相邻的边缘在折弯区域会合。

· 直线：折弯通过直线相切连接。

· 圆弧：折弯通过圆弧相切连接。

· 修剪到弯折：不创建过渡。

● “拐角”列表

设置由三个面构成的拐角的释压（图2.21）。

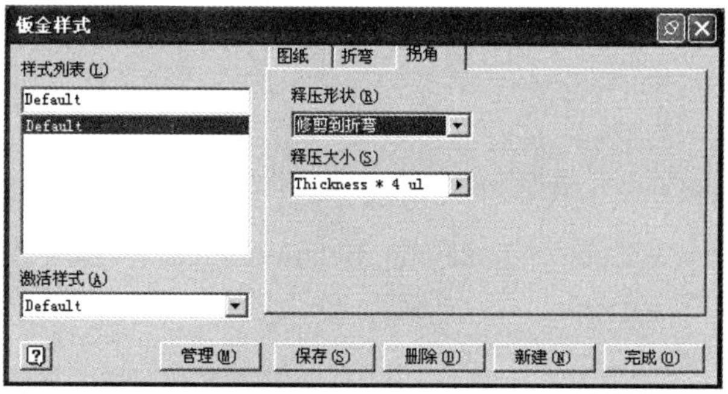

图 2.21 “拐角”

○ 释压形状

创建连接拐角时的释压形状（图2.22）。

- 圆角：创建圆形的拐角释压。
- 方形：创建正方形的拐角释压。
- 锐角：创建锐角拐角释压。
- 修剪到折弯：不创建拐角释压。

○ 释压大小

超过最大折弯的折弯线段，给定要延长的拐角释压的大小。

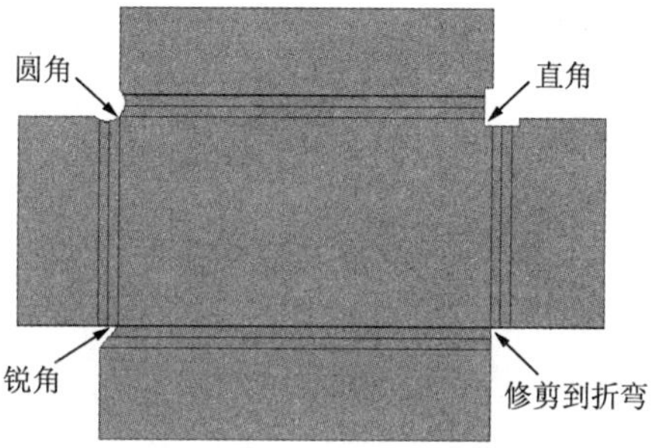

图2.22 拐角释压的形状

2.3.3 伺服电机支架的建模

这里就伺服电机（图2.23）支架创建中的基本部件进行说明。在Inventor对支架进行建模，以此为例对钣金件创建时的要点进行介绍。

要有效地使用Inventor，就要对基础部件进行测量，并且尽可能进行实物测量。尽管厂家已经标明了数据，但由于树脂成形的斜度和缩松使得零件可能有些差别。因此，在根据厂家公开数据的同时，更应该重视实际产品的尺寸。在测绘时，最好使用低于1/100mm的游标卡尺，并要经过多次测量才可确认。对于安装孔、安装面等，最好从几个不同方向测量。

在完成对伺服电机的测量之后，就可以对其进行建模（图2.24）。

图2.23 伺服电机

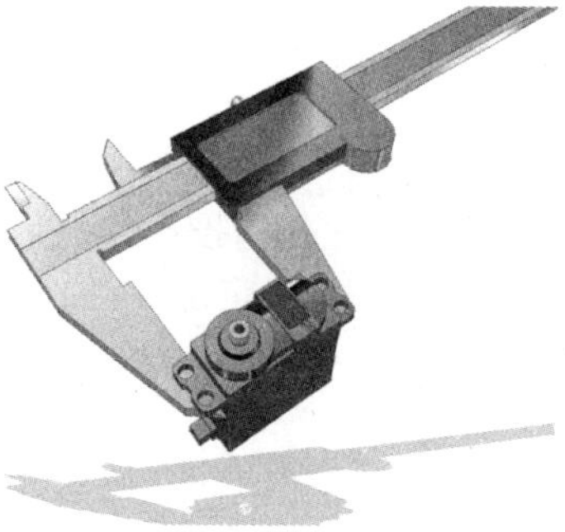

图2.24 伺服电机的测量

下面，假定伺服电机的模型已经建好，来说明固定伺服电机支架的建模步骤。

（1）在Inventor的界面中，单击“文件”菜单的“新建文件”，就会出现图2.25所示对话框。然后，打开“Standard.iam”。

（2）在新打开的部件文件中插入建模后的零部件，如图2.26所示。这里，可以使用吉村浩一（http://www.geocities.jp/koichi_rbv/index.html）创建的“KRS-2346ICS_RED.ipt”文件。

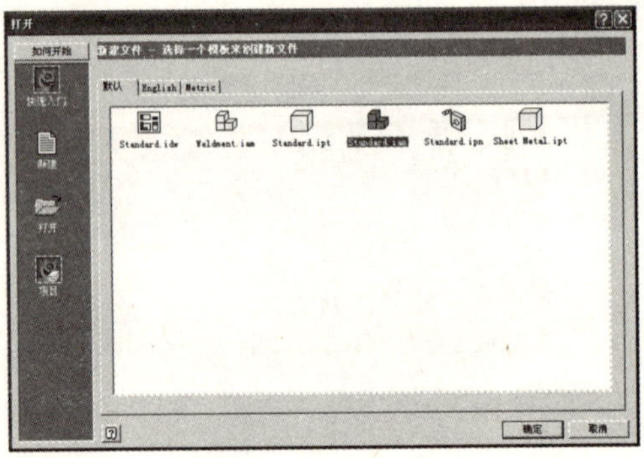

图2.25 新建文件

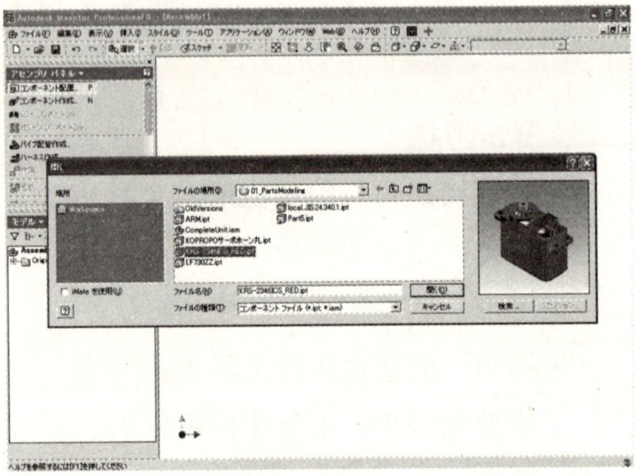

图2.26 插入文件

（3）装入建模后的伺服电机，如图2.27所示。

（4）以这个伺服电机为基础进行支架建模。从“部件面板”开始，单击“创建零件”→“钣金模板”，开始创建钣金件（图2.28）。

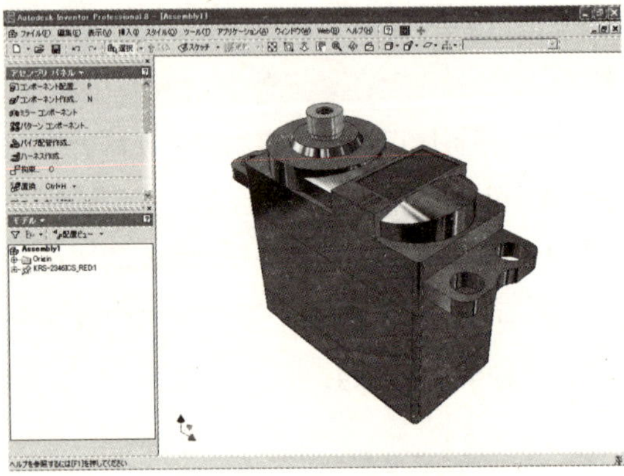

图2.27 伺服电机的配置

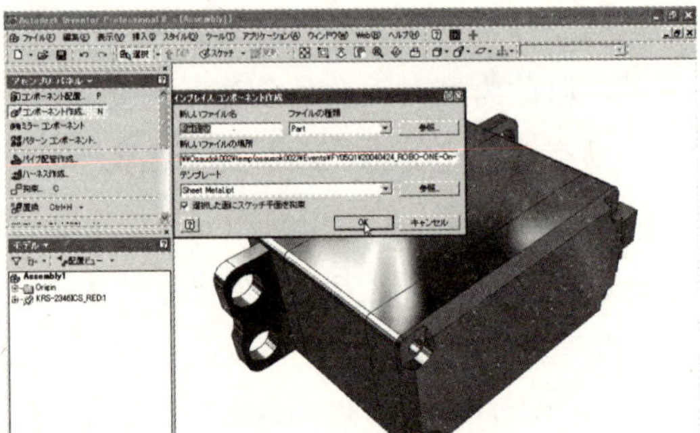

图2.28 创建新的钣金件

（5）选择伺服电机耳片的内侧作为基准面（图2.29）。

（6）对基准面进行几何投影，然后在投影面上，按照“2点长方形”命令画出4个角并输入尺寸。这就是伺服电机支架安装面的一侧（图2.30）。

（7）画图完成后，选择“钣金特征”中的“属性”（图2.31）。

设定“厚度”、“展开方法”、“折弯半径（内侧）”。这里设定板厚为1.5mm，折弯半径为0.2mm。对于内折弯半径来说，现在市面上有ROBO-ONE等产品的尺寸，大约

0.2*R*，基本上都是锐角折弯。可是，在一般的工业产品中，由于振动的原因，在锐角（内折弯半径较小）的弯折中难以装入曲柄。所以，一般都以较大的*R*进行折弯。

（8）使用测量工具测量从已创建的面到伺服电机顶部的距离（图2.32）。

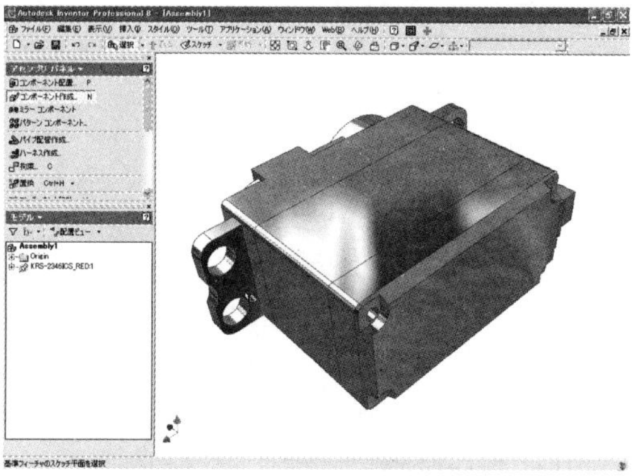

图2.29 选择基准面

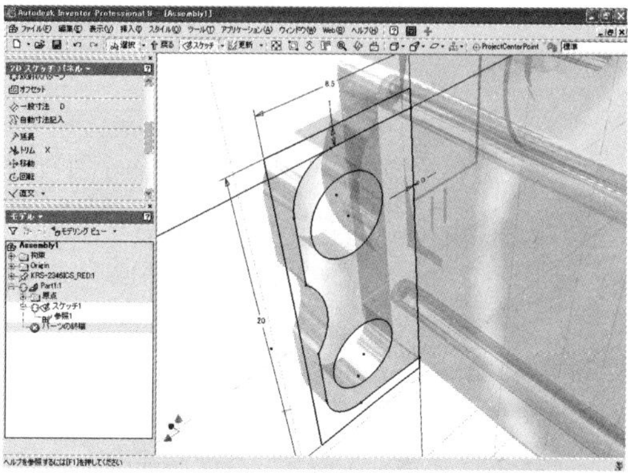

图2.30 创建伺服电机的安装面

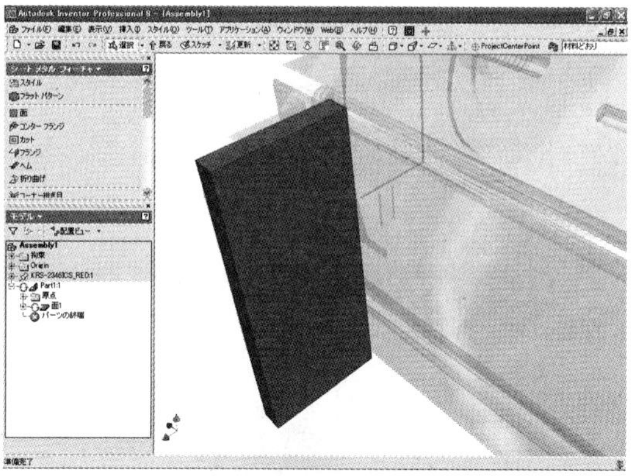

图2.31 属性调整后的状态

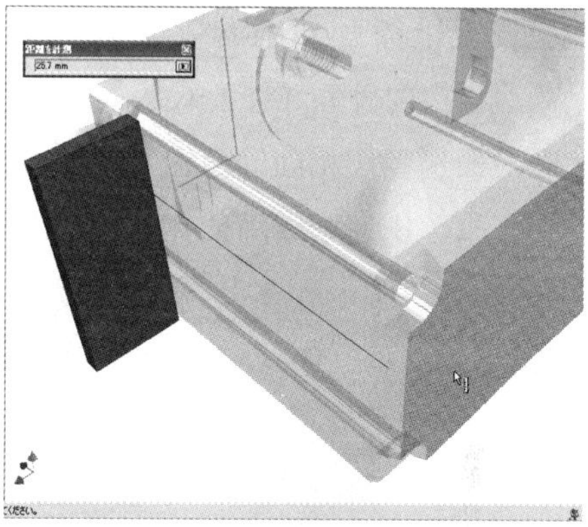

图2.32 用测量工具测定距离

（9）通过“钣金特征”面板上的“凸缘”，创建30.2mm的凸缘〔25.7mm+3mm（从伺服电机底部开始）+1.5mm（板厚）〕（图2.33）。

（10）根据刚才的方法创建56.5mm的凸缘（图2.34）。

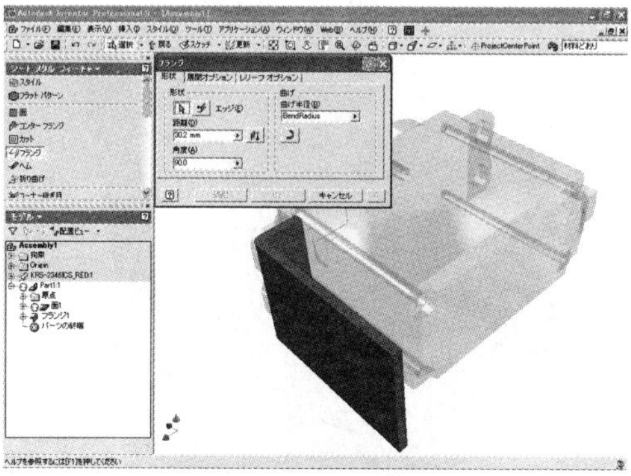

图2.33 创建凸缘

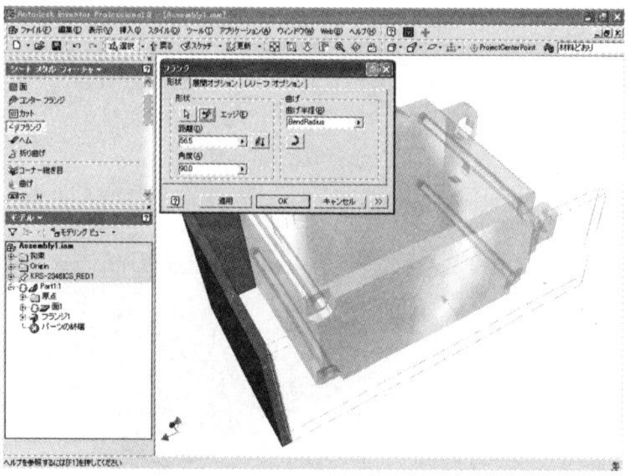

图2.34 进一步创建凸缘

（11）在第一个凸缘的对面创建30.2mm的凸缘（图2.35）。

（12）创建第一个凸缘对面的用于固定耳片的凸缘（图2.36）。

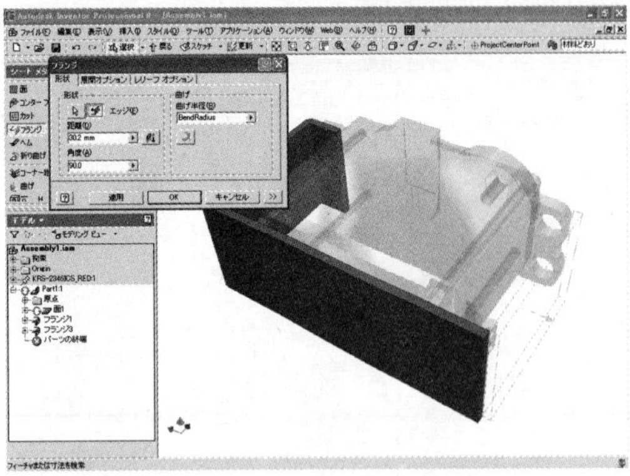

图2.35 在第一个凸缘的对面创建凸缘

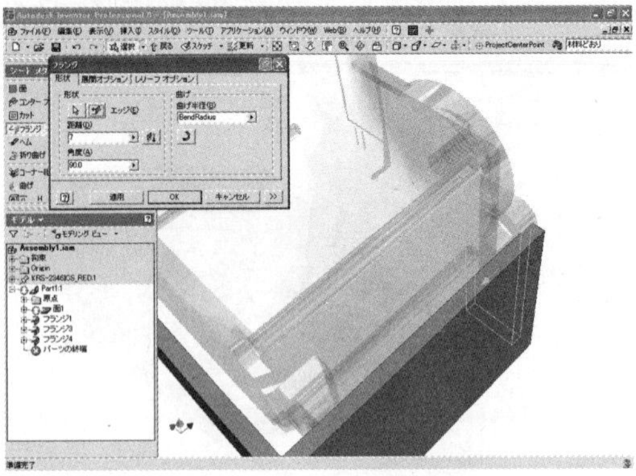

图2.36 固定耳片的另一个凸缘

（13）到这里，支架的基本形状就完成了（图2.37）。

在支架上添加加强和安装用的折弯。显示“凸缘折弯”的对话框中，设置“偏心”。边缘指向外侧（图2.38）。

在对面也竖起相同的凸缘，便完成了固定凸缘的设计（图2.39）。

接下来，创建布线用的孔（图2.40）。

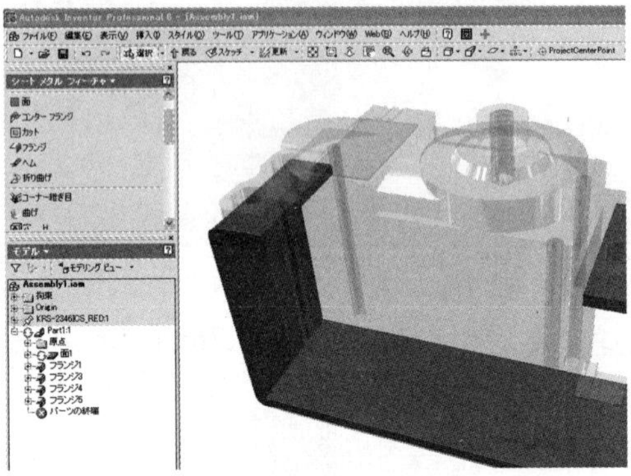

图2.37 完成伺服电机支架的绘制

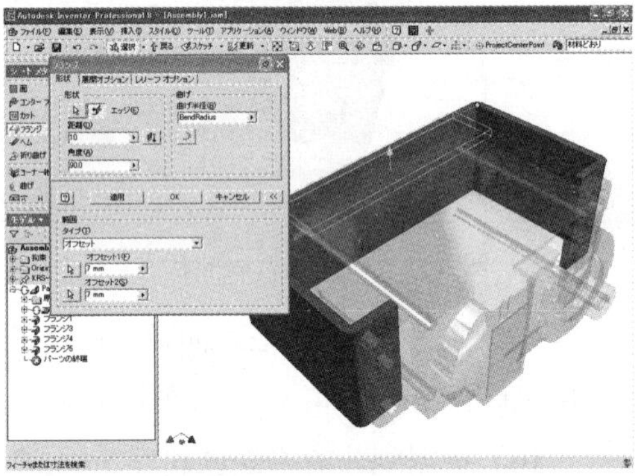

图2.38 添加折弯

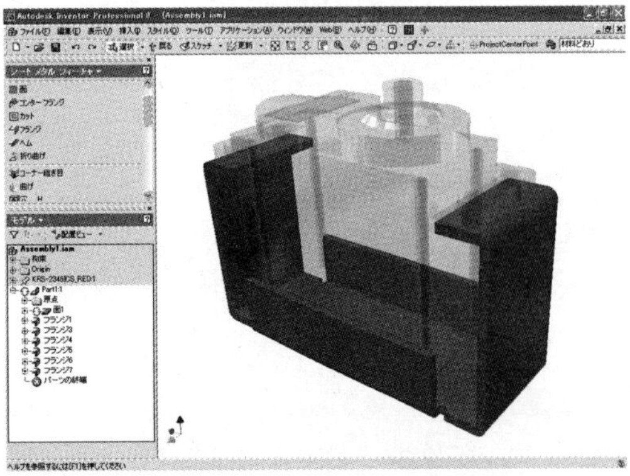

图2.39 创建固定凸缘

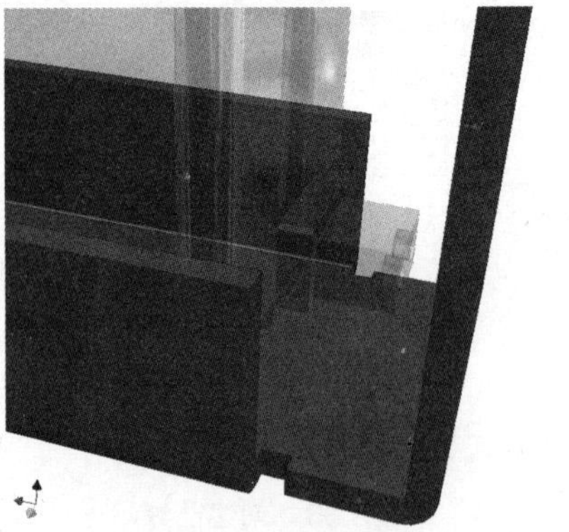

图2.40 创建布线用的孔

然后，创建布线的取出口。由于布线橡胶套管可以模型化，在新建布线侧的凸缘上创建新的图形（图2.41）。

通过“2D绘图”的面板上的“几何投影”命令，在刚刚创建的图形中，根据橡胶套管的外形创建取出口的外形轮廓（图2.42）。

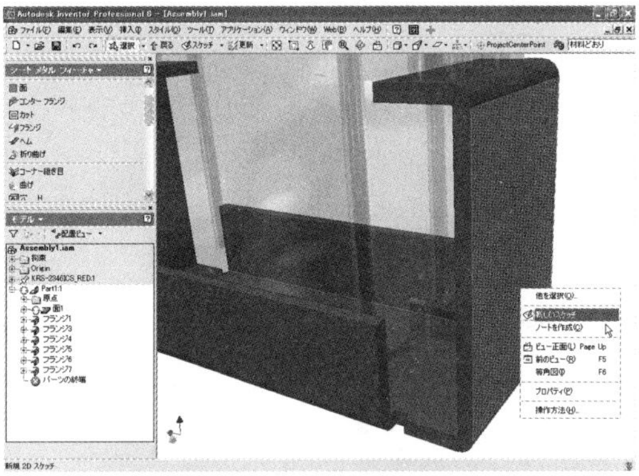

图2.41 创建新图形

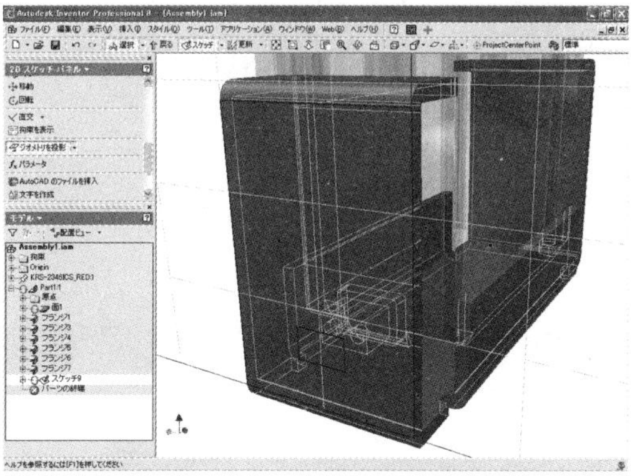

图2.42 创建取出口外形轮廓

由“切割”命令创建取出口（图2.43）。

接着，绘制固定支架和伺服电机的安装孔（图2.44）。

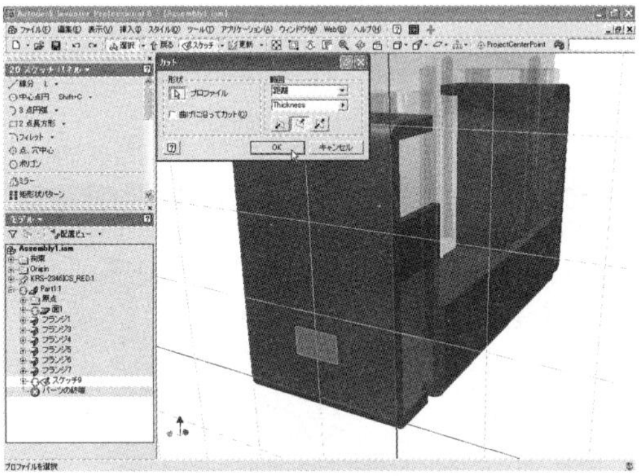

图2.43 创建取出口

图2.44 制作固定支架和伺服电机的安装孔

双击已做好的支架，使其处于编辑状态。在伺服电机的耳片与做好的支架之间的接触面处单击右键，选择“新建图形”（图2.45）。

新建绘图（图2.46）。

利用“2D绘图”面板上的“几何投影”命令，把伺服电机耳片处4个孔的外形向刚做好的绘图平面投影（图2.47）。

在绘图平面上投影出的孔的位置打孔。在窗口中图形外任意点单击右键，从弹出的菜单中选择“创建特征”，运行“打孔”命令（图2.48）。

利用打孔特征，打M3的孔。“距离”按照板厚确定（图2.49）。

最后根据伺服电机耳片中孔的形状，制作完成支架的安装孔（图2.50）。

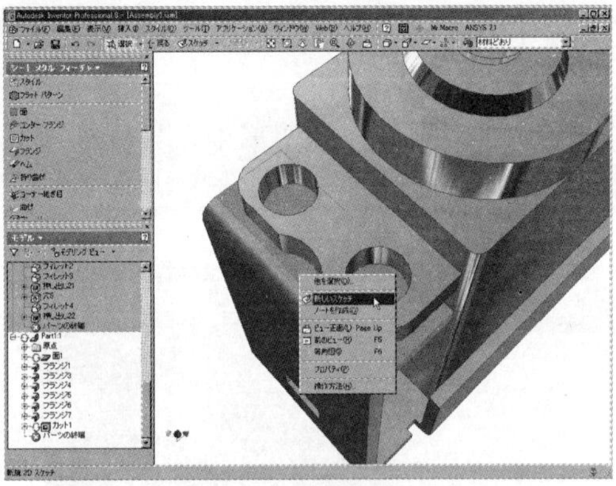

图2.45 选择新建图形

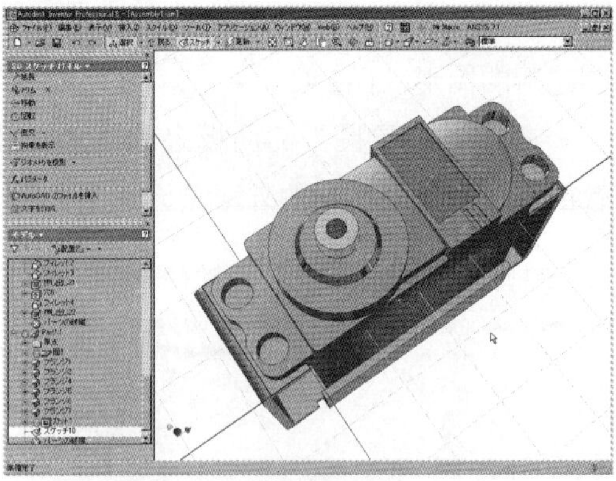

图2.46 新建绘图

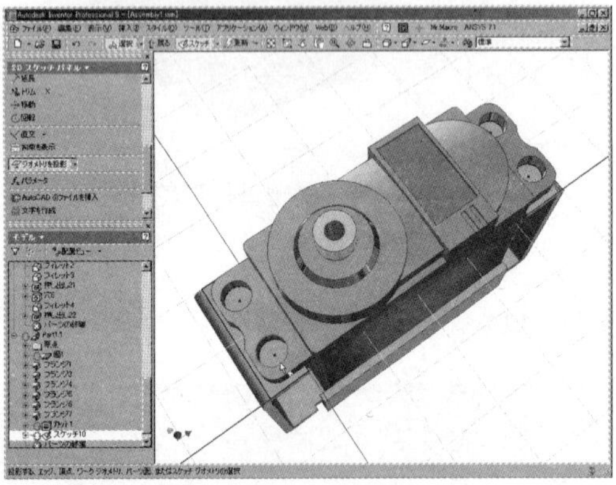

图2.47 对伺服电机耳片中的孔进行投影

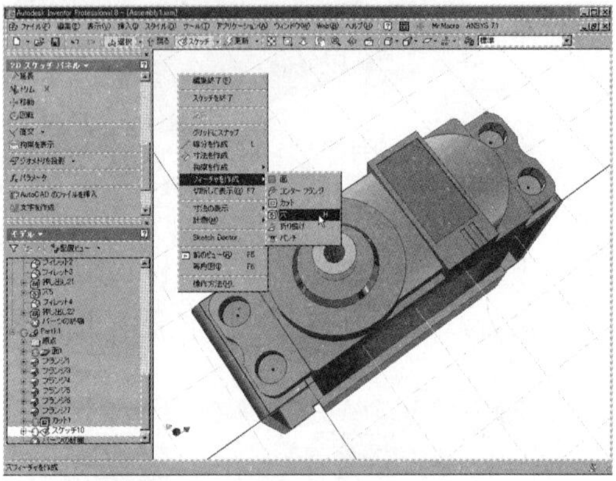

图2.48 运行“打孔”命令

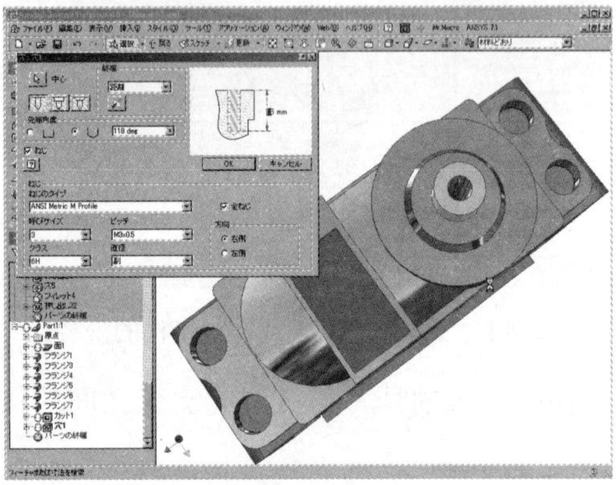

图2.49 设置打孔（M3）

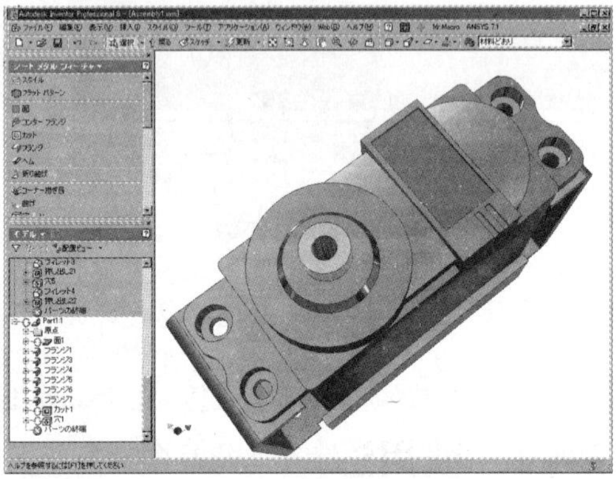

图2.50 完成支架的安装孔

同样，可以作出虚轴安装用的M3孔（图2.51）。

与刚才的方法相同，以支架的背面做基准，新建绘图。然后，从“2D绘图”面板上选择“几何投影”命令，投影主轴上的孔（图2.52）。

同样，创建孔（图2.53）。

通过以上过程，基准部件的伺服电机支架已经绘制完成（图2.54）。接下来，就是根据需要对竖起凸缘等添加孔的设计。

图2.51 作出虚轴安装用的孔

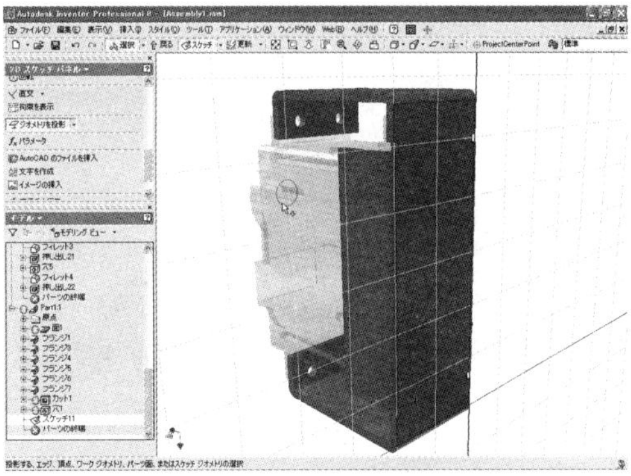

图2.52 主轴上孔的投影

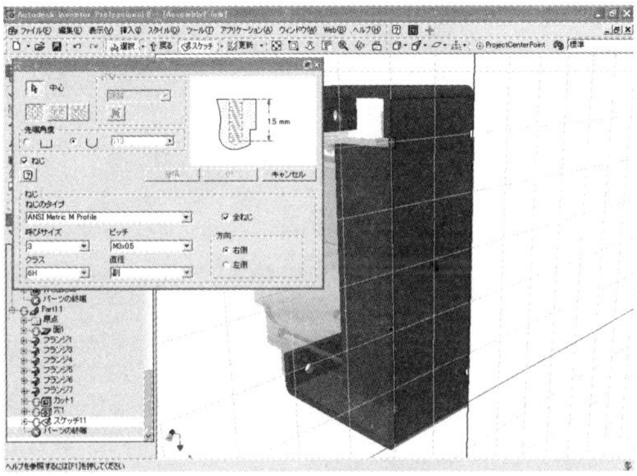

图2.53 绘制孔

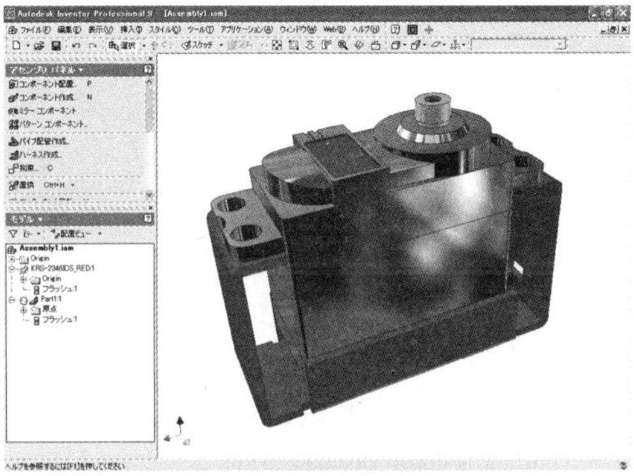

图2.54 完成伺服电机支架

2.4 机器人的机构与装配

前面已经介绍了在空间进行零件建模的过程。下面将介绍如何在空间组装零件（图2.55）或采用连接件进行零部件的连接，并使其动作。

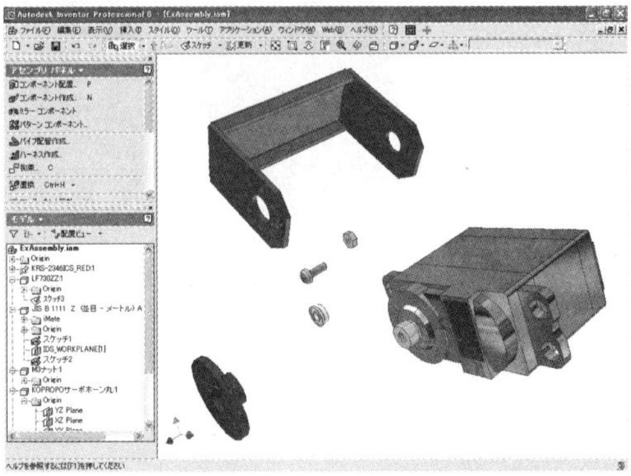

图2.55 零件的装配

2.4.1 使用通用零件

人们对人形机器人的零件等进行建模，再保存它的CAD数据，而且销售零部件的厂商也经常将CAD数据公开。这里就经常使用的零部件处理进行说明。

我们把已有的舵盘数据插入到2.3节使用过的伺服电机的数据中（图2.56）。在装配空间中单击右键，从弹出的菜单中运行“零部件配置”。于是，出现对话框，选择“KOPROPO舵盘.ipt”。

把选择的伺服电机数据依次配置在装配空间中（图2.57）。

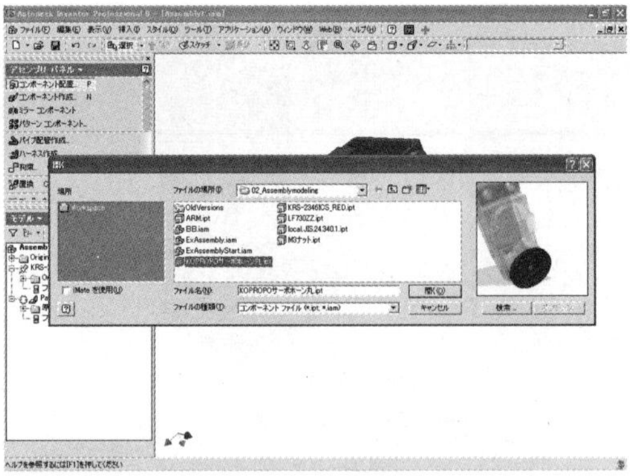

图2.56 插入数据

图2.57 插入的舵盘

在图形窗口中插入所需零件（图2.58）。

2.4.2 使用标准件

在Inventor的目录库中，备有Inventor零件（连接件、型钢、轴等），可以把这些零件插入装配体中。从库浏览窗口可以直接进入目录库的数据中。使用这些零件时可以不使用特殊界面，也不一定要从最初使用，而是可以直接从目录库中检索并将其插入装配文件中。

然后，切换目录库浏览到插入标准零件画面（图2.59）。

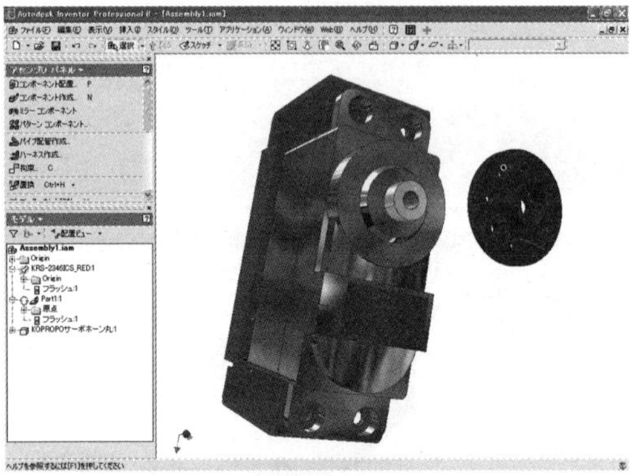

图2.58 零件配置

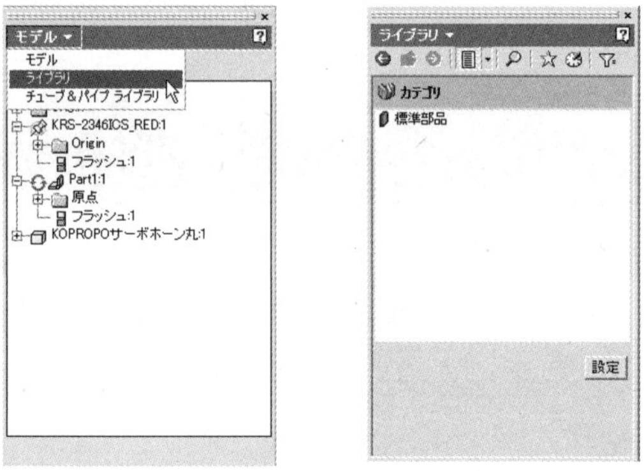

图2.59 目录库浏览

下面插入如图2.60所示固定用的十字头小螺钉。

在库浏览中选择“标准件”→“连接件”→“螺钉与带螺纹的螺栓”→“螺钉头类型”（图2.61）。

接着，双击“JISB1111Z（公制）”。画面中出现的螺钉“公称直径”为3mm，“公称长度”为8mm（图2.62）。

把鼠标移动到螺钉的图标处，会出现笔状的图标（图2.63），在这个状态下，拖曳这个图标到图形窗口并释放（图2.64）。

然后，按照“装配”面板上的“零件配置”命令在装配空间里插入M3钮扣螺钉、M3螺母和带法兰的轴承（图2.65，如果库里有就直接调入，如果库里没有就通过建模创建）。

图2.60 十字头小螺钉

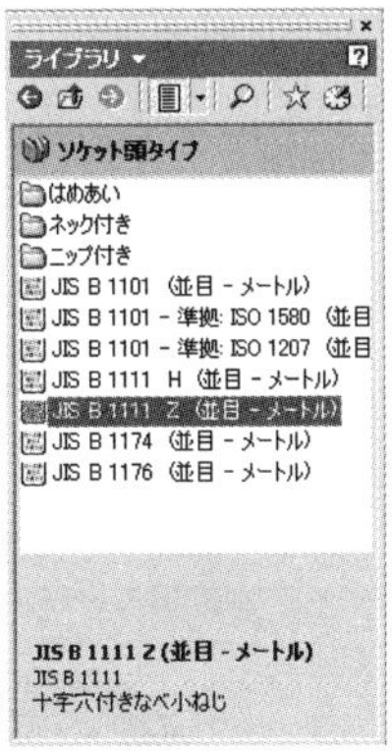

图2.61 螺钉头类型的选择

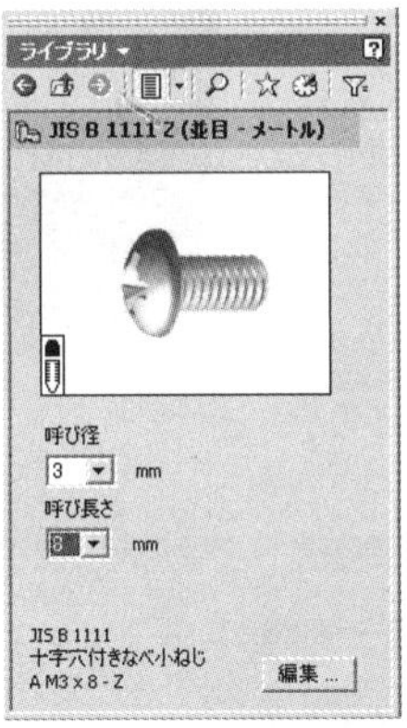

图2.62 改变螺钉的公称直径和长度

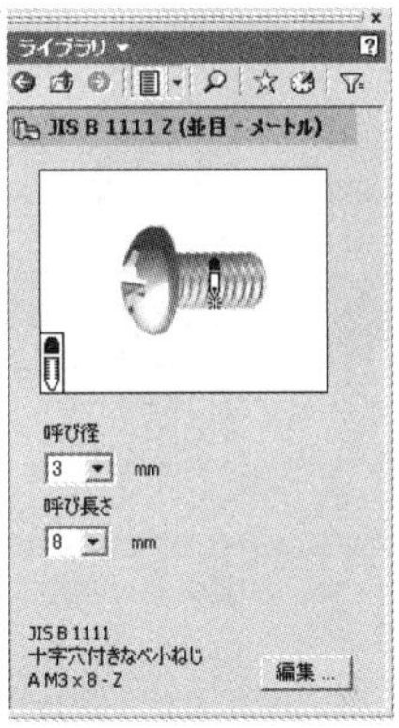

图2.63 i.drop 指示（图标）

图2.64 螺钉的选择与拖住、释放

图2.65 配置钮扣螺钉、螺母、轴承

2.4.3 三维空间中的装配

在2.4.1节和2.4.2节中介绍了通用零件的插入及在Inventor中备用的连接件的处理方法，下面介绍如何把单个零件组装到装配文件中，也就是来讲述它们的布置方法。一般，这样的过程叫做“自下而上”的装配建模。那么，就以图2.65所示为例进行空间上的零件装配。

对舵盘和伺服电机主轴进行约束（图2.66），选择“装配”面板上的“约束”、“插入”命令，再选择舵盘和伺服电机主轴的接触面，进行组合。

完成伺服电机与舵盘的约束（图2.67）。

接着，约束轴承、螺钉、螺母（图2.68），这时也可以使用“装配”面板上的“约束”、“插入”操作。

完成约束轴承、螺钉、螺母操作（图2.69）。

图2.66 约束舵盘与伺服电机主轴

图2.67 完成约束

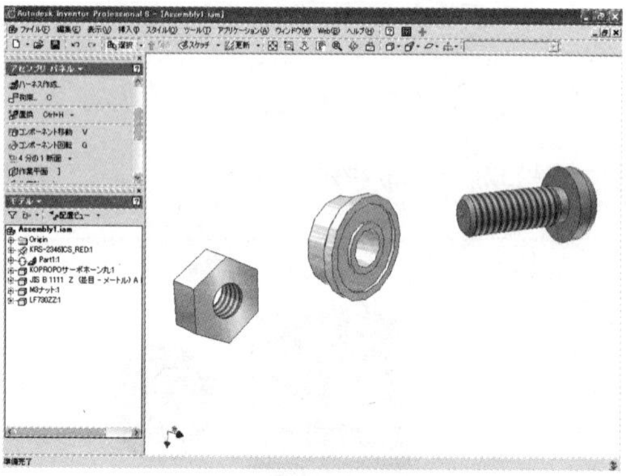

图2.68 约束轴承、螺钉、螺母

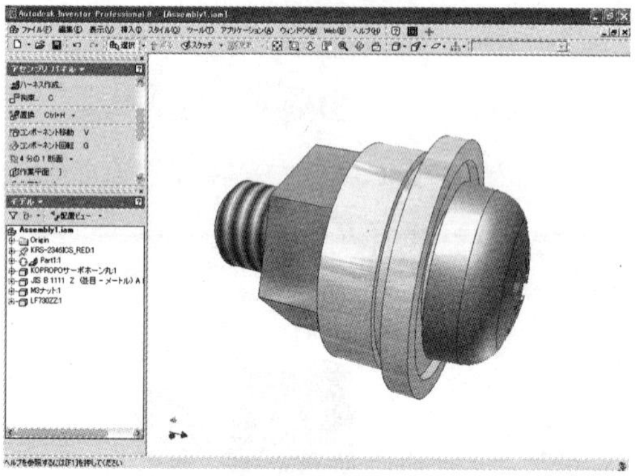

图2.69 完成约束

把各种零件组合成一个单元

在三维设计中，为了便于系统地管理装配信息，最好将一些零件组合作为一个单元来处理。这里，把轴承、螺钉、螺母集中到一起，作为一个单元进行装配（图2.70）。从浏览目录中同时选择“JIS B 1111 Z（公制）A M3×8.Z”、“M3螺母”、“LF730ZZ”（按住Ctrl键依次单击），再单击右键，从弹出式菜单中单击“下移”。

对新建的子装配体命名，把三个零件作为一个子装配体保存（图2.71）。这里，命名为“螺钉单元”。于是，可以确认在浏览页中已经注册的一个子装配体，并且含有三个零件。

人形机器人大多由伺服电机与支架、连接件等构成，如果把这些零件作为一个单元注册，以后直接复制，使用起来将是非常方便的。

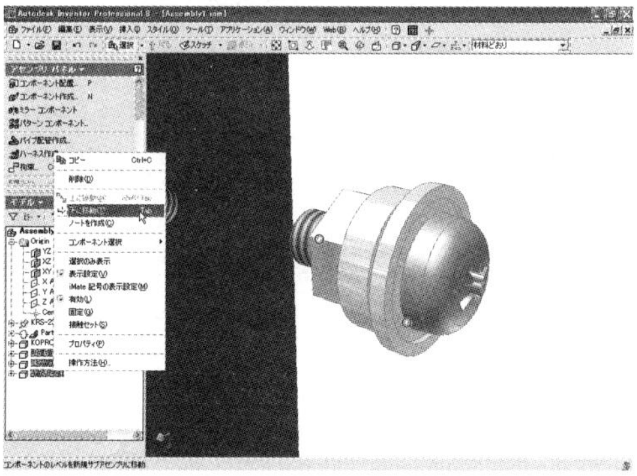

图2.70　归结为一个单元

图2.71　形成子装配体并注册

把作为装配体注册的轴承、螺钉、螺母通过“装配”面板上“约束”的“插入”命令约束到支架螺钉M3的孔中（图2.72）。

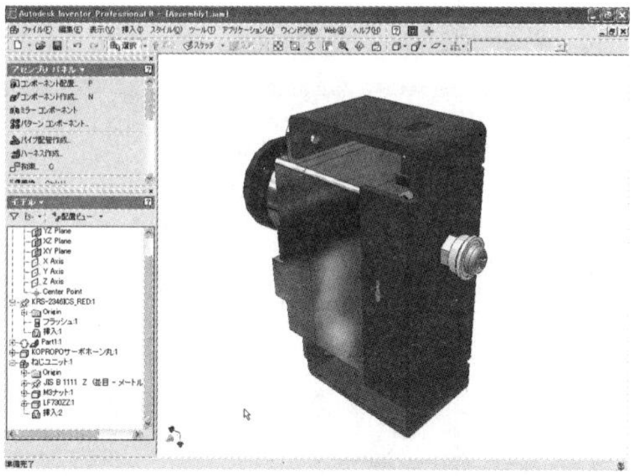

图2.72　插入支架的孔中并添加约束

2.4.4　装配模型的动作检查

如果把人形机器人在三维空间中进行装配，就可以在机器人的制作过程中检查机械的运动。这里，来说明一下如何对已经组装好的装配模型进行动作检验。

首先，返回到前面所创建的模型，创建图2.73所示臂部结构。

单击“装配体”面板上的“创建零件”，以舵盘的内侧作为基准（图2.74）。

图2.73　臂部

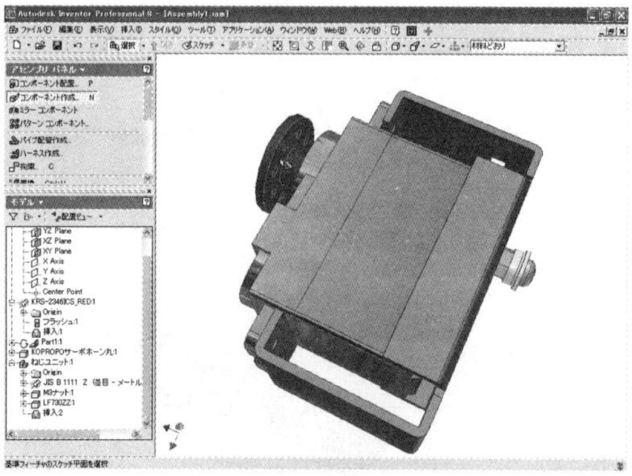

图2.74　新建臂部模型

再依据舵盘的形状绘制臂部的外形框。选择“2D绘图”面板上的“几何投影”，单击舵盘的结构（图2.75）。

把视图面向舵盘的正面，根据“2D绘图”面板上的“2点长方形”画出长方形，以便包围投影后的舵盘，如图2.76所示，在长方形端点和伺服舵盘中心添加尺寸约束。

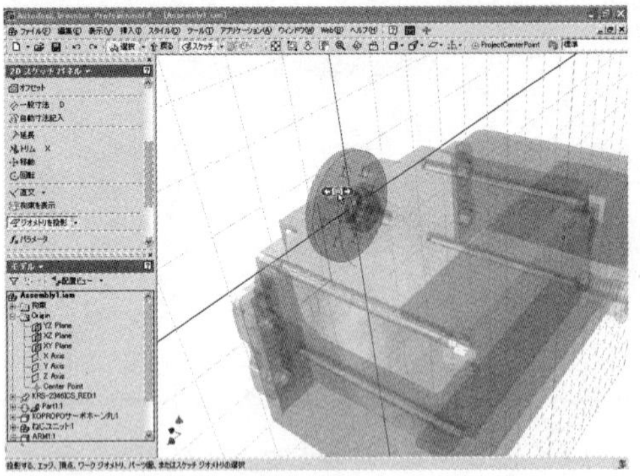

图2.75　单击舵盘结构

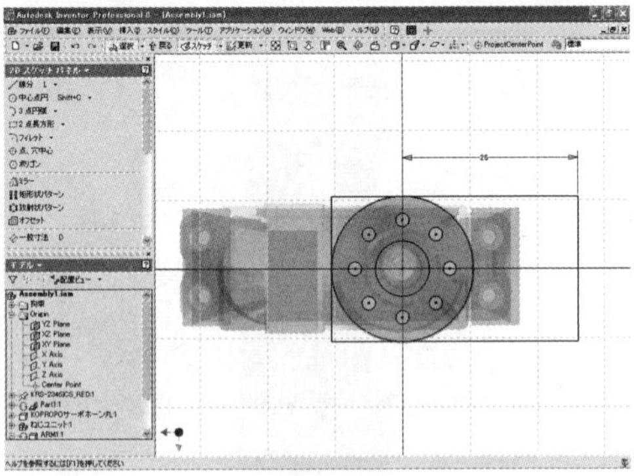

图2.76　添加尺寸约束

绘图结束，提取钣金特征。由于是新零件，需要重新设置钣金样式（图2.77）。

如图2.78所示，通过“面”命令，在后面创建特征。

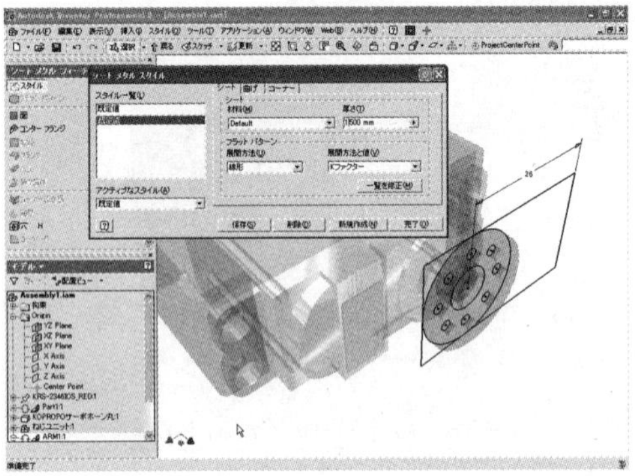

图2.77　新建钣金样式

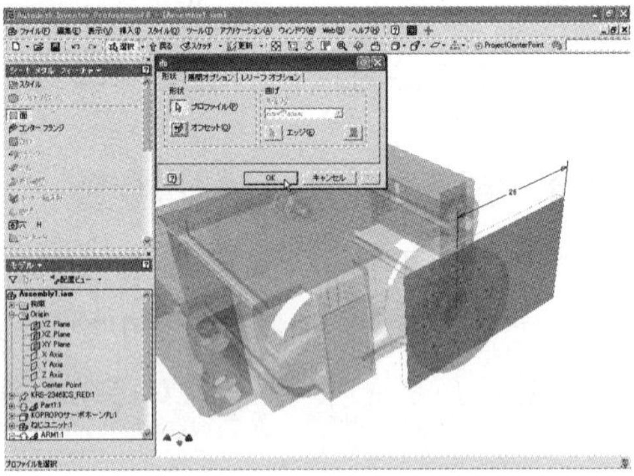

图2.78　根据“面”命令创建特征

臂部的另一侧建模也完成了（图2.79）。

如2.3.3节所述，测量虚轴带法兰的轴承套内侧到刚刚完成的薄板内侧的距离（图2.80中为50.2mm）。

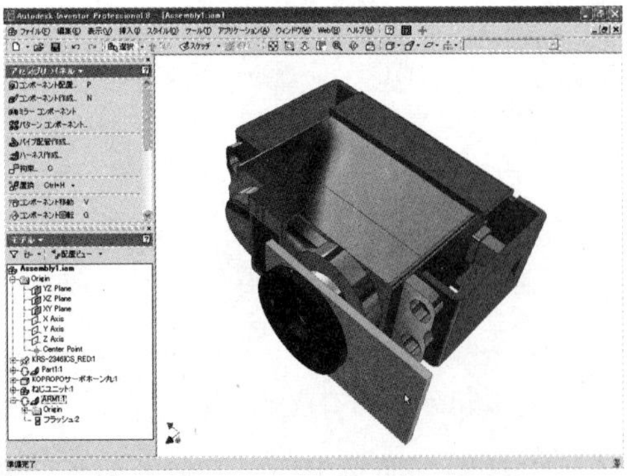

图2.79　完成臂部的单侧建模

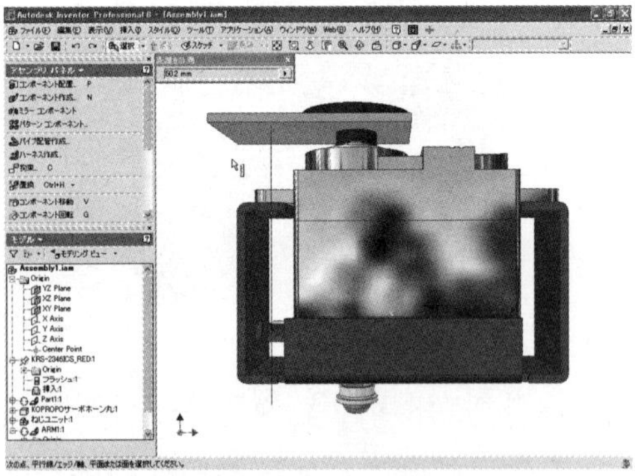

图2.80　测量距离

如2.3.3节所述，在创建两侧的凸缘后，进一步创建打孔，就完成了臂部的建模（图2.81）

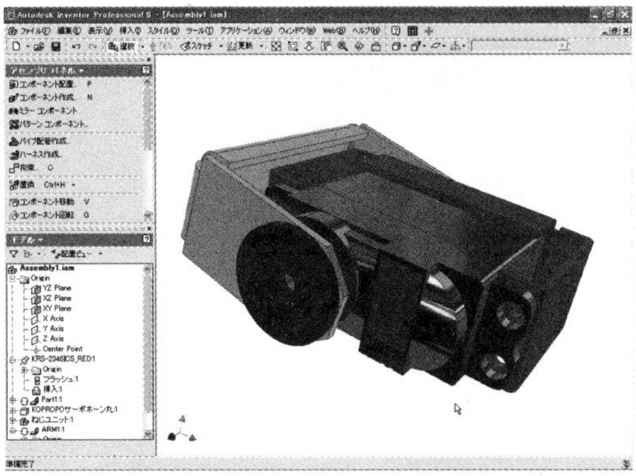

图2.81 完成臂部的建模

检查自由度

在讨论机器人的驱动部分之前，检查各部件具有的自由度是非常重要的。这里试图检查已完成单元的自由度（图2.82），单击“显示”菜单的“自由度”，就会出现自由度状态。

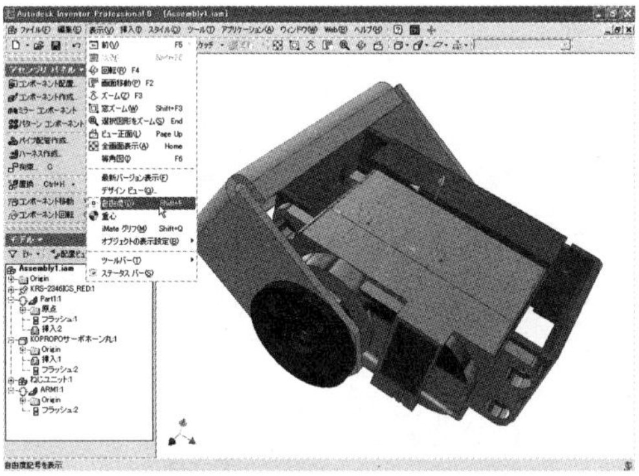

图2.82 检查自由度

对已创建的模型添加装配约束，然后，用鼠标拖住被约束的零件，可以使这个机械零件按照它的功能动作。同时需注意，只对所约束部分的参数进行仿真。

如图2.83所示，运行“装配体”面板上的“约束”，选择“角度约束”类型。然后，选择臂部的边缘和伺服电机的边缘，设置“角度”为“180°”，单击“OK”。

在浏览页中，注册角度约束，可以确认固定在180°处的角度约束（图2.84）。

在Inventor中，装配约束包含一些参数，根据这些数据考虑随时间变化的量，进行仿真。这里，执行“约束驱动”命令，进行仿真。选择前面注册的角度约束“角度：1”，按右键，从弹出菜单选择“约束驱动”（图2.85）。

图2.86所示是约束驱动的对话框。

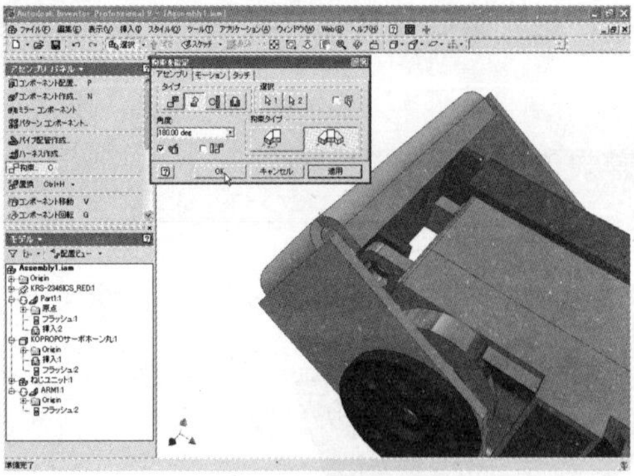

图2.83 添加约束

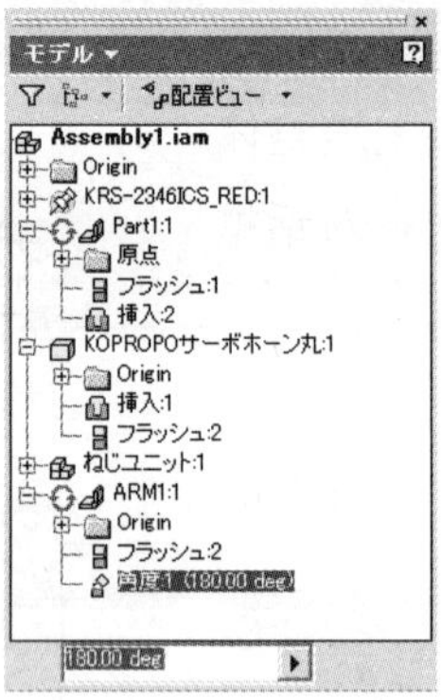

图2.84 注册模型浏览

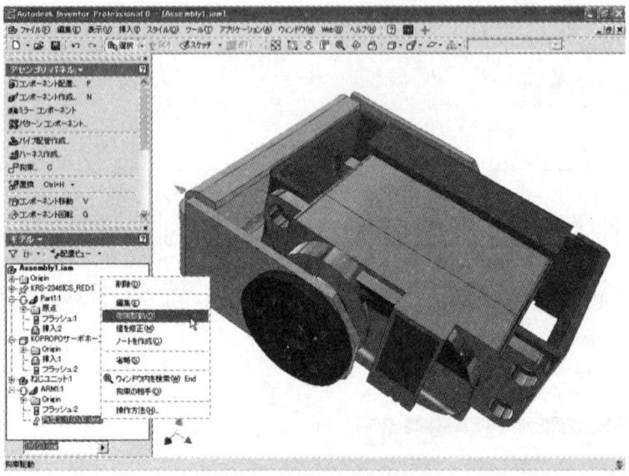

图2.85 驱动约束的选择

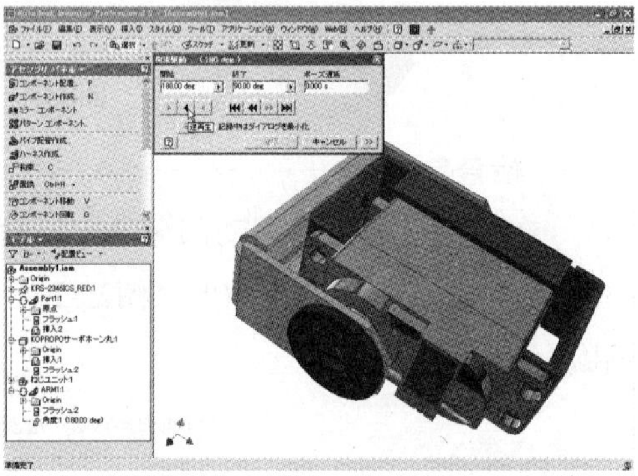

图2.86 驱动约束对话框

在“约束驱动”对话框中，设置“开始”为“180.00deg”，“结束”为“90.00deg”，单击播放按钮。就可以在给定的范围内进行臂部的驱动模拟了（图2.87）。

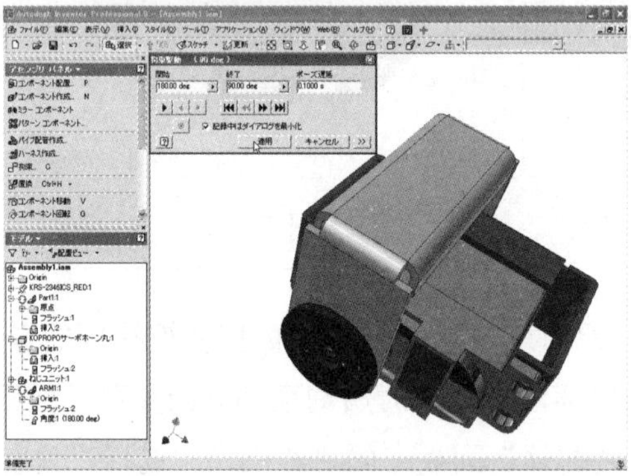

图2.87 臂部驱动仿真

使用与实际机器人动作相对应的“驱动约束”，可以在制作之前确认动作并考虑动作时零件之间的协调，从而实现高完成度样机的制作，提高机器人的制作水平。

确定质量和重心位置

在制作双足步行机器人之前，预先了解整体机器人的质量和重心位置是非常重要的。即使在PC上也可以从某种程度上把握诸如屈伸或横向步行时的重心位置在哪儿，机器人整体的质量究竟是多少等。

要知道整体质量，就从“文件”菜单选择“iProperty”（图2.88）。

若在对话框的“物理信息”表中单击“更新”，就可以求出装配体整体产品模型的质量、体积、表面积以及转动惯量等物理特性（图2.89）。

要想知道重心的位置，从“显示”菜单选择“重心”（图2.90）。

产品模型的重心图标就显示在图形窗口中（图2.91）。

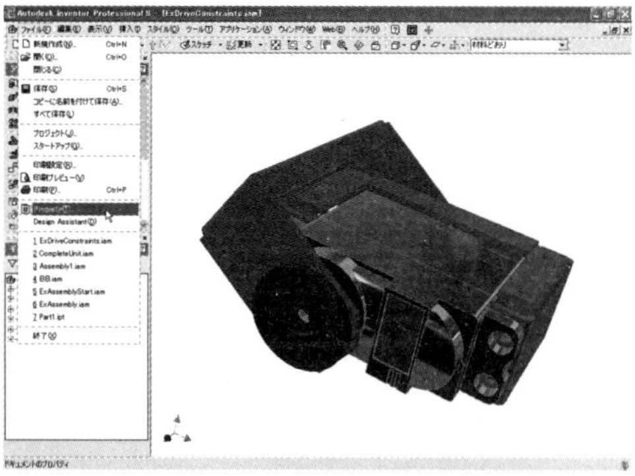

图2.88 选择“iProperty”

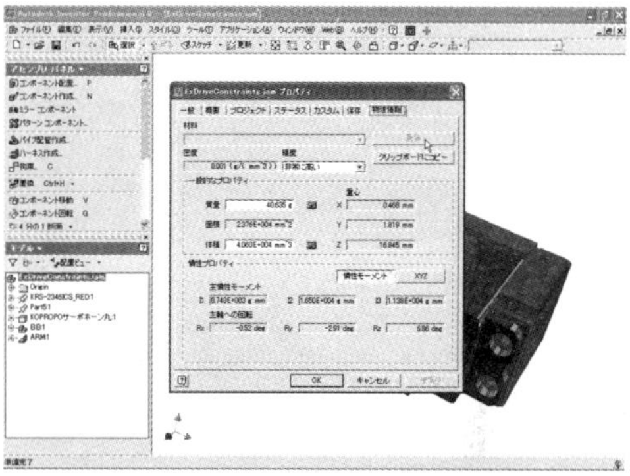

图2.89 装配体整体信息

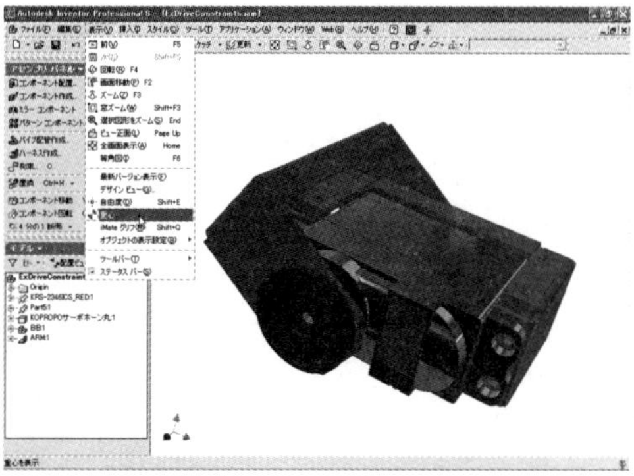

图2.90 选择“重心”

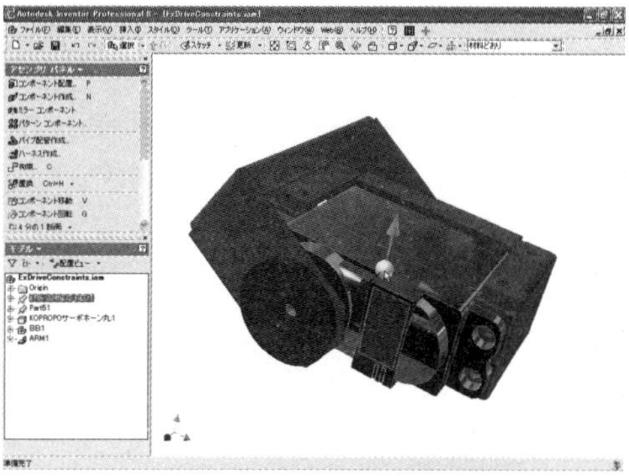

图2.91 显示重心图标

至此，介绍了以双足步行机器人的一个部件——伺服电机与支架为基础的三维CAD系统及Inventor的使用方法。与手绘和二维CAD系统比较，三维CAD系统从各个不同角度来看都有着巨大优势。运用三维CAD系统，可以事先了解具体需要的零件与结构，可以通过机器人驱动部分的仿真进行关节结构的修改，也可以在制作前了解机器人整体质量，以便于实现轻量化设计和步行时把握重心的位置，当然，同样可以了解零件之间的干涉、更改零件的结构形状。

特别是对想参加ROBO-ONE比赛的同学，需要你们在PC上反复操作来制作高水平的机器人。

另外，在6.2节中，将从用户的角度介绍在Inventor下进行机器人设计的一些实际例子。

第3章

MSC.visualNastran 4D

太田越　朱子　生于1976年，2000年毕业于国际基督教大学。现在就职于MSC软件株式会社软件事业部，担任多种产品的生产经理，并从事产品管理工作。

在这一章中我们以MSC软件公司开发和销售的MSC.visualNastran 4D为例进行介绍。MSC.visualNastran 4D是在PC上运行的可以进行三维机构分析、结构分析及相关4D分析的软件环境。从介绍这些分析入手，本章通过例题说明实际在MSC.visualNastran 4D上进行分析的操作过程。

3.1 MSC.visualNastran 4D简介

MSC.visualNastran 4D是在装有Windows操作系统的PC上进行三维机构分析、结构分析的软件。机构分析采用Working Model 3D解算器，结构分析采用国际标准MSC.Nastran解算器。MSC.visualNastran 4D在CAD环境下进行操作，而且具有独立的界面。这个软件可以使用基本的图标操作，设置可视也易于理解，即使对分析没有深入理解，也可以进行简单的高精度分析。

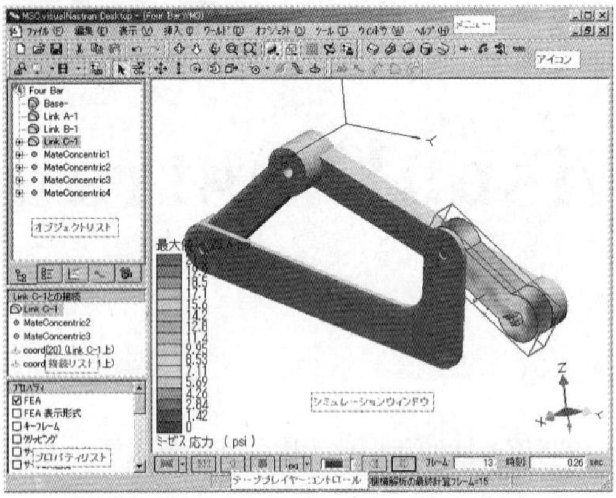

图3.1 MSC.visualNastran 4D界面

在图3.1的MSC.visualNastran 4D界面中，与一般的商用软件相同，上面排列着菜单，下面布置着工具栏。在仿真窗口左侧的模型外形面板中有一个对象列表，这个列表显示了构成这个模型的零件、关节、约束条件及载荷条件等。在仿真窗口内或者在对象列表中，通过双击零件、关节、约束条件及载荷条件，就可以打开其属性，定义或更改设置。

对象列表的下面显示的是链接列表，若指定任意零件，就会显示这个零件所对应的坐标点、关节、载荷、约束条件，以及与其他零件的接触情况。链接列表的下面是属性列表，要检验的项目可以在属性列表内设置。仿真窗口的下端是分析运行按钮。MSC.visualNastran 4D的使用环境见表3.1。

表3.1 MSC.visualNastran 4D的使用环境

	最小配置	推荐配置
操作系统	Windows XP, NT(SP6以上)，2000	Windows XP, NT(SP6以上)，2000
处理器	Pentium II	Pentium IV
内存（RAM）	128MB	256MB以上
硬　盘	450MB	1GB
显　卡	1024×768 （16位）	NVIDIA GeForce2 GTS, 32MB
光　驱	CD-ROM(安装用)	CD-ROM
软　件	Internet Explorer 4.0以上	Internet Explorer 5.0以上
指针设备	标准鼠标	Microsoft 3键鼠标
其　他	—	声　卡

3.2 CAD形状的取出——与Inventor的协同

MSC.visualNastran 4D自身具备创建简单形状的绘图功能，但在实际分析中通常使用已经在CAD系统上建好的模型。分析时通常需要从CAD系统中输出中间文件，再读入分析工具中进行处理。很多中端CAD系统同样具有普通CAD系统中如上所述的基本功能，Inventor就是这些中端CAD系统其中之一。当然，还有其他的CAD系统，如Solid Edge，SolidWorks及Pro/ENGINEER，也支持这个功能。

在已安装Inventor的PC中装入MSC.visualNastran 4D系统，在Inventor的“工具”菜单中嵌入用于向MSC.visualNastran 4D传送CAD文件的“MSC Analysis Tools”菜单。这时，如果选定“Connect to MSC.visualNastran Desktop…”，就会自动启动MSC.visualNastran 4D，那么，当前在Inventor上激活的零件或装配体就会全部自动地传送到MSC.visualNastran 4D中（图3.2）。

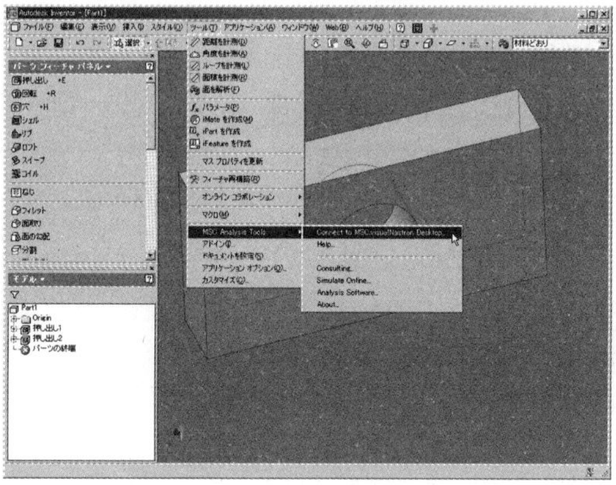

图3.2 从Inventor到MSC.visualNastran 4D的连接菜单

在传送装配体模型时，与装配体位置相对应的装配约束条件（匹配信息）会自动转换为MSC.visualNastran 4D的关节信息。如果按照自己的意图把关节自动变换成所需状态，那么就可以直接在MSC.visualNastran 4D中进行仿真了。但是，要按照某些规定进行关节变换，就必须事先对关节进行正确的动作定义。这时，在MSC.visualNastran 4D中，使用“约束导航”功能可以检查是否正确定义了各个关节。

“约束导航”功能在传送装配体模型时会自动启动。此后，也可以从“工具”菜单选择“约束导航”启动。

同时，常用的CAD图标也可以在MSC.visualNastran 4D中使用。如果习惯于Inventor的“全屏显示”、“视窗缩放”、“缩放”等操作，我们可以在MSC.visualNastran 4D中选择“显示”菜单的“工具栏”，在图3.3显示的对话框中勾选“Autodesk Inventor（TM）”，就可以使用与Inventor相同的图标（图3.4）。

图3.3 设置“工具栏”对话框

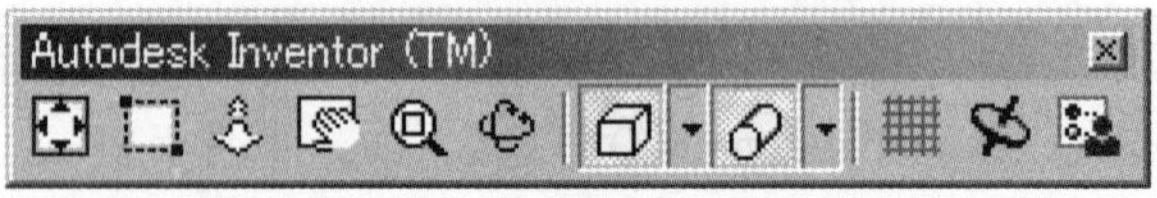

图3.4 与Inventor同样的“工具栏”

同样可以选择“显示”按钮的“工具栏”，如图3.5所示。在后面的例题中，我们将对这些MSC.visualNastran 4D的标准图标进行介绍。

图3.5 MSC.visualNastran 4D中的图标

3.3 机构分析

所谓机构分析，就是把复杂的零件通过关节（约束条件）组合（连接）成图3.6所示装配体模型，再把其机构的运动在PC上进行仿真的过程。举一个简单的例子：固定在地面的物体和不固定的物体用销钉连接，一旦松手，没有固定的物体就会在重力的作用下运动，这个情形可以通过仿真表达。同时，通过解算器可以求解构成该机构的每个物体的位移、速度、加速度及连接部位的作用力与反作用力。

更实用的方法是，通过设置电机传递力矩的大小，仿真出连接到末端的构件以多大的速度运动。所以，做不做实物都没关系，软件仿真结果与制作出的实物是相同的。实际上，大多数企业在制造过程中都用这个方法进行分析。比如，在实际中无论采用什么手段我们都无法在月球表面进行测量，这时，就可以进行动作验证、无重力状态的仿真。无论是模型自由度为0时的运动学分析，还是考虑惯性的多自由度系统的动力学(Dynamics)分析问题，都可以在MSC.visualNastran 4D中进行处理。

从CAD系统导入的三维模型或用MSC.visualNastran 4D绘图功能直接创建的模型，都可以通过设置零件间的关节信息使其直接成为运动学模型（图3.7）。机构分析就是由这个运动学模型得到的连杆、关节的信息，并考虑质量、惯性、外力及力矩等进行计算的过程。从这些分析中得到的运动方程式是关于时间的数值积分，可计算满足关节约束、外力或力矩载荷等的位置、速度、加速度及力等。

图3.6 装配体模型

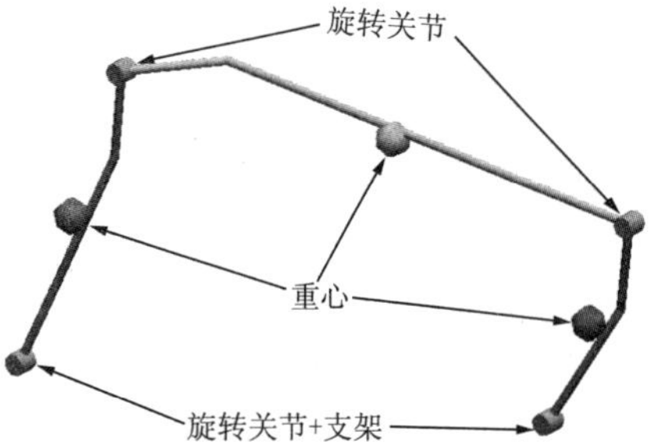

图3.7 运动学模型

MSC.visualNastran 4D中求解数值积分的默认方法是Kutta-Merson法，数值积分的精度取决于时间步长。要提高精度，需要减小时间步长。

机构分析模型的组成如下。

• 连杆：构件通过连杆连接，在分析时按刚体处理，考虑在重心处的质量、转动惯量。

• 支架：把通过支架约束的构件看做固定件，作为运动学模型的支架。

• 关节：通过关节表达构件之间的约束条件。MSC.visualNastran 4D包含了所有的关节类型。详细请参考3.4节。

• 力、力矩：可以给构件施加力和力矩。MSC.visualNastran 4D中，可以定义常用结构分析的分布载荷和压力载荷。

• 弹簧/阻尼：把模型设置为黏弹性体。在MSC.visualNastran 4D中，可以从关节信息中选择合适的参数。

3.4 建立机构分析模型

在进行机构分析时，需要定义基于实际使用条件的关节、接触条件等。除了定义MSC.visualNastran 4D中的基本关节外，还可以简单地定义伺服电机、电机等驱动系统，以及线性弹簧/阻尼器、旋转弹簧/阻尼器等。

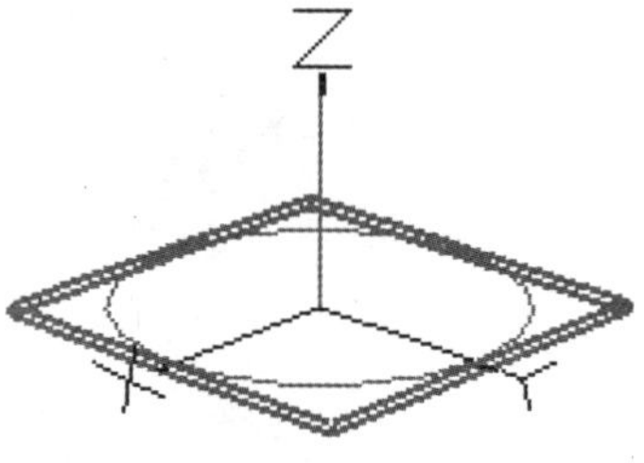

图3.8 MSC.visualNastran 4D的坐标点

在MSC.visualNastran 4D中定义关节时，应该保证坐标点和坐标点相互对应（图3.8），并把坐标点作为约束的给定位置。因此，要设置约束，首先需在物体上选定坐标点。坐标点就是相对于坐标原点的位置。单击“编辑”工具栏的“坐标点”图标，再单击物体，就确定了该物体的坐标点。另外，也可以制作背景。双击坐标点，显示属性，可以调整位置等。

MSC.visualNastran 4D中可以定义的关节列表参见表3.2。

表3.2 MSC.visualNastran 4D中可以定义的关节类型列表

关节名称	显　示	自由度或运动	关节名称	显　示	自由度或运动
固定关节	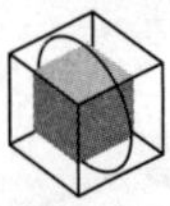	移动自由度 0 转动自由度 0	旋转电机	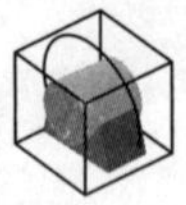	维持两个物体之间角度、角速度、角加速度所需要的力矩
旋转关节	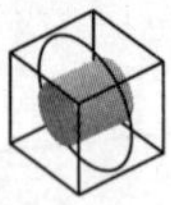	移动自由度 0 转动自由度 1	皮带传动	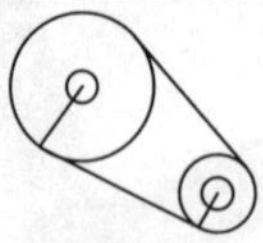	维持两个物体之间的旋转自由度相关联
球关节	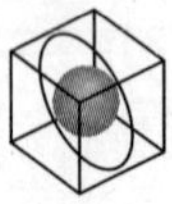	移动自由度 0 转动自由度 3	正齿轮	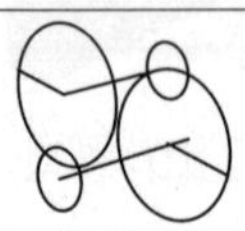	维持两个物体之间的两个自由度相关联
带槽的固定关节	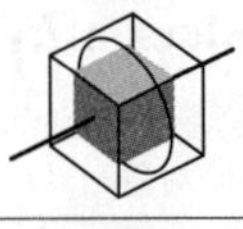	移动自由度1 转动自由度 0	斜齿轮	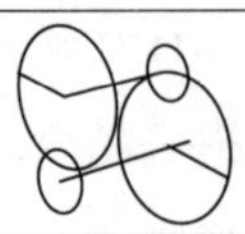	在啮合部分具有角度的正齿轮的模型
带槽的旋转关节	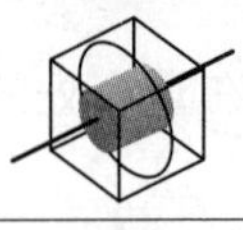	移动自由度 1 转动自由度 1	连杆		施加维持两端点所定义长度的力
带槽的球关节	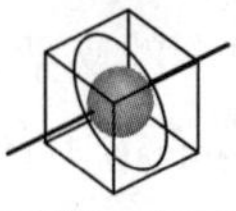	移动自由度 1 转动自由度 3	绳索		施加维持两个端点所定义长度且不致分离的力
曲线上的球关节	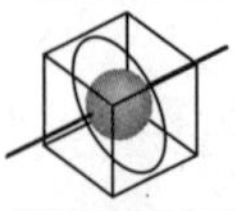	连接任意创建的曲线，实现自由转动	分离器	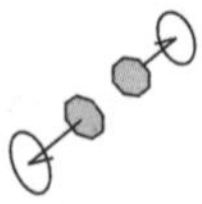	分离维持两端点所定义长度的力
平面上的固定关节	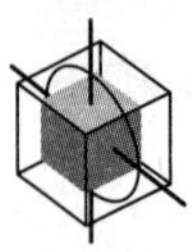	移动自由度 2 转动自由度 0	线性弹簧/阻尼器		线性弹簧/阻尼器及其组合
平面上的旋转关节	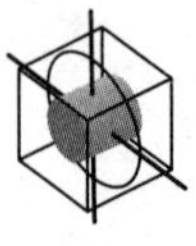	移动自由度 2 转动自由度 1	旋转弹簧/阻尼器	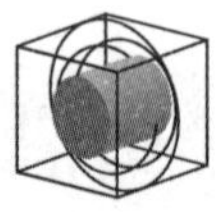	旋转关节、扭簧、扭转阻尼器的组合
平面上的球关节	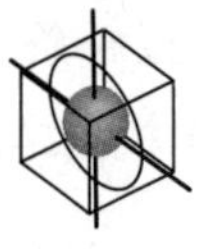	移动自由度 2 转动自由度 3	套管	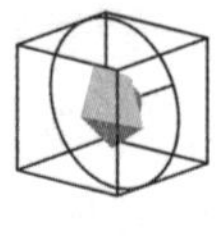	相对于3个移动自由度、3个转动自由度定义弹簧/阻尼器的关系式
平行关节	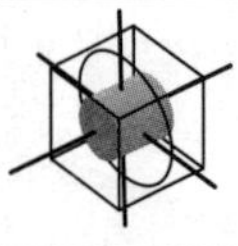	移动自由度 3 转动自由度 1	自定义	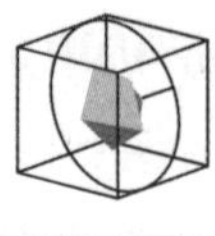	对应力/力矩、位置、速度、加速度定义任意公式
直线作动器	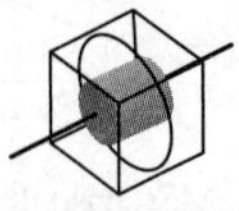	给定维持坐标点之间所设定的长度、速度、加速度所需要的力			

在MSC.visualNastran 4D中，双击“关节”，显示属性，可以设置移动方向和旋转轴。并且，关节信息也可以在属性中修改。根据所定义的关节类型，随之显示关节属性列表，同时也可以设置关节属性。

例如，旋转电机的属性对话框（图3.9）中，在设定旋转轴的同时，也可以根据需要设置移动方向（界面滑动条），还可以输入电机型号（图3.10）。

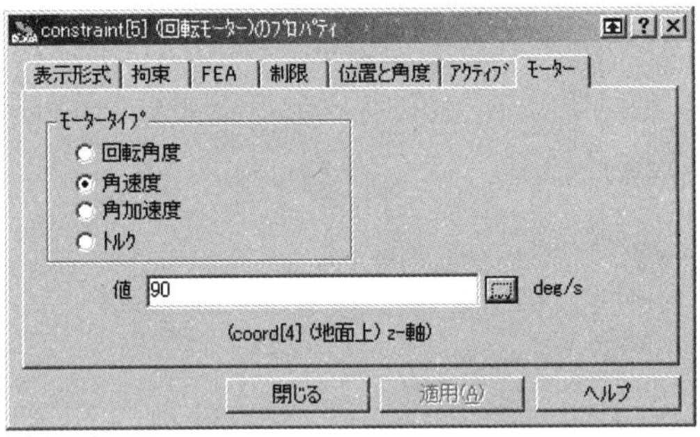

图3.9 “旋转电机属性”对话框

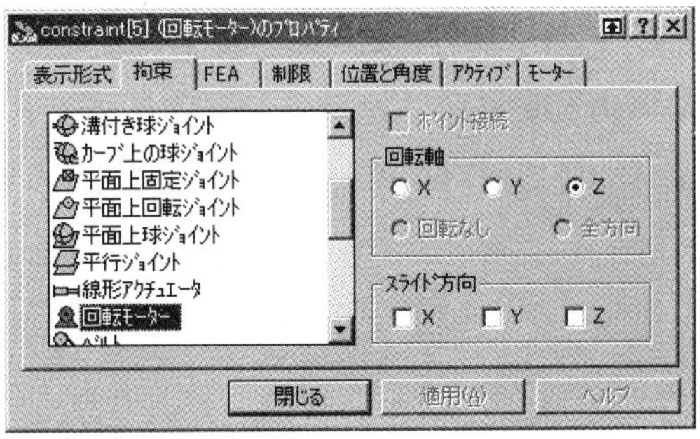

图3.10 “旋转电机属性”电机设置

在没有给定数值的情况下，单击数值横向菜单中的“…”按钮，可以在此编辑公式（图3.11）。式中，可以事先设置一些常用的函数或表达式，使仿真中的数值运用更方便。

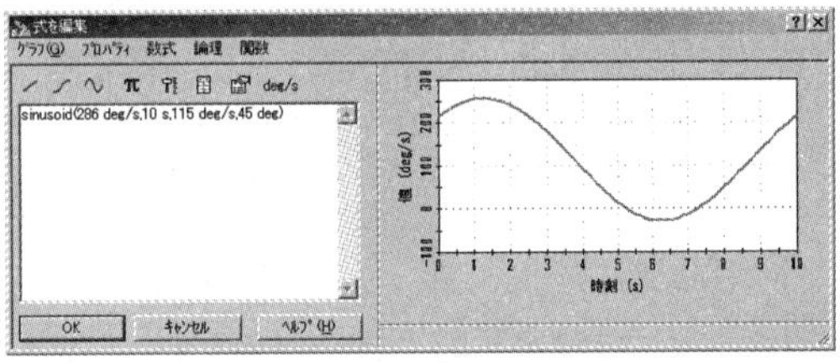

图3.11 “公式编辑”对话框

另外，数据信息可以直接以表格的形式输入，或从文本文件中调用（图3.12）。我们可以通过不同的定义方法定义旋转电机参数，当然，其他关节、力也同样可以使用这些定义方法。利用这些关节设置，也可以定义各种约束条件。

MSC.visualNastran 4D中定义接触的设置也非常简单。在屏幕左上角的对象列表中，或者从屏幕上选择多个想定义的接触，按右键，从显示的菜单选择“碰撞”，就完成了所选择的物体之间的相互接触（图3.13）。也可以从对象列表中选择“碰撞”。

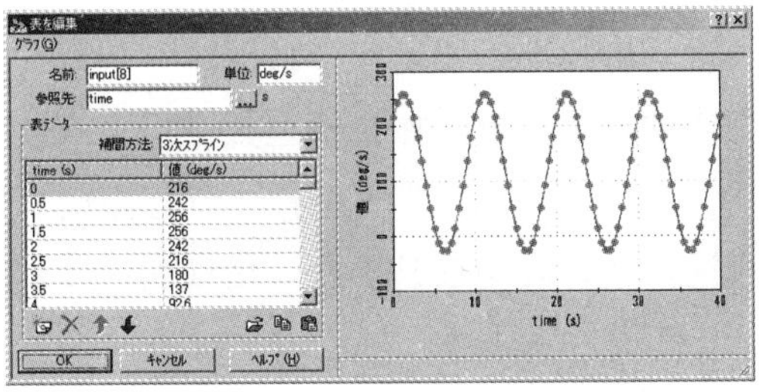

图3.12 “表格编辑”对话框

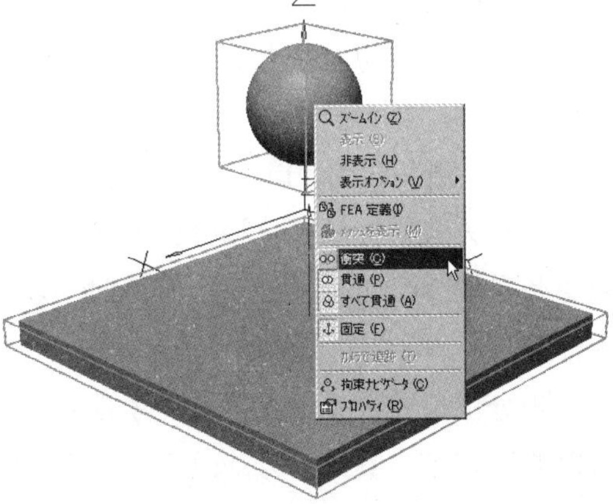

图3.13 接触的设置

3.5 仿真设置

如前所述，MSC.visualNastran 4D就是根据运动学模型所得到的运动方程式（时间的数值积分），计算满足给定模型的关节约束条件、外力或力矩载荷条件的位置、速度、加速度及力等。于是，随之而来的便是积分精度的问题。在MSC.visualNastran 4D中根据整体仿真设置命令或仿真设置图标可以打开设置对话框。在这个“积分”菜单中，可以设置动画的帧数、积分时间增量及积分方法（图3.14）。

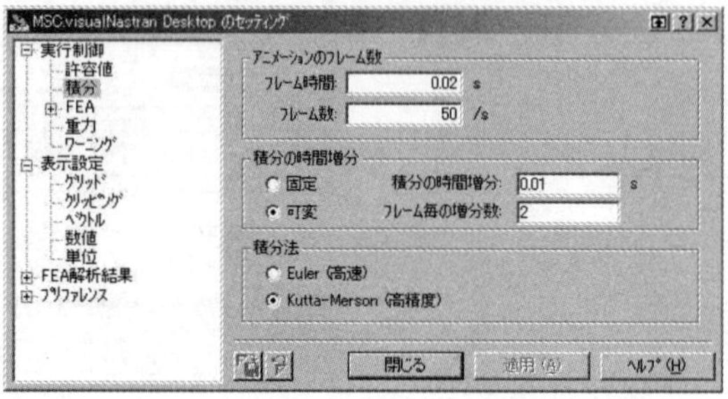

图3.14 仿真设置的“积分”菜单

要提高仿真精度，就要增加1s内的帧数。可是，如果增加帧数，仿真的时间会大大延长。并且，如果积分不收敛，有时候会在中途停止计算。这时，就需要调整积分的时间增量。如果时间增量可变，则会自动调整而取得计算性能最好的时间增量。可变时间步长在大多数情况下是有效的，但是，如果步长过小，常常也会发生计算自动停止的现象。帧数和时间步长根据仿真的最佳设置的不同而不同，均需要多次尝试。

3.6 进行机构分析

进行机构分析时，使用图3.15所示仿真窗口中的“磁带播放器”控件。在“磁带播放器”控件中，按顺序从左边起排列着“FEA分析”、“重置”、“回放”、“停止”、“运行”、“播放幻灯片”、“返回”、“步进”等按钮，右边显示当前的帧数及时间。但是，最左边的“FEA分析”按钮仅用于结构分析，而不用于机构分析。

一旦关节、接触等机构分析所必需的条件设置完毕，单击“运行”按钮进行仿真。模型数量较少、所定义的接触不多时，就能较高速地运行仿真。如果模型数量巨大或者零件接触多，分析时间就会大大延长。

积分步长过大或本应接触的零件之间互相穿过，在仿真中都是不应该出现的。我们可以通过3.5节中提到的方法改变仿真精度再进行调整。

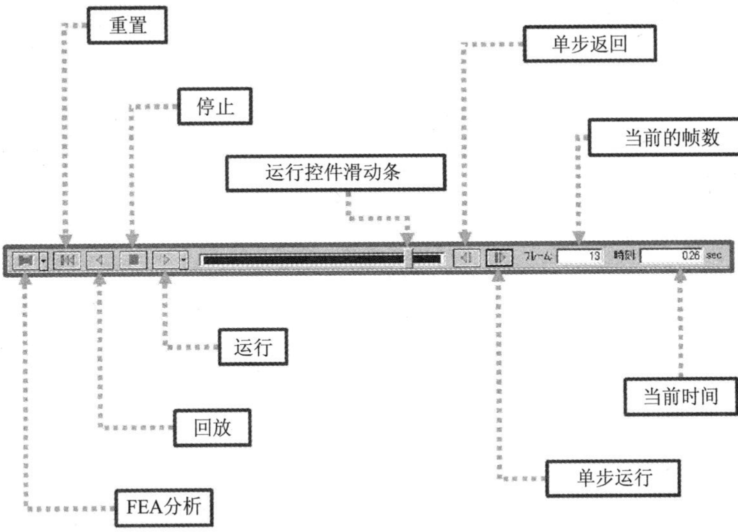

图3.15 “磁带播放器”控件

3.7 结果的计测器测量功能

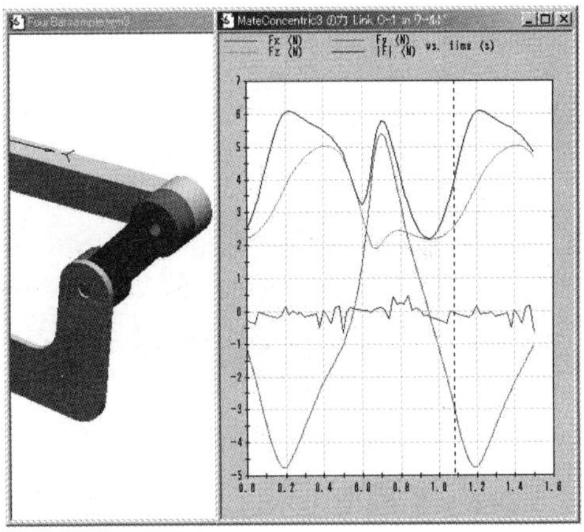

图3.16 MSC.visualNastran 4D的测量功能

在MSC.visualNastran 4D中，采用测量功能，可以测量各种数据（图3.16），如物体的位置、速度、加速度、角速度、角加速度及关节的约束力、约束力矩，或测量两个定义接触的物体之间的接触力和摩擦力等。当然，用这个功能也可以进行最短距离测量、干涉检查等。

测量方法是：首先单击选择要测量的物体或关节等，从“插入”按钮选定测量,设置各项。然后显示图形，要测量的数值以浮点数表示。测量值可以输出到Microsoft Excel或文本数据，也可以按整个屏幕保存。

3.8 简单机构分析实例

在这一节，举一些采用MSC.visualNastran 4D进行简单机构分析的实例，讲述如何在MSC.visualNastran 4D环境下建立模型，对模型进行仿真。

（1）启动MSC.visualNastran 4D。

（2）选择图3.17所示“绘图”工具栏的“长方体”图标。

（3）在原点附近单击。从这里开始沿斜方向拖住鼠标画出长方形，再在任意位置单击鼠标，把长方形沿Z方向拉伸为长方体。在适当的位置再一次单击鼠标，就可以画出长方体（图3.18）。

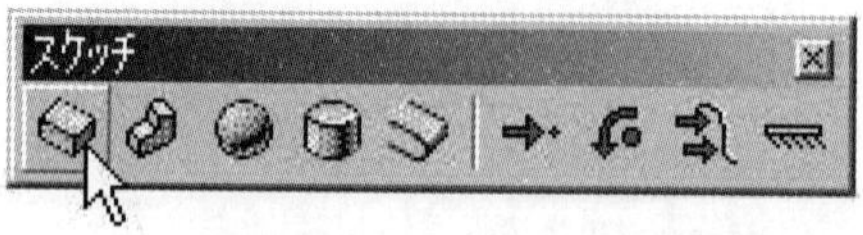

图3.17 “长方体”图标

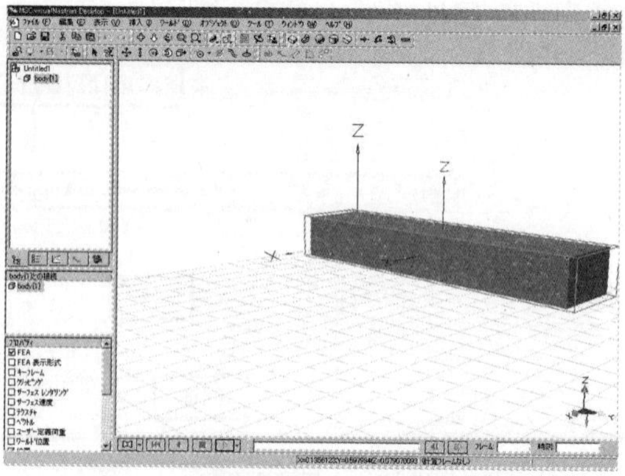

图3.18 画长方体

（4）双击刚刚画出的长方体，出现属性画面。选择参数列表，输入宽为0.1m，长为0.7m，高为0.1m（图3.19）。

（5）在相同的对话框中，单击打开“位置”列表，输入X为0.2，Y为0.5，Z为0.05（图3.20）。

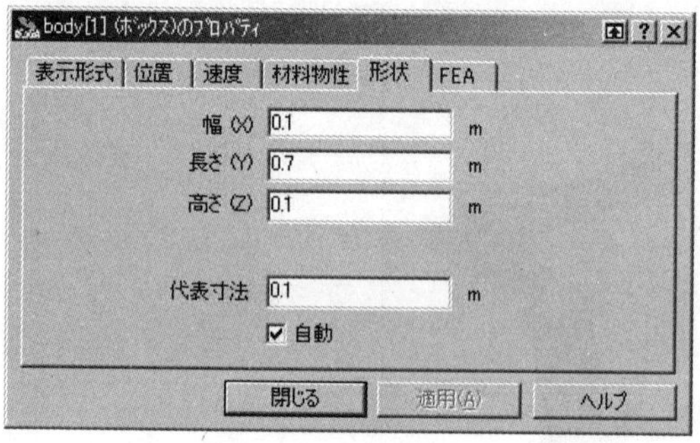

图3.19 指定形状

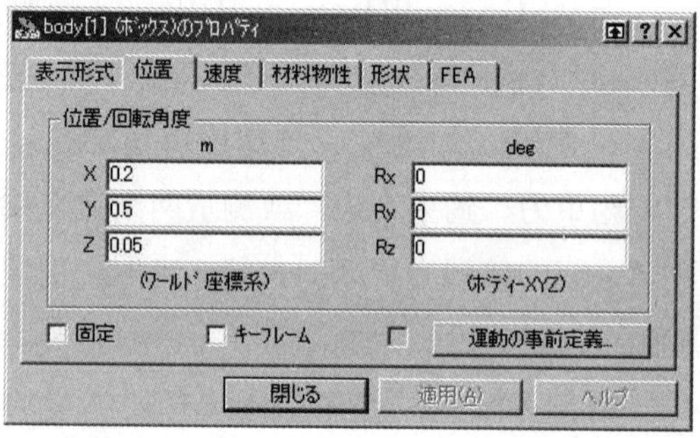

图3.20 指定位置

（6）当模型显示过大时，单击“显示”工具栏的图3.21所示 “全部显示”图标，就可以看见缩小后的整个模型。

（7）当在模型上再一次单击时，模型周围出现网格线，说明这个模型处于激活状态。在这个状态，在键盘上按Ctrl+C键，就能复制这个模型。也可以从菜单上的“编辑”选择“复制”进行复制。

（8）按下键盘上的Ctrl+V键，粘贴刚才复制的模型。或者从菜单上的“编辑”选择“粘贴”，也可实现粘贴功能。如图3.22，“body[1] ”被复制为“body[2]”。

（9）创建安装关节的坐标点。首先，单击“编辑”工具栏的“坐标点”图标（图3.23）。这时，在“body[2]”上移动光标，上表面变黑以示强调。在这个状态下单击鼠标，创建上表面的坐标点（图3.24）。当图形上表面看不见时，使用“显示”工具栏的“旋转/移动”图标（图3.25），调整到易于观察的位置。

（10）调整坐标点的位置。首先需要确认是否已经选择了刚刚作出的坐标点。如果没有选择，单击坐标点。此后，单击右键选择“属性”或双击打开属性对话框（图3.26），在属性“位置”栏输入：X=0m，Y=0.3m，Z=0.05m。

图3.21 “全部显示”图标

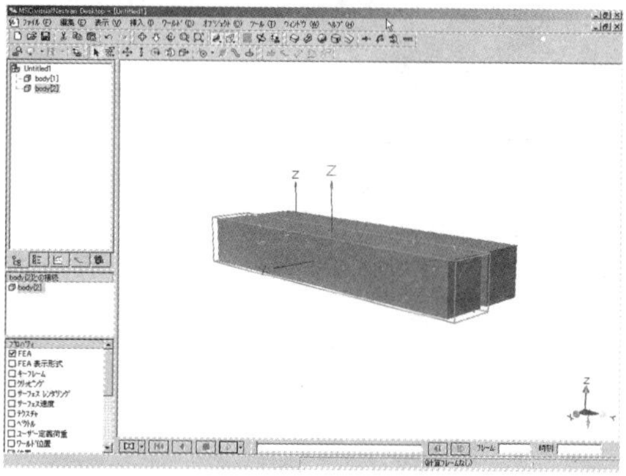

图3.22 制作“body[2]”

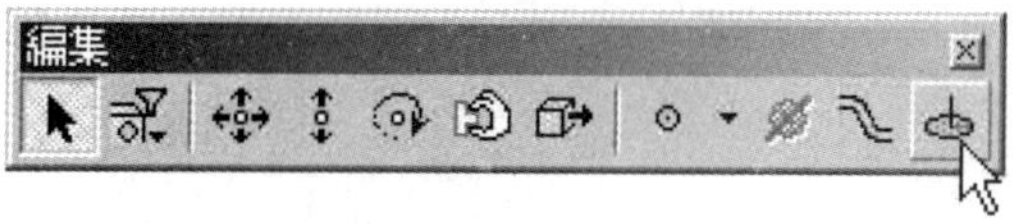

图3.23 “坐标点”图标

图3.24 创建上表面的坐标点

图3.25 “旋转/移动”图标

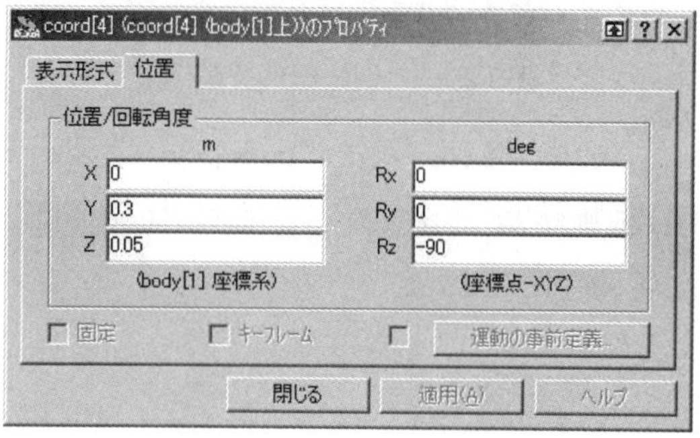

图3.26 坐标点的位置调整

（11）对于“body[2]”，采用完全相同的操作创建坐标点，选定位置。坐标点是按不同的物体作为坐标系的，所以可以在不同的物体上使用相同的坐标点（图3.27）。

（12）创建旋转关节。单击选择“body[2]”的坐标点，再按住Ctrl键选择“body[1]”的坐标点（即同时选择“body[2]”的坐标点和“body[1]”的坐标点）。也可以在仿真窗口或对象列表内进行选择。这里的关节是以第2个指定的坐标点为基点创建的，我们需要记住这个顺序。

（13）单击右键，选择“创建约束”（图3.28），或单击“编辑”工具栏中的“创建约束”。

图3.27 创建“body[2]”的坐标点

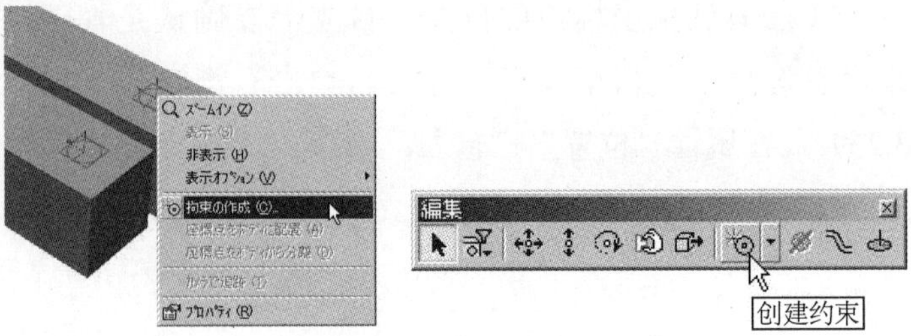

图3.28 创建约束

（14）接着，在图3.29所示的“创建约束”对话框中，设置约束的类型。单击按钮“旋转关节”、指定“配合面”，单击“创建约束”按钮，创建约束。

（15）旋转关节已作出，仿真窗口内显示内容如图3.30所示。（这里需要考虑物体的可见性，所以将物体的上表面设为透明。因此，在物体的属性“显示形式”记录中选择“透明”即可）

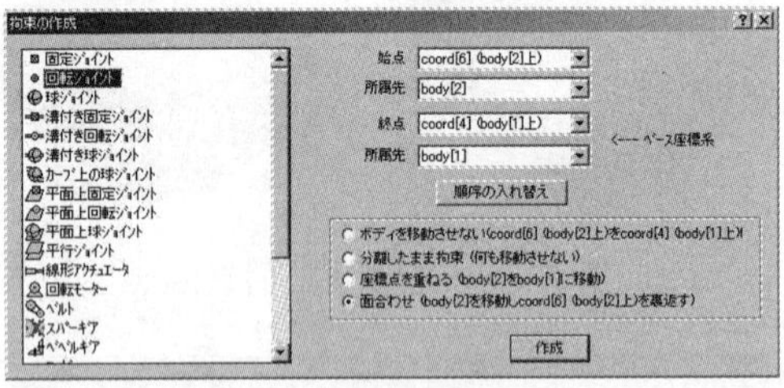

图3.29 “创建约束”对话框

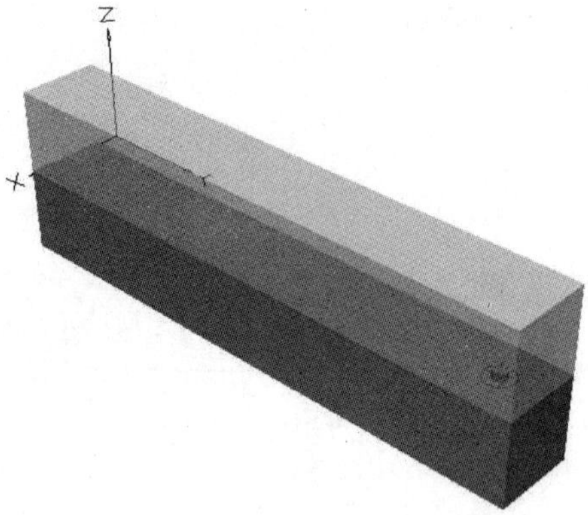

图3.30 与旋转关节连接

（16）接着，双击“body[1]”，显示属性。在“位置”栏输入“Ry”为“90”，即绕Y轴旋转90°（图3.31）。随着“body[1]”的旋转，与旋转关节连接的“body[2]”也随之转动（图3.32）。

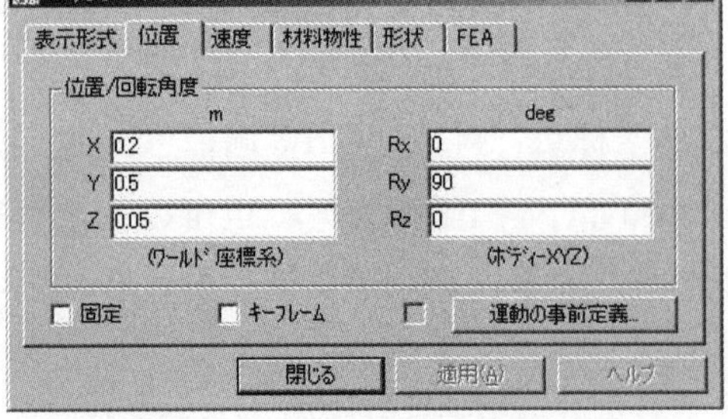

图3.31 “body[1]”的属性

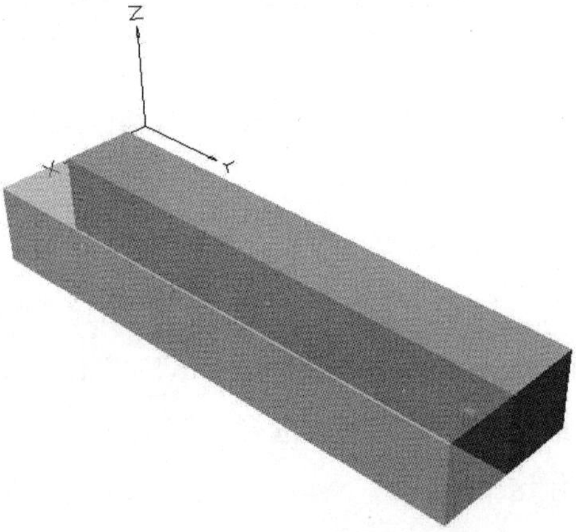

图3.32 “body[2]”的旋转

（17）接着，单击“坐标点”图标，在“body[2]”左侧创建一个坐标点。双击已创建的坐标点，设置：X=0m，Y=−0.3m，Z=−0.05m（图3.33）。

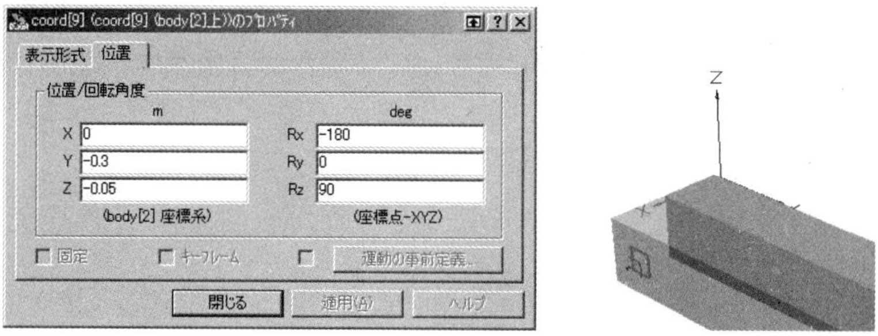

图3.33 创建“body[2]”的坐标点

（18）用右键单击刚刚作成的坐标点，与前面相同，选择“创建约束”，或单击“编辑”工具栏中的“创建约束”（图3.34）。然后，在显示的对话框中选择“固定关节”，单击“创建”按钮，建立约束。通过选定一个坐标点而非两个坐标点创建关节时，MSC.visualNastran 4D可以在与选定的点相同位置的背景上自动创建新坐标点，坐标点就固定在这个位置。

（19）下面，对刚刚创建的物体和关节进行仿真。单击图3.35所示“磁带播放器”控件的“运行”按钮。

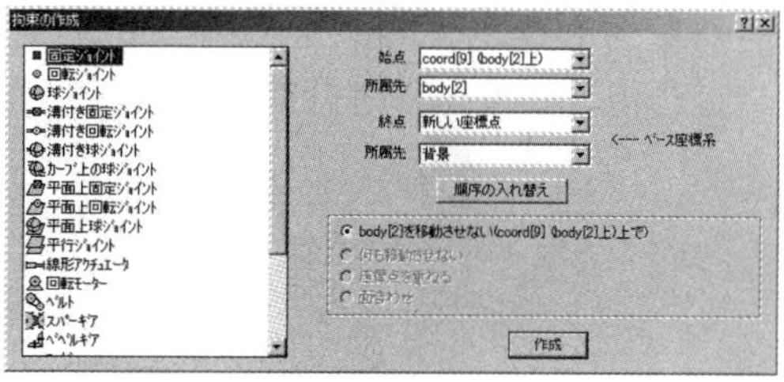

图3.34 创建约束

图3.35 “运行”按钮

（20）把“body[2]”固定在固定关节处，通过旋转关节连接“body[2]”和“body[1]”。于是，由于重力的影响，“body[1]”进行单摆运动（图3.36）。

（21）一旦完成动作检查，按图3.37所示“重置”按钮，仿真返回到最初状态。

图3.36 “body[1]”的单摆运动

图3.37 “重置”按钮

（22）接着，双击“body[2]”的固定关节，打开属性“约束”标题（图3.38），把“固定关节”改为“旋转关节”，单击“关闭”。

（23）再一次单击“磁带播放器”控件的“运行”按钮，验证在新约束条件下物体的动作（图3.39）。由于刚刚定义的固定关节具有一个转动自由度，可以确认会产生不同的动作。

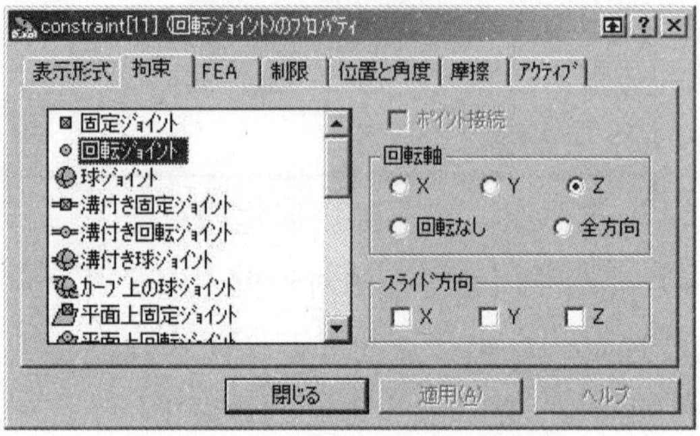

图3.38 更改为“旋转关节”

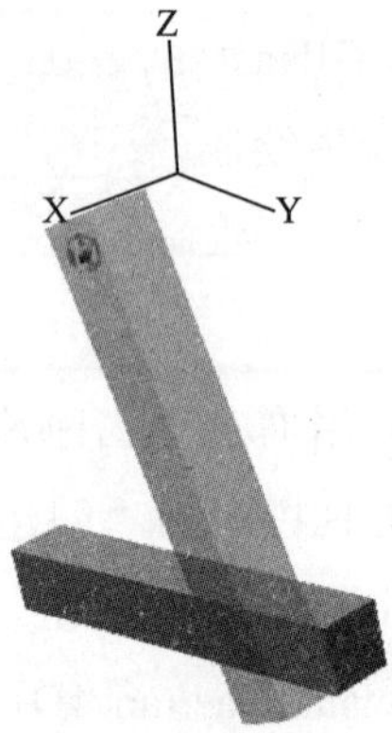

图3.39 检验新约束下的动作

（24）这样，不管哪个关节都可以修改为其他类型的关节。尝试验证各个不同关节的动作，有利于加深对关节动作的理解。

那么，选定物体或关节，从“插入”按钮选择“测量”，再任意选择一个测量对象，对应所选定的物体和关节，插入“测量”，进行仿真时就可以进行数据测量。

3.9 结构分析

所谓结构分析，就是在给定约束、载荷条件下，计算某一物体的强度（应力或应变）、振动模态等。MSC.visualNastran 4D支持应力分析、振动分析、屈曲分析及传热分析，采用的方法是有限元法。有限元法就是把复杂零件的形状近似为叫做单元的简单形状，从而计算整体应力及应变的方法。在MSC.visualNastran 4D中主要使用的单元形状是三棱锥单元，一般叫做四面体单元（图3.40）。连接这些单元的点叫做节点。MSC.visualNastran 4D使用包含中间节点的具有10个节点的四面体单元（也叫做2次四面体单元）。

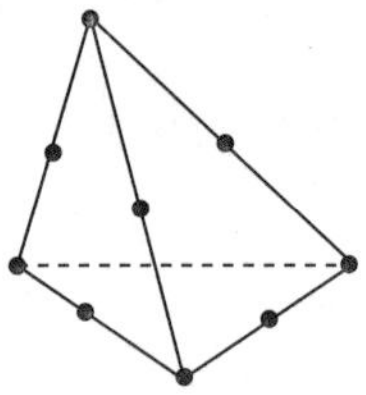

图3.40 MSC.visualNastran 4D使用的2次四面体单元

将零件结构近似成若干个四面体单元的过程叫做网格划分。网格划分一般需要相关的专业知识，但是，MSC.visualNastran 4D是为没有专业知识的初学者和设计者们设计的，依然可以保证在一定精度下进行分析。通过网格分割的一个个单元，再变换为等效的弹簧模型，通过计算弹簧模型，就可以得到所需的计算结果。网格划分在某种程度上是实际结构的近似，因此，单元的大小（网格的粗细）决定着解的精度。

3.10 结构分析的设置

通常，MSC.visualNastran 4D的分析步骤如下所述。首先要准备分析的模型，可以是用MSC.visualNastran 4D简易绘图功能建立的模型，也可以是用3.2节所述CAD集成功能在CAD系统中绘制的结构。然后，对于其结构，设置符合实际使用环境的约束条件（固定哪个部分）及载荷条件（在什么部位施加作用力）。MSC.visualNastran 4D可以在X方向、Y方向、Z方向，或者它们的组合方向设定约束条件（图3.41）。

可以设置的载荷条件有分布载荷、整体载荷、集中载荷、压力载荷、力矩（图3.42）。

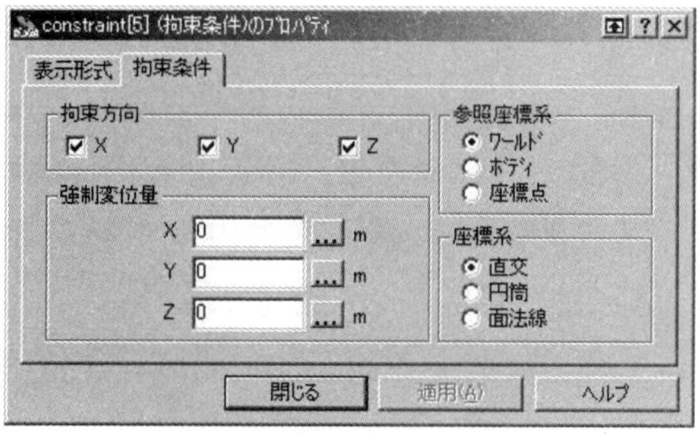

图3.41 约束条件的属性

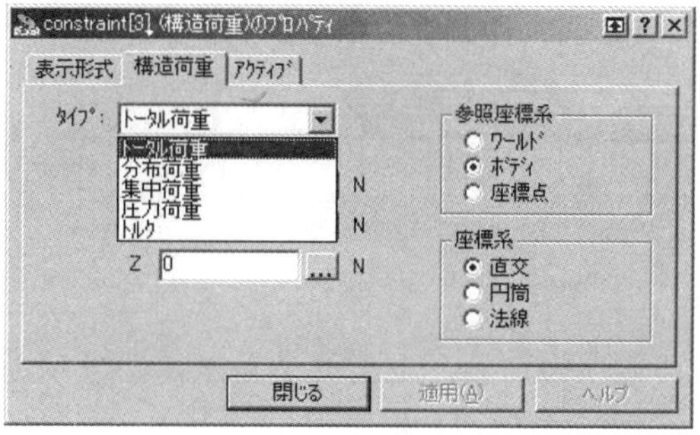

图3.42 载荷条件属性

同时，我们还需要对结构定义合适的材料。双击已经定义好材料的零件，在物体对话框的材料物理性质的标题内进行确认。要想改变材料时，单击“更改”按钮，在显示材料物理性质的对话框中进行修改（图3.43）。所需材料可以从已经注册的材料数据库中选择，也可以根据手头的材料特性数据采用手动方式输入。

接着，进行网格分割，MSC.visualNastran 4D通常按照一定规则对给定的结构自动计算单元的大小，并根据这个大小自动进行网格分割。因此，在不需要设置单元检查或单元大小时，可以直接按照默认的单元大小进行网格划分。如果要指定单元的大小或需要显示网格、确认其大小是否合理，那么双击物体，就可在属性的FEA标题下进行修改或确认（图3.44）。

在“默认网格大小”中，输入适当数值，单击“创建网格”，按所输入的大小划分网格。在“显示网格”检查框中输入检查，就可以在模型上显示网格，并可以通过视觉确认网格的大小，同时也能够确认单元数和节点数。

一旦各个条件设置完成，就可进行实际分析。MSC.visualNastran 4D中，在用于结构分析的“磁带播放器”控件的最左侧，设置有结构分析用的“运行”按钮。单击按钮右侧向下的小箭头，就会出现菜单，可以在这里更改分析的类型（图3.45）。

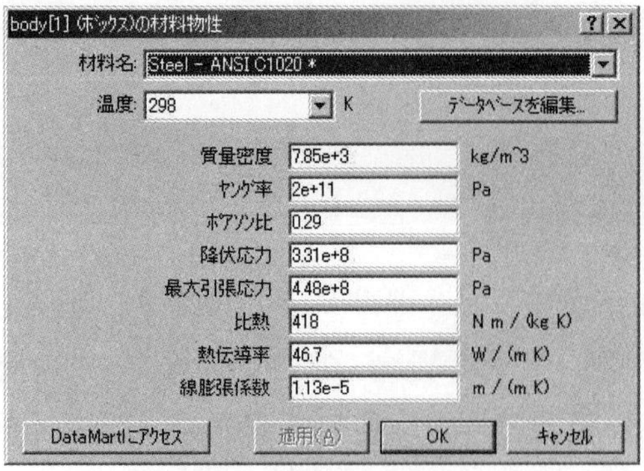

图3.43 材料物理性质属性

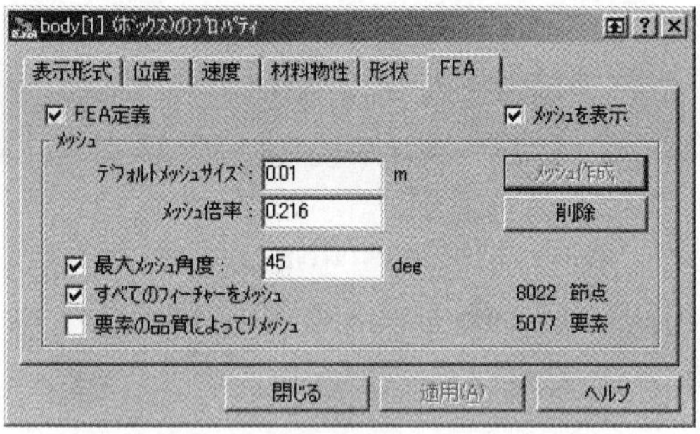

图3.44 物体属性的FEA记录

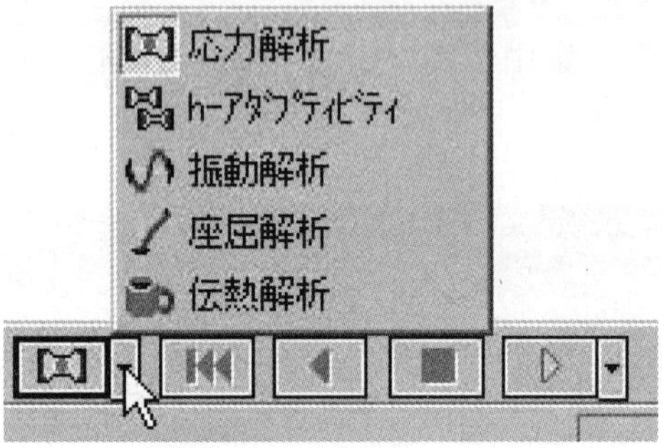

图3.45 结构分析的运行菜单

在MSC.visualNastran 4D中可以进行应力分析、固有频率的振动分析、屈曲时的载荷系数和变形的屈曲分析、热传导效果的传热分析，除此而外，也可以进行h型自适应分析（图3.46）。所谓h型自适应分析，就是只通过设定最大循环次数与目标误差值，MSC.visualNastran 4D就可以自动在最大循环次数内修正网格划分，以得到目标误差值以内的精度结果，并将其输出为功能。根据这个功能，即使缺乏对网格划分方面的专业知识，依然可以获得符合某种精度的结果。

如果分析结束，结果就自动地显示出来（图3.47）。右键单击模型，选择“显示”菜单，可以显示网格和变形图。在显示变形的状态下，单击“磁带播放器”控件“运行”按钮右端向下的三角，从菜单中选择“FEA动画”，就可以显示变形动画。要想改变数据设置和方向分量，可以右击彩条从其菜单中选择，或者在设置对话框的“FEA分析结果”中选择。所以，MSC.visualNastran 4D也具备评价分析结果的功能。

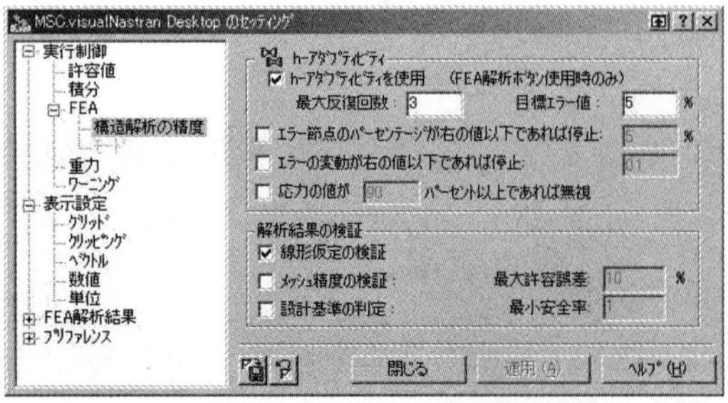

图3.46 h型自适应分析的设置

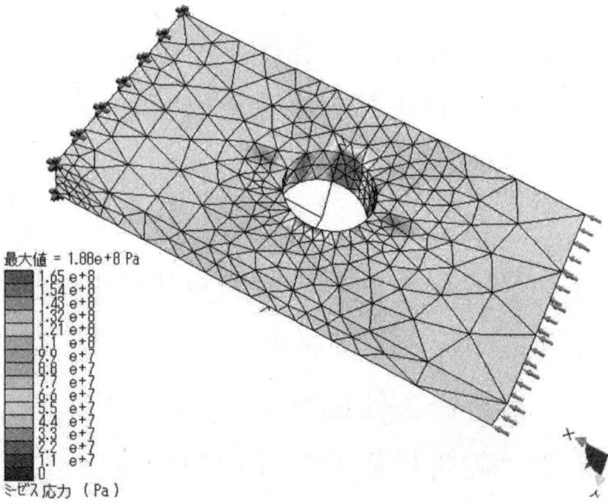

图3.47 结构分析的结果显示

3.11 简单结构分析实例

在这一节中，以利用MSC.visualNastran 4D进行简单应力分析为例进行介绍。这里使用安装在MSC.visualNastran 4D指南中的模型。

（1）启动MSC.visualNastran 4D。

（2）选择“文件”中的“打开”命令，打开文件夹“C:/Program Files/visualNastran Desktop/Tutorials/ Chapter 08/Exercise 8.1/Connecting Rod.wm3”，模型如图3.48所示。

（3）首先，确认材料的物理性质。双击所示模型，打开属性，设置“材料物理性质”列表（图3.49）。将当前材料的物理性质定义为“body[6]的材料”，单击“更改”按钮。

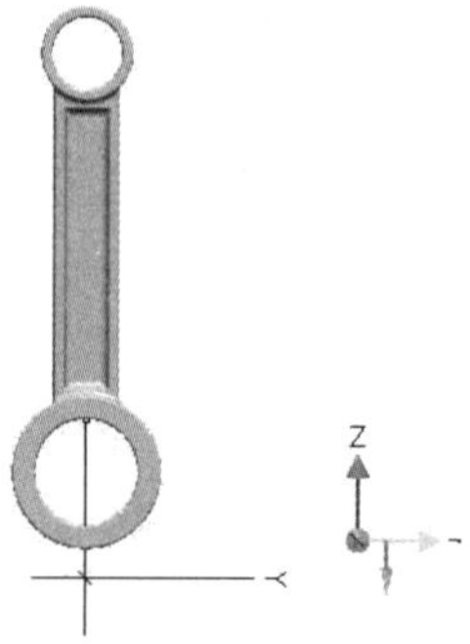

图3.48 打开模型

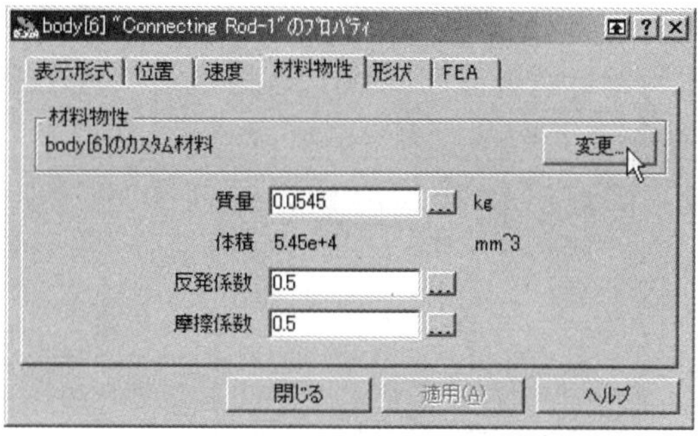

图3.49 变更材料特性

（4）在显示的材料性质属性中，单击材料名称右端向下的三角，从显示的菜单中选择“Steel-ANSI 304”（图3.50）,定义连杆的材料为“钢”，单击OK。在确认材料物理性质“从数据库的Steel-ANSI 304”复制结果后，单击“关闭”按钮关闭属性。

（5）接着，定义约束条件。这里完全约束连杆下方大孔的内表面。当内表面不可见时，利用“显示”工具栏的“旋转/移动”图标旋转模型，就可以方便地选择内表面了。单击“绘图”工具栏的“约束条件”图标（图3.51）。

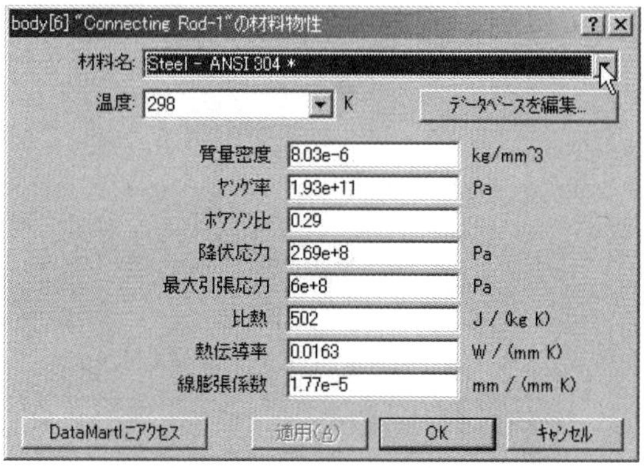

图3.50 更改为“Steel-ANSI 304”

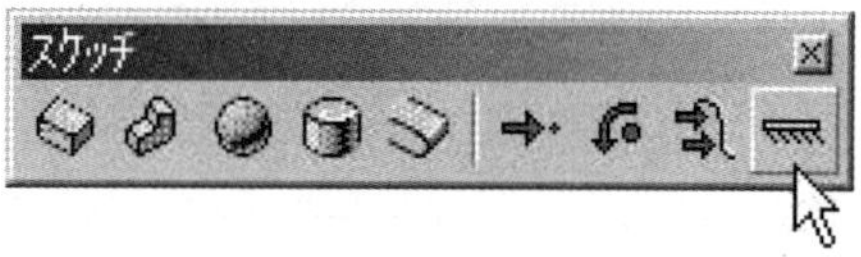

图3.51 “约束条件”图标

（6）选择连杆下方孔的内表面，添加约束，就会出现图3.52所示标记。

（7）双击“约束”，显示属性，打开“约束条件”列表。检查*X*、*Y*、*Z*方向是否都处于完全约束状态（图3.53）。如果想更改约束的方向或者添加强制位移，可以在这个对话框中进行修改或变更。单击“关闭”，关闭属性对话框。

图3.52 施加约束

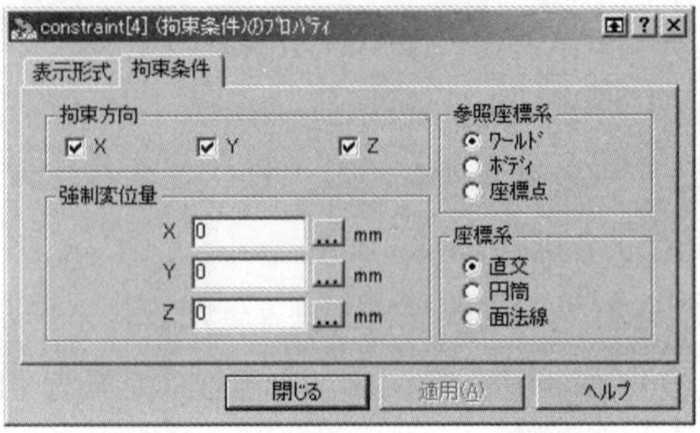

图3.53 “约束条件”列表

（8）接着定义载荷条件。这里，需在较小孔的内表面施加向上的载荷，单击“绘图”工具栏的“结构载荷”图标（图3.54）。

（9）设置上方小孔的内表面，施加载荷，就会显示图3.55所示标记。

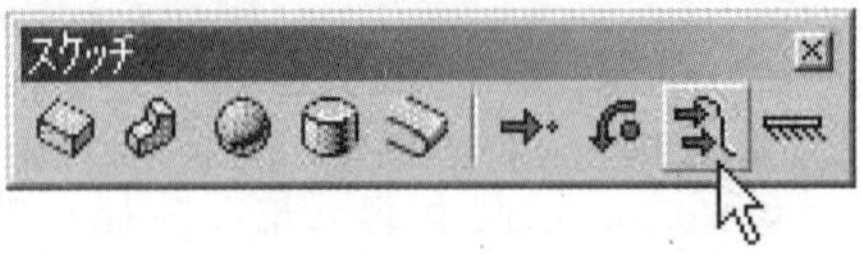

图3.54 “结构载荷”图标

图3.55 施加载荷

（10）双击载荷显示属性，打开“结构载荷”列表，选择“整体载荷”，输入*X*方向为5N，*Y*方向、*Z*方向为0N。参考坐标系设置为“贴体”，坐标系设置为“正交”（图3.56）。载荷的标记会按照输入的不同而改变方向，我们可以通过眼睛判断施加的载荷沿哪个方向。

（11）在完成了材料特性、约束及载荷条件的定义之后，MSC.visualNastran 4D就会自动计算单元大小。在这个状态下，单击图3.57所示“FEA分析”图标，MSC.visualNastran 4D就会自动划分网格并使用MSC.Nastran进行结构分析。

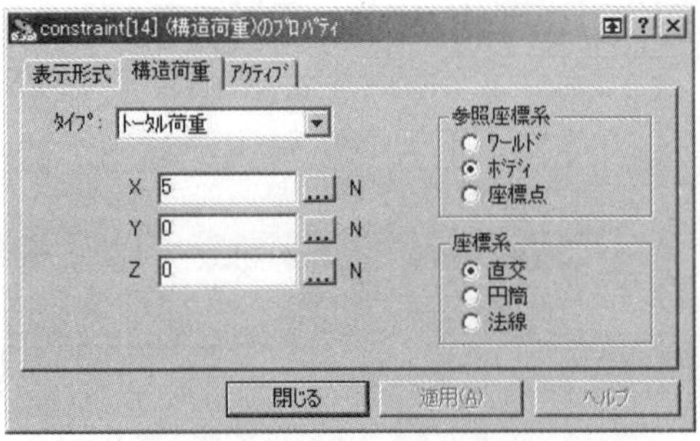

图3.56 结构载荷的设置

图3.57 “FEA分析”图标

（12）计算结果如图3.58所示。可以看到，特别是在孔的部分，由于单元尺寸过大，造成近似性不足。

（13）如果默认大小不精确，则需要设置单元尺寸。双击物体，显示属性，打开“FEA”列表，在“网格显示”中选择检查，网格就显示出来（图3.59）。默认的网格尺寸为28.8mm，显然网格很粗糙。

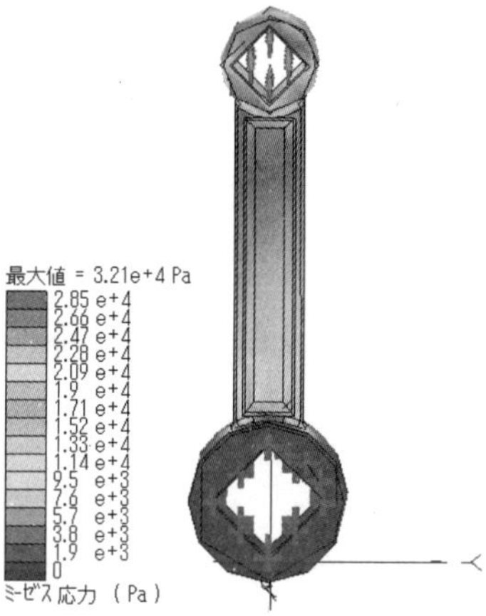

图3.58　结构分析结果

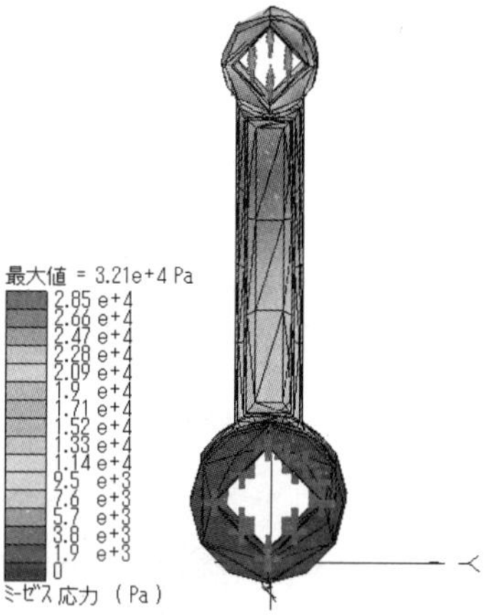

图3.59　网格显示

（14）在属性对话框中指定默认的网格尺寸为10mm，单击“生成网格”按钮（图3.60）。如果在这个过程中出现“是否删除FEA网格的对话框”时，单击“是”继续，重新生成新的网格（图3.61）。

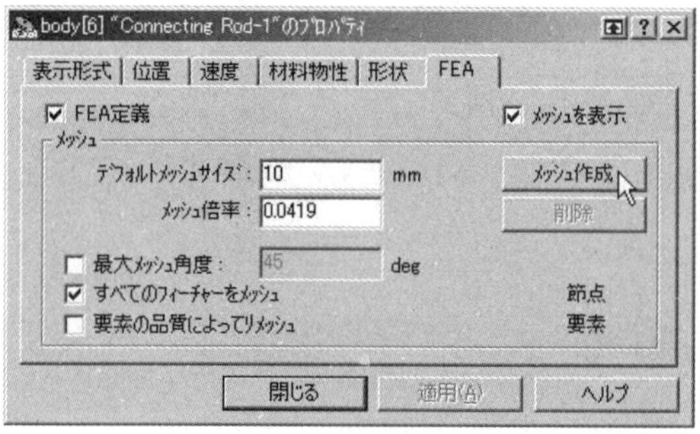

图3.60　设置网格大小

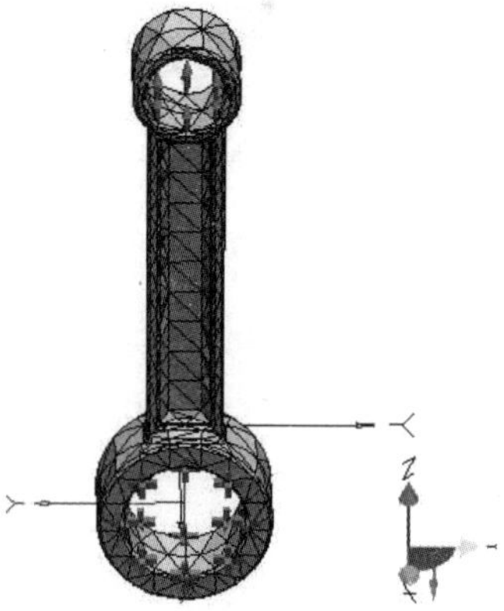

图3.61　重新生成网格

（15）再一次单击“FEA分析”进行分析。分析完毕，显示结果如图3.62所示。

（16）右击彩条，选择“误差值”（图3.63），确认误差值。

（17）如图3.64所示，误差最大值是19.1%，显然精度不高。

（18）接下来，进行h型自适应分析。为了满足精度，MSC.visualNastran 4D自动进行网格划分并重新计算。单击“FEA分析”图标右端向下的三角，再从显示的菜单中选择“h-adaptivity”（图3.65）。

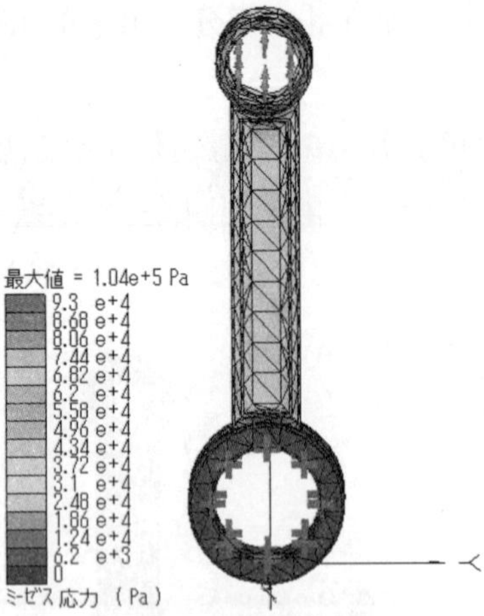

图3.62 重新进行分析

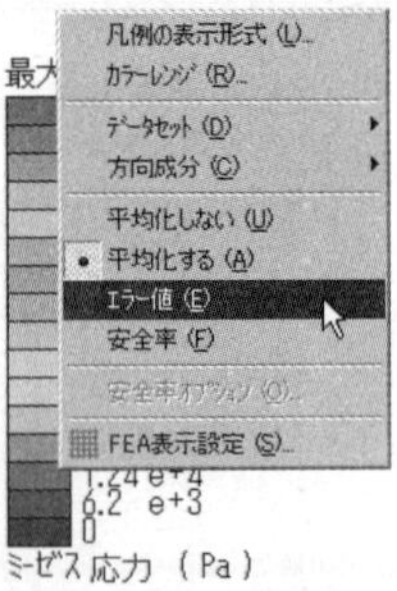

图3.63 选择误差值

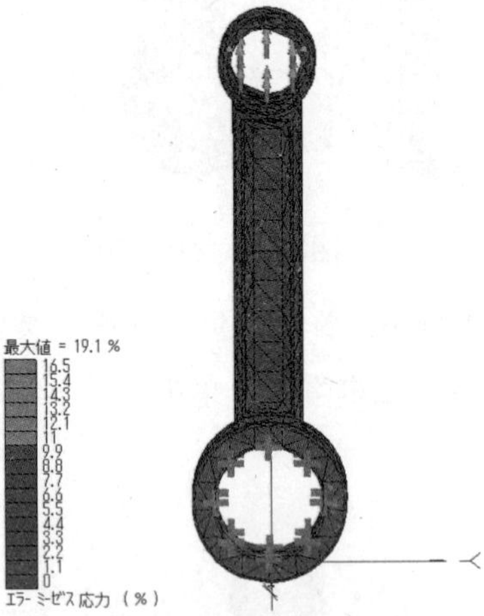

图3.64 确认误差值

图3.65 选择“h-adaptivity”

（19）单击如图3.66所示的h型自适应分析按钮，进行计算。

（20）进行h型自适应分析并满足目标值后，显示图3.67所示对话框，最大误差可以控制在9.49%之内。

图3.66 h型自适应分析按钮

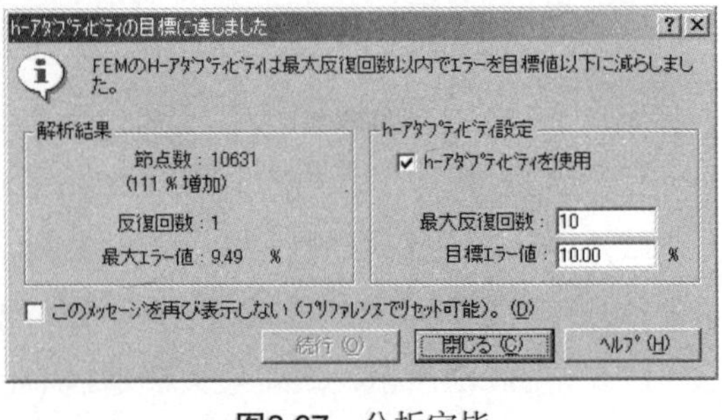

图3.67 分析完毕

（21）右击彩条，设置“平均化”（图3.68），就显示平均化后的应力。

（22）显示结果（满足精度）（图3.69）。

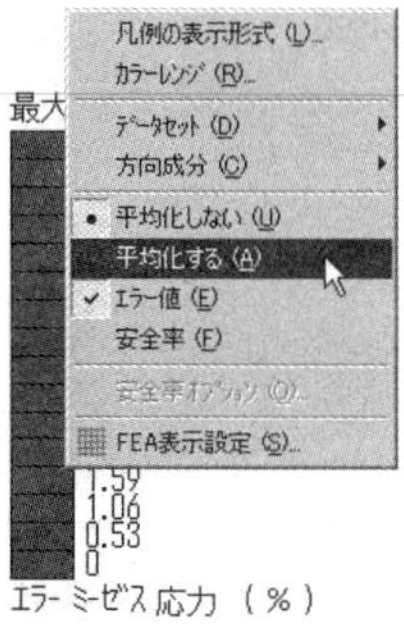

图3.68 选择平均化

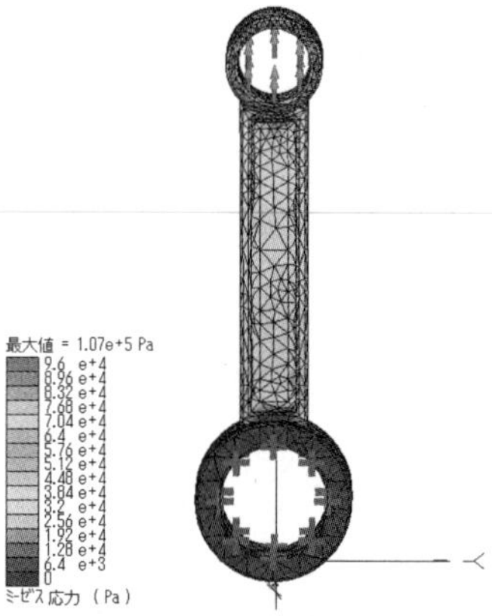

图3.69 显示h型自适应分析结果

3.12 4D分析

在MSC.visualNastran 4D中有一种分析功能叫做4D分析，可以把机构分析和结构分析结合起来进行分析。在这个分析中， MSC.visualNastran 4D会自动将施加在关节处的反力及产生在构件上的加速度转换为结构分析的载荷，利用这些载荷条件进行结构分析。

4D分析的实现也非常简单，当机构分析运行在某个状态下时，如果想从装配体模型中观察应力，就在该构件上右击，选择菜单中的“FEA定义”（图3.70），在FEA定义的构件对象列表中的图标颜色就会发生变化。

MSC.visualNastran 4D会自动计算施加在这个构件上的关节力及相对于构件的反力，并以箭头表示出来（图3.71）。

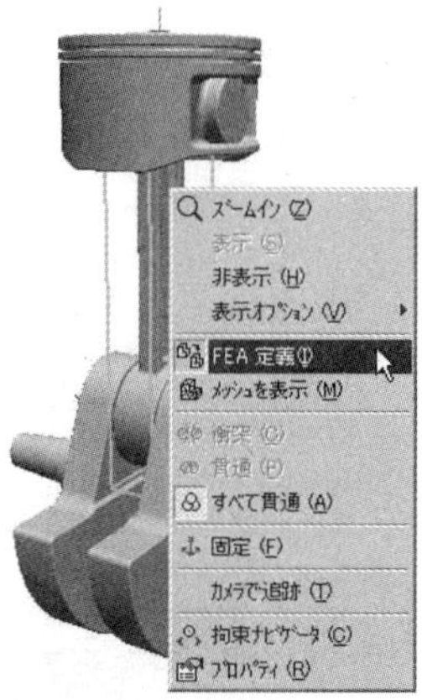

图3.70 构件的FEA定义

图3.71 箭头表示的反力

若想变更施加反力的表面，在显示反力的箭头上右击，从菜单中选择“添加对象面”，设置任意表面即可（图3.72）。因此，就变更了反力所作用的表面。

进行分析时，单击“磁带播放器”控件“运行”按钮右端向下的三角，在显示的菜单中选择“机构与FEA”进行切换（图3.73）。通过单击这个按钮，就可以使用机构分析的每一帧图对FEA定义的构件进行应力分析。

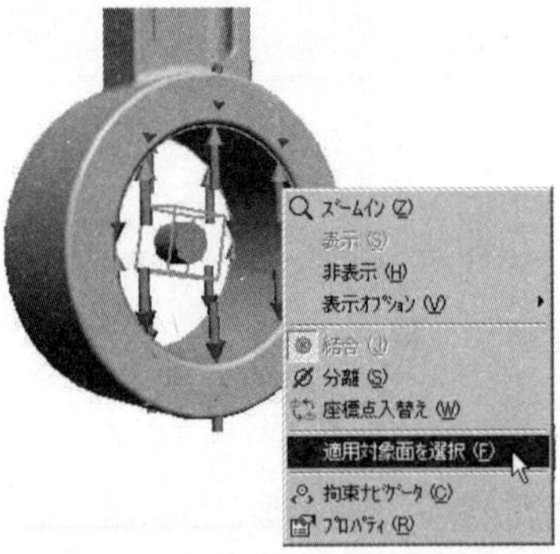

图3.72 选择反力的作用对象面

图3.73 同时进行机构与FEA分析的按钮

3.13 简单4D分析实例

这一节中我们结合MSC.visualNastran 4D的一些简单的4D分析实例进行说明，并对MSC. visualNastran 4D中已安装的模型进行分析。

（1）启动MSC.visualNastran 4D。

（2）选择“文件”菜单中的“打开”，打开“C:/Program Files/visualNastran Desktop/Demo Files/ Backhoe.wm3”，就会出现图3.74所示模型。

（3）如图3.75所示对象列表中，如果其中名称为“SIDEBRACK2_1”的构件显示为红色标记，就表示已经对该构件进行了FEA定义。

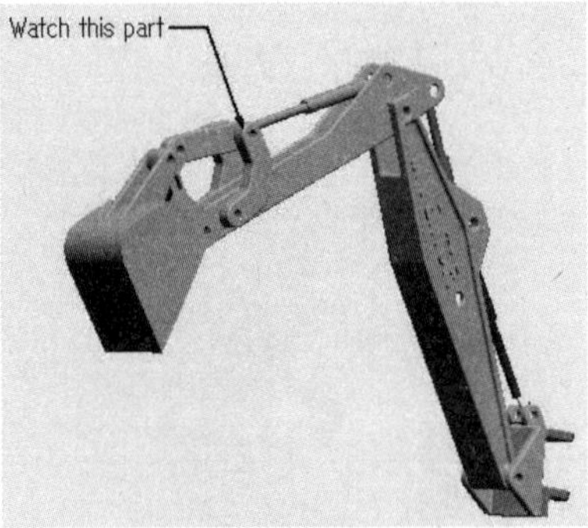

图3.74 打开模型

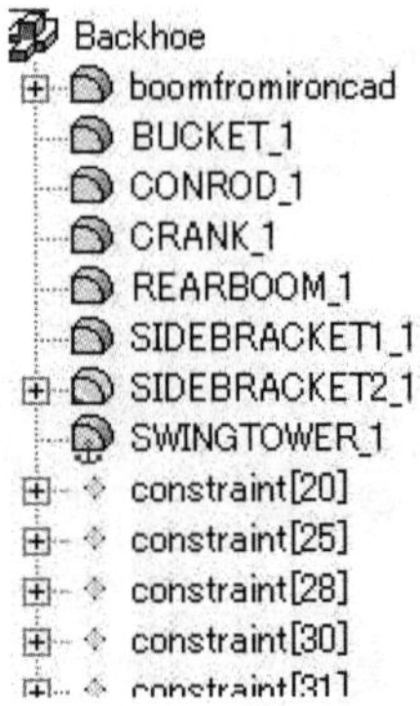

图3.75 对象列表

（4）运行4D，单击“磁带播放器”控件的“运行”按钮右端向下的三角，选择“机构与FEA”，切换按钮（图3.76）。

（5）单击切换按钮，进行4D分析（图3.77）。可以看出第17帧中FEA所定义的构件应力分布图（图3.78）。

（6）运行到一定程度时，单击“重置”按钮，返回仿真开始（图3.79）。

图3.76 “机构与FEA”切换

图3.77 运行4D分析

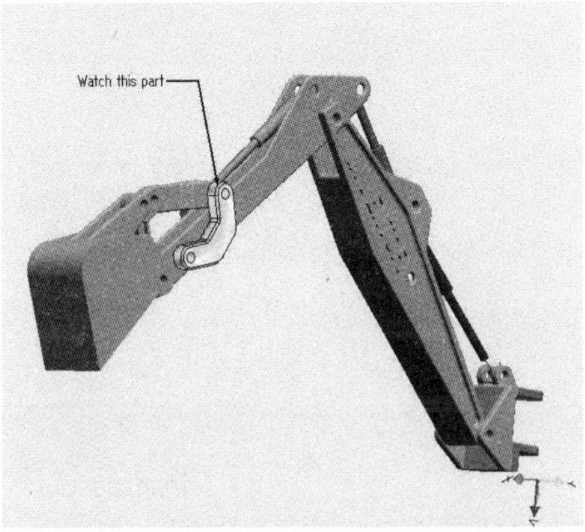

图3.78 第17帧

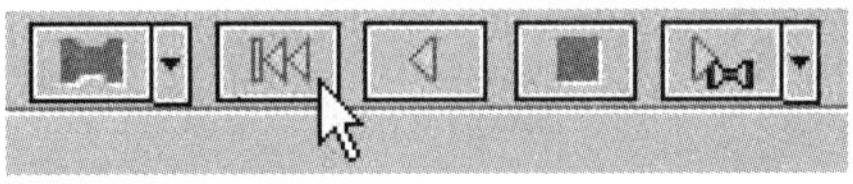

图3.79 重置按钮

（7）下面，设定恰好能看到对称位置时的构件应力分布。选择对象列表，在仿真窗口内右击“SIDEBRACK1_1”构件，选择“FEA定义”（图3.80）。显然，对象列表中构件的图标颜色已经变化，说明已经进行了FEA定义。在此过程中，会出现“是否删除FEA分析结果”的提示，选择“是”后继续。

（8）在对象列表中“SIDEBRACK1_1”的左侧显示着“+”号，单击展开就会出现装配在“SIDEBRACK1_1”构件中的两个旋转关节（图3.81）。

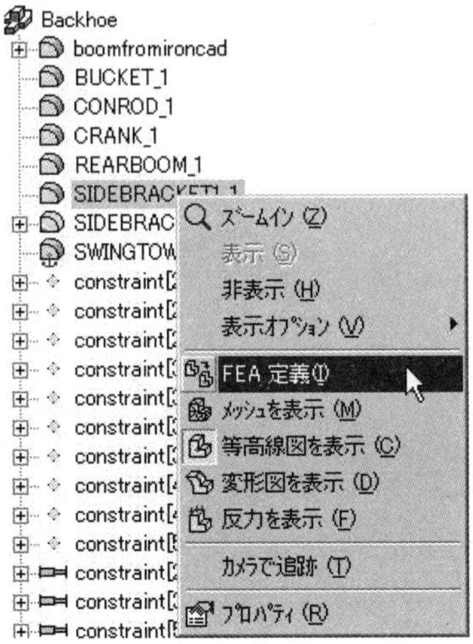

图3.80 对“SIDEBRACK1_1”进行FEA定义

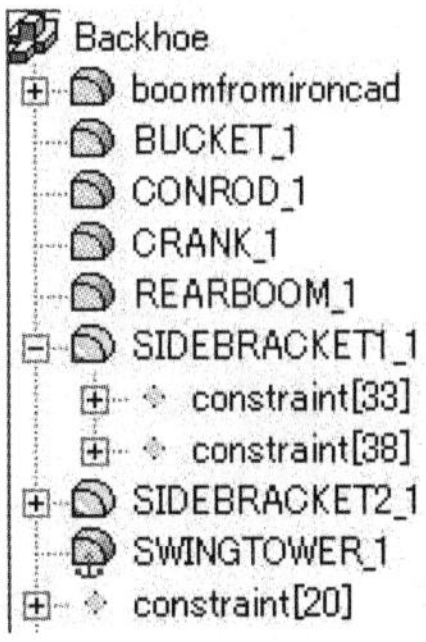

图3.81 旋转关节

（9）由于这些关节现在是非显示状态，分别单击右键，选择“显示”（图3.82）。

（10）在显示出关节后，仿真窗口内“SIDEBRACK1_1”构件的反力就以矢量形式出现。如果看不到构件和矢量，就利用“显示”工具栏中的“旋转/移动”图标（图3.83），把构件移动到便于观察的位置（图3.84）。

（11）在MSC.visualNastran 4D中自动完成给表面施加反力的操作设置。如果作用在不合理的表面，右击矢量、单击“选择作用对象面”（图3.85），我们可以通过关节周围的网格来确认某个反力是哪个关节的反力。

图3.82 旋转关节的显示

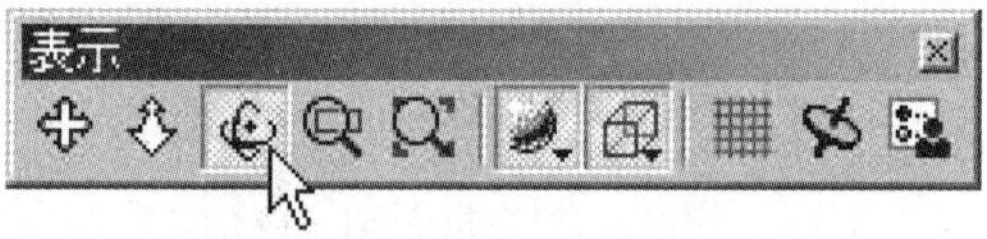

图3.83 “旋转/移动”图标

图3.84 显示移动

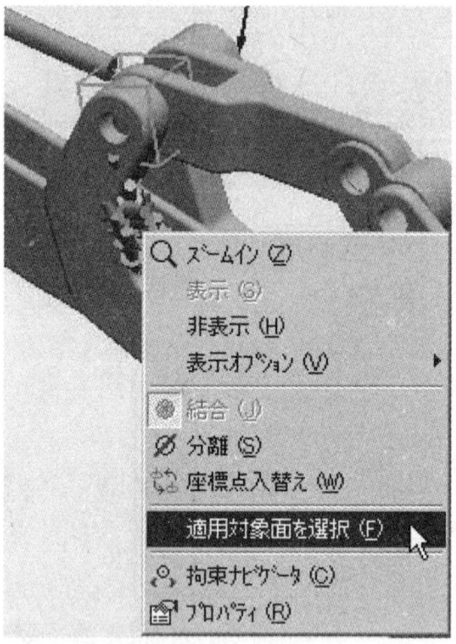

图3.85 选择作用对象面

（12）如果单击“选择作用对象面”，就只显示当前设定的构件，其他构件或关节处于未显示状态。那么，单击选择用于安装关节的孔（在这个例子中是上方的孔）的内表面，设置反力作用面，如图3.86所示。如果矢量丢失了方向，就会显示为球形，一旦进行机构分析，就会再一次显示为有向矢量。

（13）对另外一侧关节处的反力进行相同的操作，设置另一侧用于安装关节的孔（这个例子中指下方孔）的内表面为作用对象面，显示结果如图3.87所示。

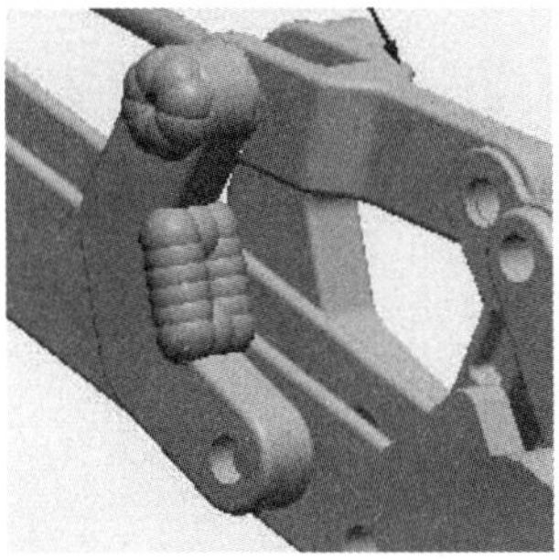

图3.86 选择作用对象面后的画面

图3.87 设置另一侧的内表面

（14）接着，由于“SIDEBRACK1_1”与用“FEA定义”的“SIDEBRACK2_1”具有相同单元数，双击“SIDEBRACK1_1”显示属性，打开“FEA”列表，设置“默认网格大小”为12.1cm，关闭属性（图3.88）。

（15）再一次单击图3.89中的“机构/FEA”，运行4D分析。

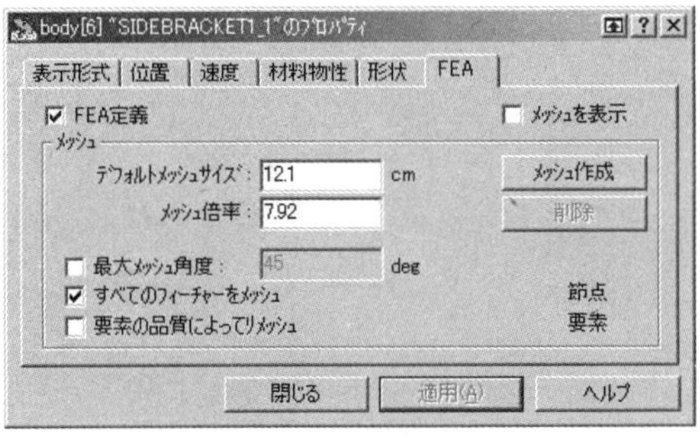

图3.88 设置网格大小

图3.89 “机构/FEA”按钮

（16）在观察每一帧两个构件应力的同时，进行机构分析（图3.90）。

（17）在这个文件中,一开始没有显示彩条，我们可以从“全体”的“仿真设置”中，打开“FEA分析结果”面板下侧的“举例”，如图3.91所示，通过“显示”的检查框选择检查，显示彩条。

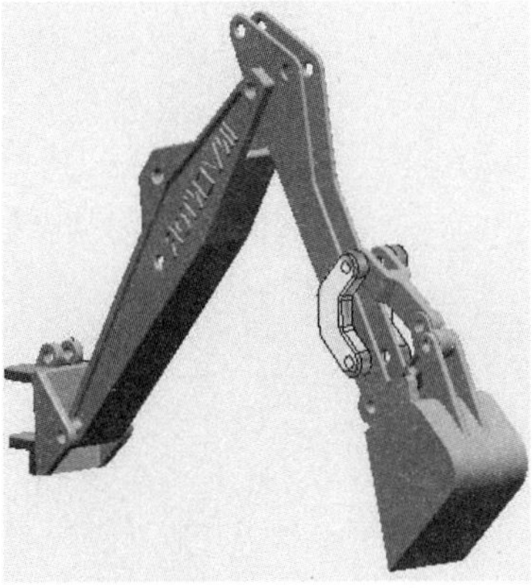

图3.90 4D分析

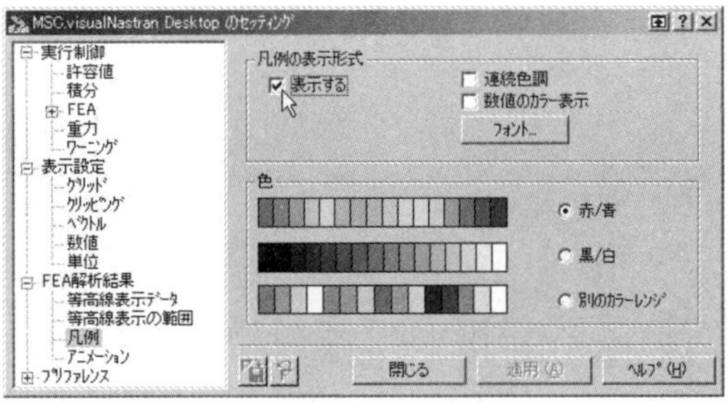

图3.91 显示彩条

第4章

基于MATLAB/Simulink的控制模块

进藤　靖昭　生于1971年，1996年于九州工业大学研究生院结业，1996年进入Cybernet System株式会社，从事MATLAB技术支持工作。

4.1 MATLAB/Simulink简介

在MATLAB产品家族中，根据用途的不同提供数值分析引擎的子模块、选项模块等，这些模块作为很多工业领域进行分析、计算的综合环境。不论是电机控制（即使是最基本的DC伺服电机控制），还是包含功率放大的非线性电气电路模拟和电机的机构仿真，MATLAB产品都可以实现。MATLAB的产品家族包括控制器设置、系统时间响应、频率响应分析等编程语言环境，以及对非线性、非定常系统等任意输入的响应分析仿真环境。其中，使用编程语言环境的核心产品是MATLAB，使用仿真环境的核心产品是Simulink。

这里，通过实例来说明MATLAB环境和Simulink环境的差别。在PC控制中，要决定末端器的位置和姿态，需要在三维空间中表达3个坐标和相应的转动。工业用的机器人坐标系有各种各样的定义方式，我们先来考虑图4.1所示的直角坐标系和极坐标系的转换。

（1）直角坐标系（Cartesian Coordinates System）：仅由移动关节直接组成的*X-Y-Z*坐标系。

（2）极（球面）坐标系[Polar（Spherical）Coordinates System]：对应于机器人的臂，由上下旋转与整体转动组成的坐标系。

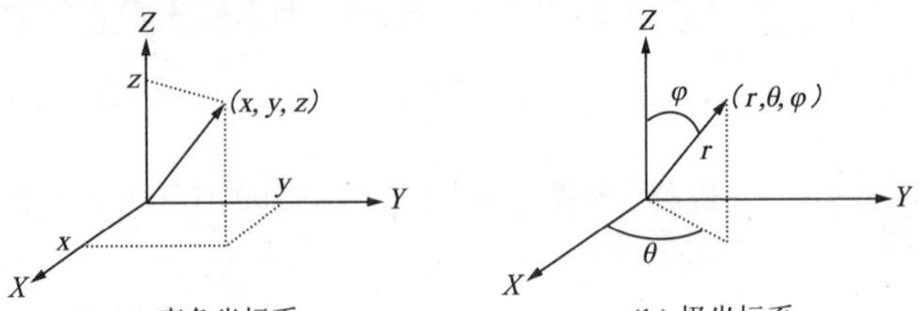

(a) 直角坐标系　　(b) 极坐标系

图4.1 工业用机器人中使用的坐标系

这些坐标系的功能是在MATLAB环境中，利用以矩阵运算为基础的独立解释语言环境，生成通用的坐标变换程序。程序4.1给出从直角坐标系变换到极坐标系的变换函数cart2sph()，而程序4.2给出的是从极坐标系变换到直角坐标系的变换函数sph2cart()。

程序4.1 <cart2sph.m>

```
function [r,theta,phi] = cart2sph(x,y,z)
% 从直角坐标系变换到极坐标系

p = hypot(x,y);
r = hypot(p,z);
theta = atan2(y,x);
phi = atan2(p,z);
```

```
function d = hypot(a,b)
% 欧拉范数的计算函数

d = sqrt(a^2 + b^2);
```

程序4.2 <sph2cart.m>

```
function [x,y,z] = sph2cart(r,theta,phi)
% 从极坐标系变换到直角坐标系

x = r * sin(phi) * cos(theta);
y = r * sin(phi) * sin(theta);
z = r * cos(phi);
```

在MATLAB语言环境中，程序4.1和程序4.2均称为M-File，以后缀为.m的文件进行管理。在图4.2所示MATLAB桌面环境进行程序的运行，同时可以从命令窗口直接输入程序名作为运行命令，程序运行时省略后缀（.m）。每一行语句最后以分号（;）结尾，以此来控制运行结果的显示。MATLAB能控制运行结果的显示格式（图4.3），可以从菜单设置。内部运算利用特殊的选项限制，基本上可以得到双精度运算，而不取决于显示结果数据的格式，均以双倍精度浮点数进行管理。

函数cart2sph()，利用子函数功能将欧拉范数计算子函数化。程序内部的函数atan2()是求4个象限反正切的函数，它是MATLAB提供的标准函数。另外，求欧拉范数的函数也是MATLAB标准提供的函数。利用函数norm()，可以把程序4.1改进为程序4.3所示函数Cart2sph_mod()。

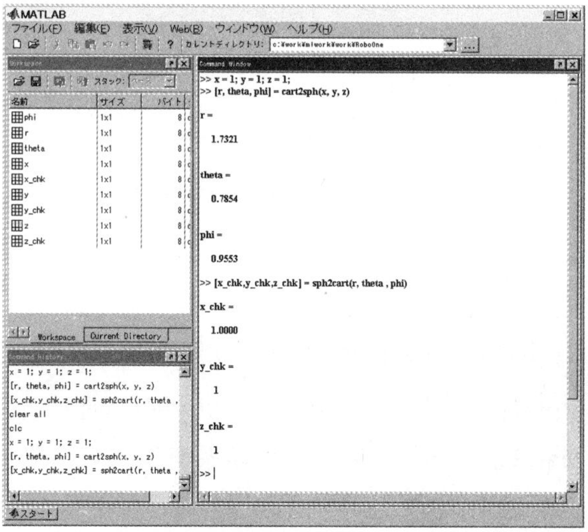

图4.2 MATLAB 桌面环境

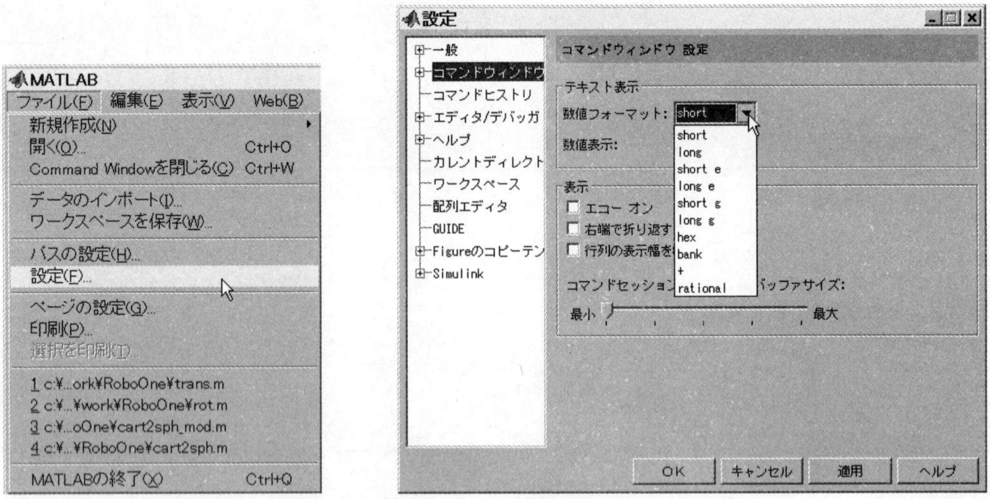

图4.3 MATLAB命令窗口数值格式的设置

程序4.3 <cart2sph_mod.m>

```
function [r, theta, phi] = cart2sph_mod(x, y, z)
% 从直角坐标系变换到极坐标系(改进版)

p = norm([x, y]);
r = norm([p, z]);
theta = atan2(y,x);
phi = atan2(p,z);
```

在程序4.2中，利用创建的函数，进行图4.4的处理。

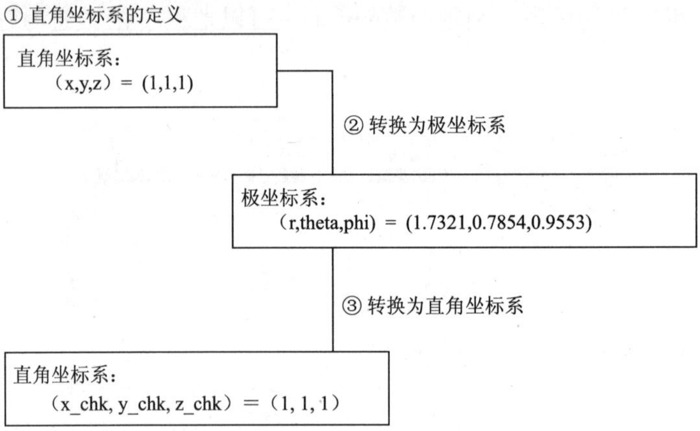

图4.4 利用创建的函数进行坐标变换的运行实例

下面，利用Simulink环境进行同样的坐标变换。图4.5是从直角坐标系变换到极坐标系的变换模型sim_cart2sph，图4.6是从极坐标系变换到直角坐标系的变换模型sim_sph2cart。

在图4.5中，Cartesian to Spherical模块是Simulink提供的标准模块，保存在Simulink

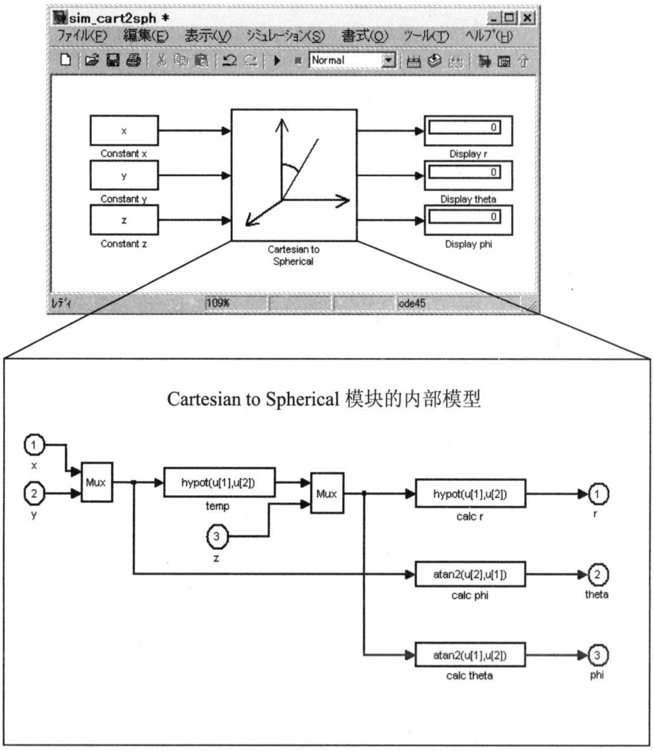

图4.5 从直角坐标系到极坐标系的变换模型sim_cart2sph

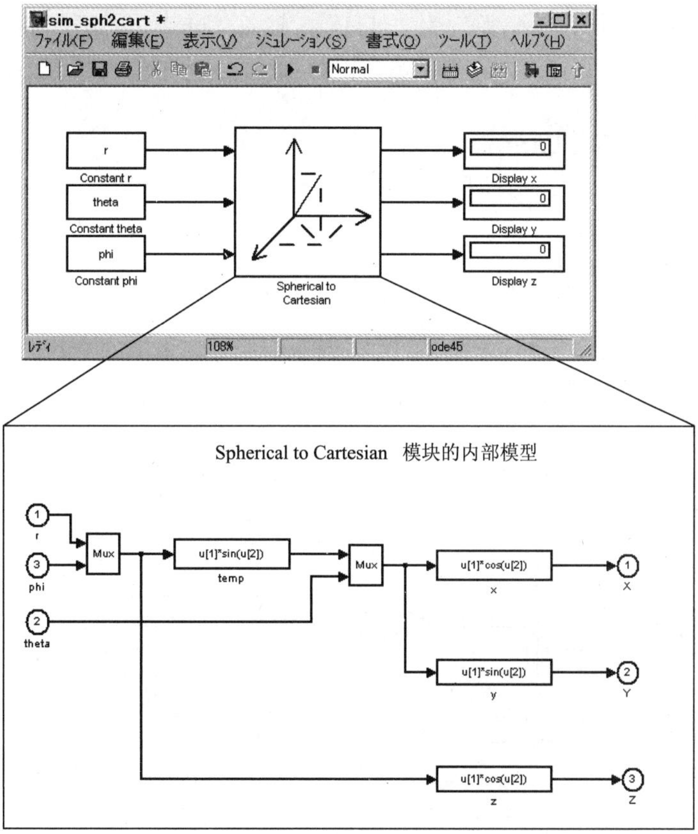

图4.6 从极坐标系到直角坐标系的变换模型sim_sph2cart

Extras/Transformations库中。同样，图4.6中的Spherical to Cartesian模块也是Simulink的标准模块，保存在同一个库中。

在进行模型的仿真时，将sim_cart2sph直角坐标系中的坐标（x，y，z）分别定义为x，y，z变量，sim_cart2sph极坐标系中的坐标（r，θ，ϕ）定义为r，theta，phi变量。已经定义的变量，按照常数的块Constant（块名Contant r等）使用。这里，将执行程序4.1与程序4.2所得到的结果作为变量，进行仿真。这些定义的变量被保存在MATLAB管理的Worspace内存区中。

对Simulink创建的模型添加扩展名.mdl后进行文件管理。关闭创建的模型后，要进行仿真就需要再一次打开，这时在命令窗口直接输入模型名称（不含扩展名）就可以了。MDL-File与M-File的运行方法基本相同，所以，为了与M-File区别，注意应尽可能避免M-File和MDL-File同名（参考：同名的情况下，MDL-File优先启动）。

每个模型中进行坐标变换的模块都在Cartesian to Spherical块和Spherical to Cartesian块的内部，与实现每个M-File编写的处理具有相同的内容。进行信号矢量化的Mux模块和进行函数处理的Fcn模块都是在内部使用的。

Mux模块具有使“a1，a2”信号按顺序输入并以矢量信号“a1，a2”输出的功能。因此，图4.7中信号③就成了矢量信号“r，phi”。Fcn模块就是处理输入的函数（在操作手册上记录了对应的函数列表），并输出其运行结果。这里，以变量“u”作为输入进行处理，当输入是矢量时，对应的各分量就表示为“u[1]，u[2]，…”。按照这个规则，在图4.7进行函数处理的temp模块中，输入“r”为“u[1]”，输入“phi”相当于“u[2]”，那么计算结果为“r*sin(phi)”，作为输出信号④，就可以得到与MATLAB计算相同的结果（图4.8）。

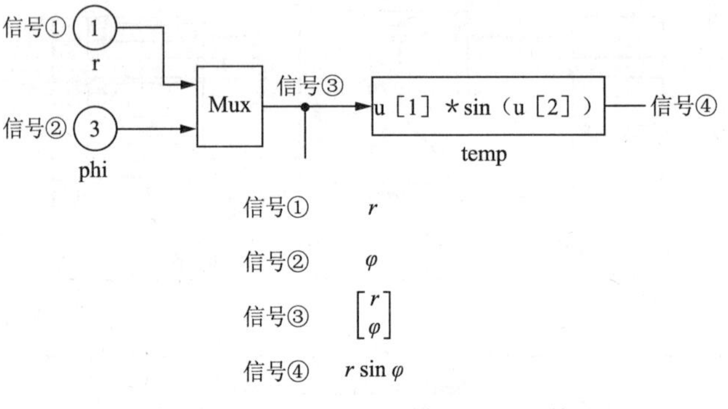

图4.7 利用Mux模块与Fcn模块进行函数处理

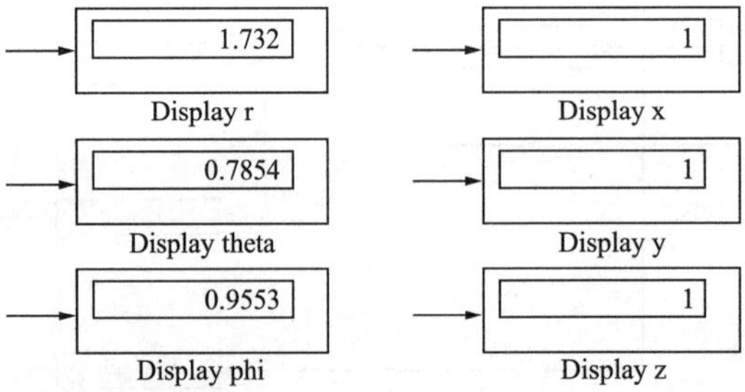

(a) sim_cart2phi 结果　　(b) sim_sph2cart 结果

图4.8 仿真结果

4.1.1 MATLAB产品家族的组成

MATLAB产品可粗略地分为两大类，即以编程环境为中心的MATLAB产品和以仿真为中心的Simulink产品。在MATLAB中，不仅有以M-File为基础的编程环境，而且还有图4.9所示以GUI为基础的开发环境。

在Simulink中，提供了以传递图或流程图为基础的建模环境。图4.10表示以状态流程图为基础的状态图，产品的组成如图4.11所示。

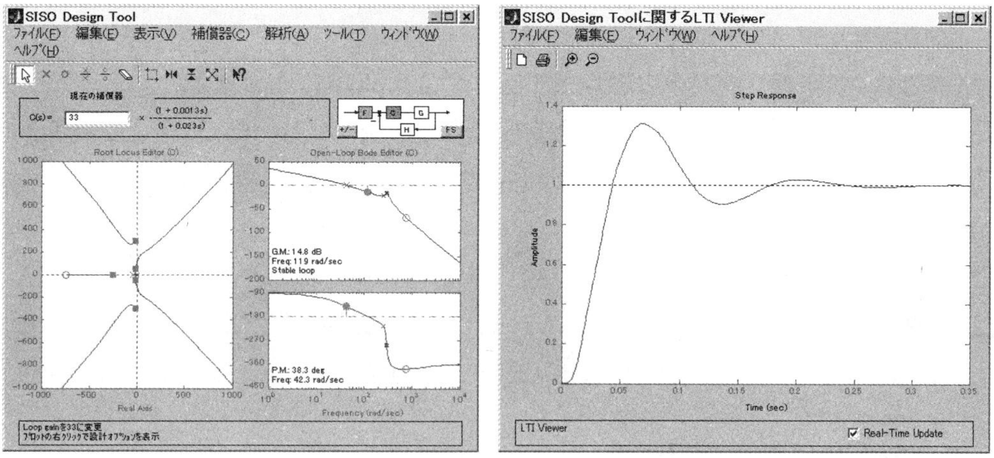

图4.9 基于GUI的反馈控制器设计环境

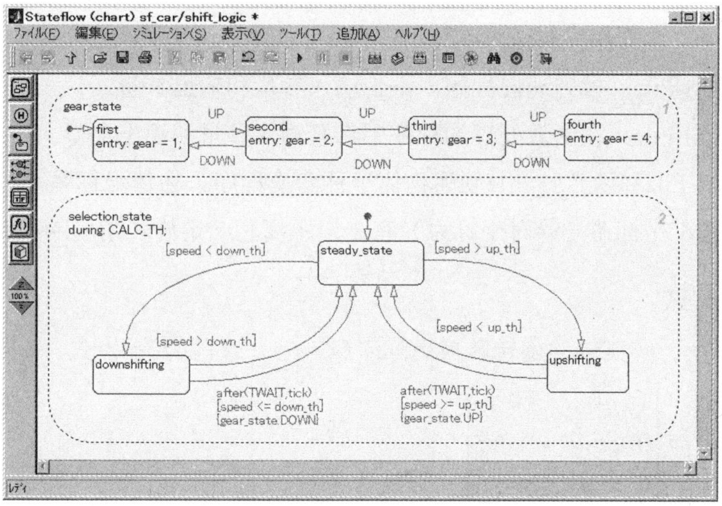

图4.10 基于Stateflow的状态流程图表达的例子

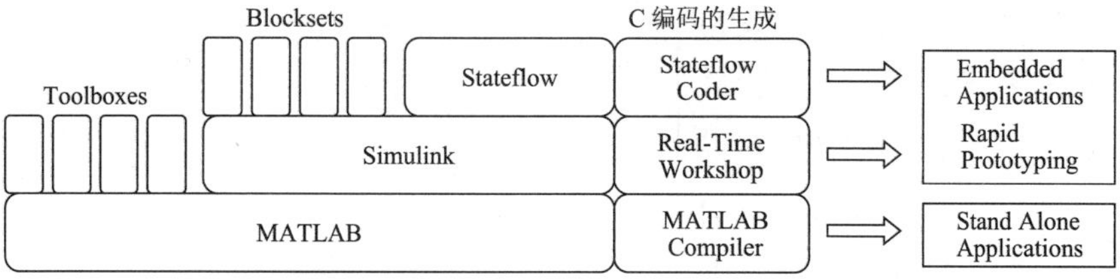

图4.11 MATLAB产品家族的产品构成图

基于MATLAB的编程环境与基于Simunlink仿真环境并不是完全独立的，比如，可以从编程环境运行仿真模型或从仿真模型调用程序。因此，这些提供了通用性高的分析、设计环境。

Stateflow是在Simunlink环境下使用的模型仿真环境，它用状态图（扩展流程图或状态传递图）的方式表达模型。Simulink的特长不是记述数据流，而是逻辑流。而条件分叉多的程序可以用流程图简洁地表示，复杂的顺序亦可以用状态流程图表示。

在MATLAB中创建的M-File或Simulink/Stateflow中创建的仿真模型，通过自动转换为C编码的选项模块，可以实时使用或成组使用。

在MATLAB环境下，执行应用程序的函数库是Toolbox。它根据各种用途不同的应用程序提供不同类型的函数库，实现多种分析、设计的统一。Toolbox基本是以M-File的形式组成的，是内部处理程序。同时，Toolbox也提供多种功能、简便的GUI环境，可以实现与函数相同的功能。

在Simulink环境下，执行应用程序的模块库是Blockset。安装不同用途的应用程序，可以实现多种分析、设计的统一。对于解决非线性系统控制器的设计等难题，Blockset提供了利用最优化技术、参数调整、固定小数点运算、讨论计算精度、进行高性能处理等功能。

4.1.2 MATLAB的使用

下面就以MATLAB所提供的编程语言环境为主进行介绍。如前所述，在MATLAB中可以运行的基于文本的程序叫做M-File，M-File可以分为以下两类。

（1）命令M-File：批处理性程序，不带输入参量和输出参量。

（2）函数M-File：在函数处理的程序中带有输入参量和输出参量。

使用命令M-File和函数M-File创建物体坐标变换程序。物体坐标系是在空间某一固定点建立的对于基准坐标系（绝对坐标系）有一定距离和一定旋转角度的相对坐标系。

■ 旋转变换

如图4.12所示，绕X轴的旋转转换矩阵*R*（*x*，*θ*），可以表示为式（4.1）。

$$R(x,\theta)=\begin{bmatrix}1 & 0 & 0\\ 0 & \cos\theta & -\sin\theta\\ 0 & \sin\theta & \cos\theta\end{bmatrix} \tag{4.1}$$

同样，绕Y轴、Z轴的旋转变换矩阵可以表示为式（4.2）、式（4.3）。

$$R(x,\theta)=\begin{bmatrix}\cos\theta & 0 & \sin\theta\\ 0 & 1 & 0\\ -\sin\theta & 0 & \cos\theta\end{bmatrix} \tag{4.2}$$

$$R(x,\theta)=\begin{bmatrix}\cos\theta & -\sin\theta & 0\\ \sin\theta & \cos\theta & 0\\ 0 & 0 & 1\end{bmatrix} \tag{4.3}$$

■ 平移变换

在图4.13中的平移变换T（P_x，P_y，P_z）用式（4.4）表示。

$$T(P_x,P_y,P_z)=\begin{bmatrix}P_x\\P_y\\P_z\end{bmatrix} \tag{4.4}$$

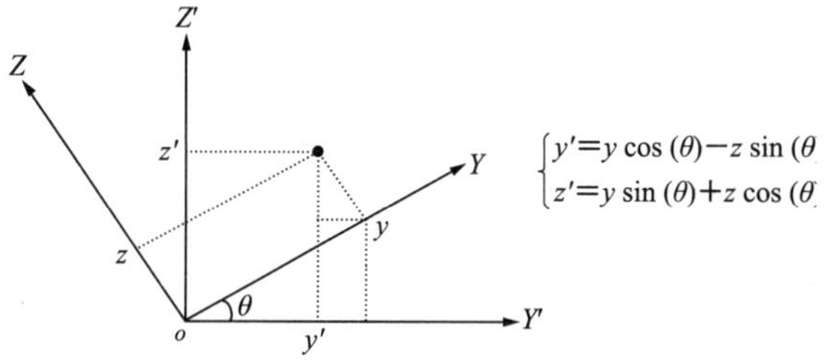

图4.12 绕X轴转动的旋转坐标变换

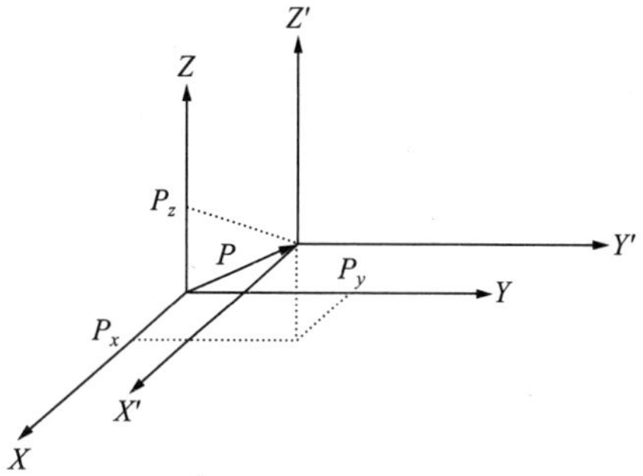

图4.13 平移坐标变换

■ 齐次变换矩阵

一般，坐标变换是旋转和平移同时进行的，可以把式（4.1）~式（4.4）结合起来表示。因此，关于旋转变换和平移变换可以组合成式（4.5），用变换矩阵H表示，称为齐次变换。

$$H=\left[\begin{array}{ccc|c} & R & & T\\ \hline 0 & 0 & 0 & 1\end{array}\right] \tag{4.5}$$

这里，使用MATLAB进行5步坐标变换：

（1）沿X轴平移2；

（2）绕Z轴转动60°；

（3）沿[Y, Z]轴方向平移[1, 1]；

（4）绕X轴转动30°；

（5）绕Y轴转动45°。

创建表4.1中3种类型的M-File。这里，给定输入到trans()与rot()的3个矢量分量，在rot()中可以指定任意一个分量，剩下的两个分量可以设定为0（给定多个分量时，必须规定旋转的顺序）。

表4.1 进行坐标变换处理的M- File列表

程序名	M-File类型	输入	功能概要
trans.m	函数	平移分量 [P_x，P_y，P_z]	平移变换矩阵
rot.m	函数	旋转分量 [θ_x，θ_y，θ_z]	旋转变换矩阵
extrans.m	命令	—	执行5步坐标变换

图4.14为创建的求平移变换矩阵trans.m的程序。可以直接使用现有的文本编辑器编写M-File，而图4.14所示MATLAB Editor具有方便编写M-File的功能，同时也兼有高性能的程序调试功能。

从function说明语句开始，函数M-File的第1行是进行函数类型的说明语句。接着的1行是运行程序中的解释行，这里的输入参量和输出参量可以取与程序运行时的变量名不同的参量名。

在函数trans()中，第3~5、7~8行以%号开始，它们是注释行，不影响程序运行。在MATLAB中，注释行是对语句的解释，%以后直到换行都以注释语句执行。但是，不能在该行编写执行语句。

函数M-File第1行的注释句可以实现对创建函数离线帮助的功能，可以参考图4.15的help命令。

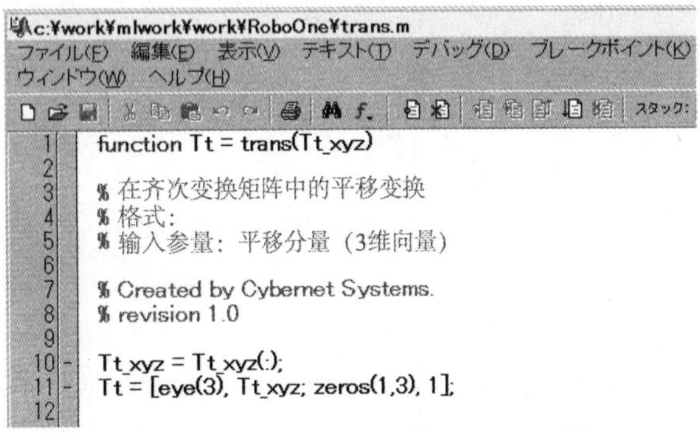

图4.14 通过MATLAB Editor编写的trans.m

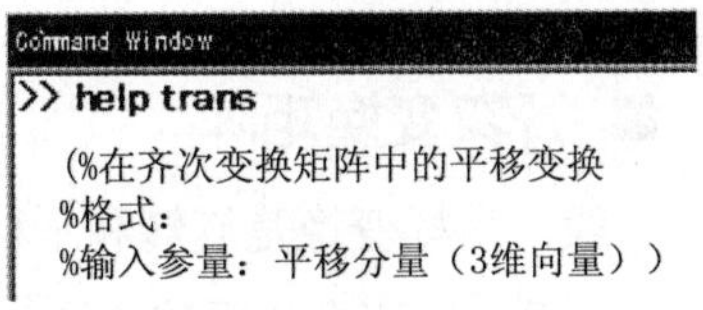

图4.15 创建函数M-File的离线帮助

在MATLAB中，不需要声明变量的维数及数据类型。即使定义的变量维数变更，也不需要进行特别声明。在第10行的注释句中，为了避免出现输入参量Tt_xyz行向量与列向量不同引起的错误，不管什么情况都要再一次定义列向量。用冒号（：）作为列分量的记号来定义列向量。使用这个功能，我们可以不通过中间变量，而直接、简洁地按照MATLAB的格式把变量Tt_xyz的所有分量带入Tt_xyz中，并且允许带入同一个变量的重复操作。

第11行的注释句中，利用生成的单位矩阵eye()函数和零矩阵zeros()函数，简洁地定义齐次变换，如下式：

$$T_t = \left[\begin{array}{ccc|c} 1 & 0 & 0 & \\ 0 & 1 & 0 & T_{t\_xyz} \\ 0 & 0 & 1 & \\ \hline 0 & 0 & 0 & 1 \end{array}\right] \tag{4.6}$$

求旋转变换矩阵的rot.m如程序4.4所示。

程序4.4 <rot.m>

```
function Tr = rot(th)

Tr = [];
```

```
 4: if check_th(th),
 5:     th_x = th(1);
 6:     th_y = th(2);
 7:     th_z = th(3);
 8: else,
 9:     str = sprintf(['请给定3个分量的矢量，\n',…
10:                  '对应于一个基底的旋转矩阵。']);
11:     errordlg(str)
12:     return;
13: end
14:
15: Tr_x = [1, 0,          0;
16:         0, cos(th_x), -sin(th_x);
17:         0, sin(th_x), cos(th_x)];
18:
19: Tr_y = [ cos(th_y), 0, sin(th_y);
20:         0,          1, 0;
21:         -sin(th_y), 0, cos(th_y)];
22:
23: Tr_z = [cos(th_z), -sin(th_z), 0;
24:         sin(th_z), cos(th_z),  0;
25:         0,         0,          1];
26:
27: Tr_xyz = Tr_x * Tr_y * Tr_z;
28:
29: Tr = [Tr_xyz, zeros(3,1); zeros(1,3), 1];
30:
31:
32: function isOK = check_th(th)
33:
34: isOK = 0
35: if length(th) == 3,
36:     NumNonZero = length(find(th));
37:     switch NumNonZero,
38:         case 0, isOK = 1;
39:         case 1, isOK = 1;
40:         otherwise, isOK = 0;
41:     end
42: end
```

在函数rot()中的第4~13行是对输入到函数的参量进行检查。在执行第27行时，对应于多个基底进行旋转变换时，不能确定应该根据绕*X*轴、绕*Y*轴还是绕*Z*轴旋转进行计算。因此，为了进行对应一个基底的旋转变换，在if-else结构中，利用子函数功能在第32行以后定义判定函数check_th()。

在MATLAB中，最前面的function声明表示主函数，到下一个函数声明的范围内均有效。第2次以后的function声明就被识别为子函数（sub-function），主要在主函数内部使用。这里利用find()函数通过输入参量检测非零分量，利用length()函数判断这个数的数据长度。所有的分量为零时，NumNonZero的数值变成0，结果是输出单位矩阵，不进行旋转变换。只有NumNonZero为1时，旋转变换才有效。

在输入参量th具有多个非零分量时，即对于多个基底进行旋转变换时，通过使用errordlg函数显示错误信息，并根据return函数退出函数实现返回处理。图4.16给出了以多个基底进行旋转变换并显示错误信息的例子。

图4.16 以多个基底进行旋转变换并显示错误信息

使用编写的函数trans()与rot()，进行平移和旋转变换的批文件extrans.m如程序4.5所示。

程序4.5 <extrans.m>

```
% 沿X轴方向平移2;
H = trans([2,0,0]);

% 绕Z轴中心旋转60°
th = 60*pi/180;          % 弧度
H = H*rot([0,0,th]);

% 沿[Y,Z]轴平移[1,1];
H = H*trans([0,1,1]);

% 绕X轴转动30°
th = 30*pi/180;
H = H*rot([th,0,0]);

% 绕Y轴转动45°
th = 45*pi/180;
H = H*rot([0,th,0]);
```

命令M-File是批处理程序，不需要特别的声明。从命令提示直接打印、直接运行结果并输出如图4.17所示。

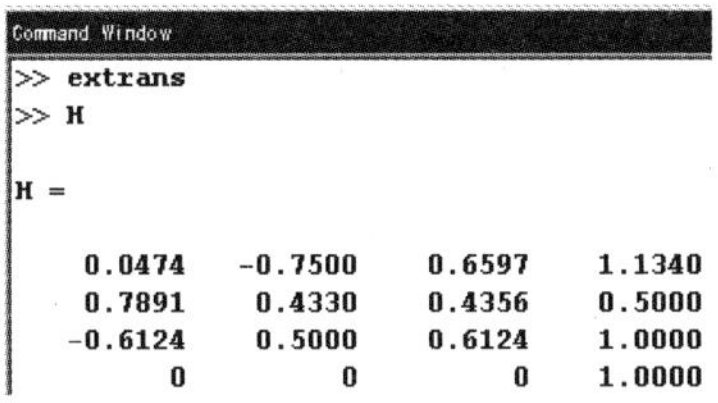

图4.17 旋转变换的运行结果

4.1.3 使用Simulink

Simulink提供根据框线图表示的模型仿真环境，基本是以常微分方程式表示的数学模型为基础来建立模型。因此，无论是机械系统还是电气系统都可以进行高水平的抽象、概括，并以模型的方式处理。机械系统与电气系统之间存在相似性，从数学模型讲，都可以用数学模型进行系统的表示和分析。这个关系见表4.2。

表4.2 机械系统与电气系统的相似

	力学系统	电气系统（1）	电气系统（2）
变　量	力 f	电　压 v	电　流 i
	速　度 v	电　流 i	电　压 v
	位　移 y	电　荷 q	磁　通 ϕ
因素与功能	质　量 M	电感 L（$=M$）	电容 $C(=M)$
	阻　尼 D	电阻 $R=(1/D)$	电导 $G(=1/D)$
	刚　度 K	电容 $C=(1/K)$	电感 $L(=1/K)$

在图4.18中，力学系统的运动方程式（4.7）与电气电路方程式（4.8）为

$$M\ddot{x} + C\dot{x} + Kx = u \tag{4.7}$$

$$LC\ddot{x} + RC\dot{x} + x = u \tag{4.8}$$

通过某种程度的抽象后创建模型，可以把像电机这样的机械系统与电气系统统一在一起进行处理，进行多域的仿真。

在机器人基本的位置、轨道控制中，要想实现高速的动作，就需要末端器的振动控制。这里，就1个自由度的振动系统为对象，对Simulink中的思维方法进行说明。

在图4.19中，已知物体质量M=1kg，阻尼系数C=1N·s/m^2，弹簧常数K=10N/m，系统的输入u(N)为施加在物体上的外力，观察输出为物体位移x(m)。为了便于简化，忽略物体与地面的摩擦。运动方程式就成为

$$M\ddot{x} + C\dot{x} + Kx = u \tag{4.9}$$

这是一个二阶常微分方程，按最高阶的微分项进行整理，得到

$$\ddot{x} = \frac{1}{M}(u - C\dot{x} - Kx) \tag{4.10}$$

在Simulink建模时，有下列4种情形：

（1）需要与最高阶微分项的次数相同的积分器；

（2）建模时，直接连接积分器，从图4.20的关系出发考虑；

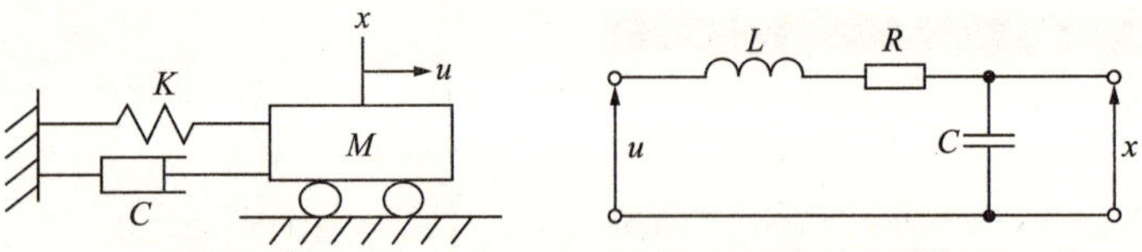

(a) 力学系统 (b) 电气系统

图4.18 力学系统与电气系统

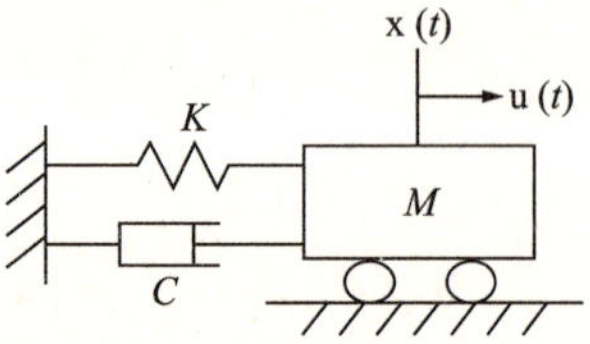

图4.19 单自由度振动系统

（3）式（4.10）的左边是图4.20中积分器的输入；

（4）创建式（4.10）的右边，连接到积分器输入（等式左边）。

如图4.20所示，如果连接两个积分器，输入信号为加速度，其积分值为速度，速度的积分值为位移，在Simulink中式（4.10）就表示除外力*u*(*t*)以外的时间变化值。外力*u*(*t*)是在仿真中已知的信号。这样，在Simulink建模中表示时间变化的变量就很容易了。如图4.20所示，根据连接的两个积分器，可以创建式（4.10）右边各项。图4.21中表示除去外力*u*(*t*)的右边各项。

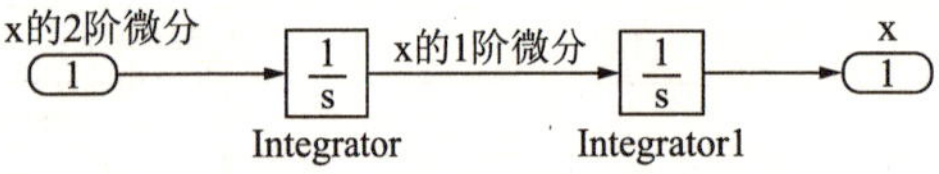

图4.20 Simulink建模的基本思想

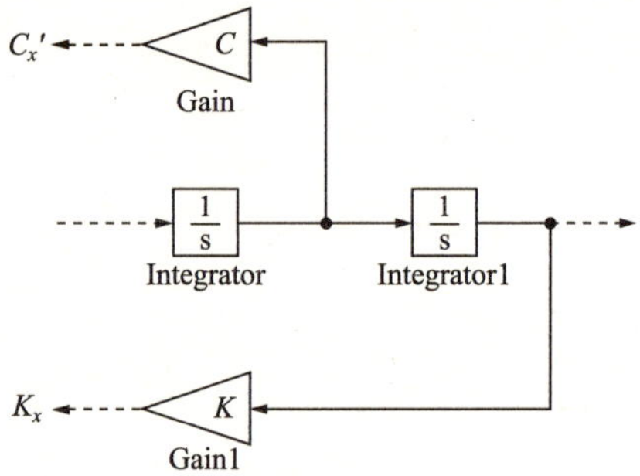

图4.21 式（4.10）右边的创建过程

观察式（4.10）的右边发现，括号内是根据3个项的加减运算构成的。所以，可以利用加法器（Sum模块）实现（图4.22）。

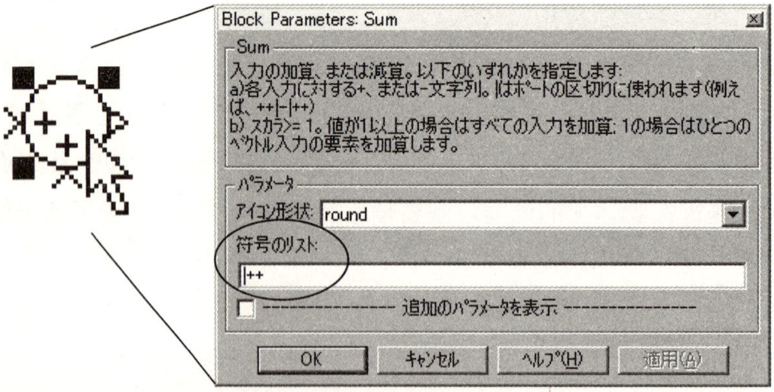

图4.22 加法器（Sum模块）的设置窗口

更改“符号列表”中各项设置。根据这个设置，在模块的上面到下面均布等分的位置显示输入端口。管道符（|）是占空端口（根据布置情况不显示实际输入端口）。这里，变更“−＋−”设置。加法器的输出相当于式（4.10）右边括号内的项。图4.23显示了该模型。

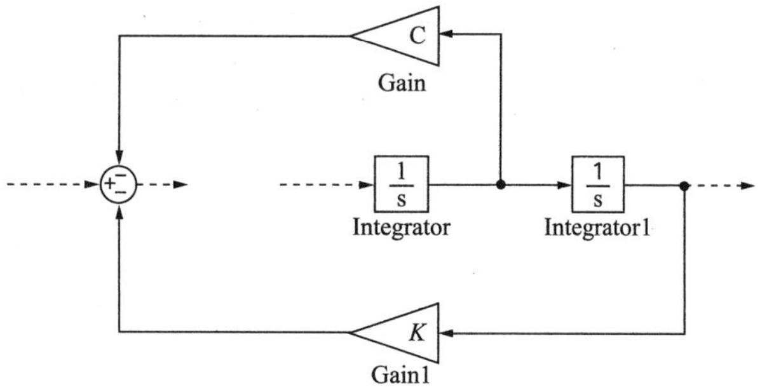

图4.23 式（4.10）括号内的项的建模

最后，完成图4.24的模型。在这个模型中，把外部输入$u(t)$作为步长函数，位移$x(t)$作为示波器（Scope）模块进行监控。

仿真运行前，在MATLAB空间定义各个物理常数。

```
>>M=1;
>>C=1;
>>K=10;
```

把在MATLAB定义的数据存储到MATLAB工作空间中，以便在Simulink仿真中引用。如果运行仿真，从工作空间引用各物理常数，运行之后可以得到图4.25的结果。

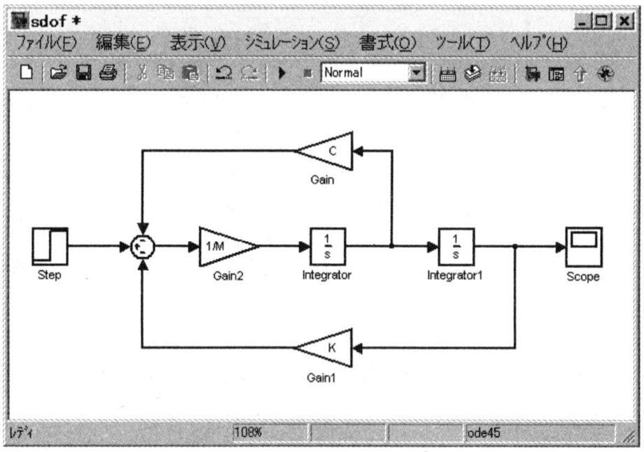

图4.24 一个自由度的振动系统的Simulink模型

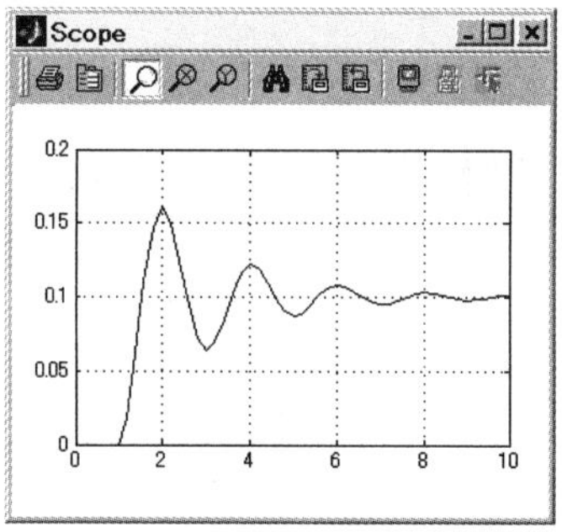

图4.25 一个自由度的振动系统的仿真结果

仿真的优点就是即使不连接传感器信号（物理意义上的）,依然可以监控任意需要的信号及速度的变化情况。示波器模块可以独立表达多轴信号。图4.26所示为参数设置窗口。

更改“坐标轴的数目”为2后，模型就如图4.27所示。图4.28显示仿真结果，上面是加速度响应波形，下面是位移响应波形。

4.1.4 Stateflow的使用

在1个自由度的振动系统中，通常为了简化忽略摩擦。这里，我们以在水平面上滑动

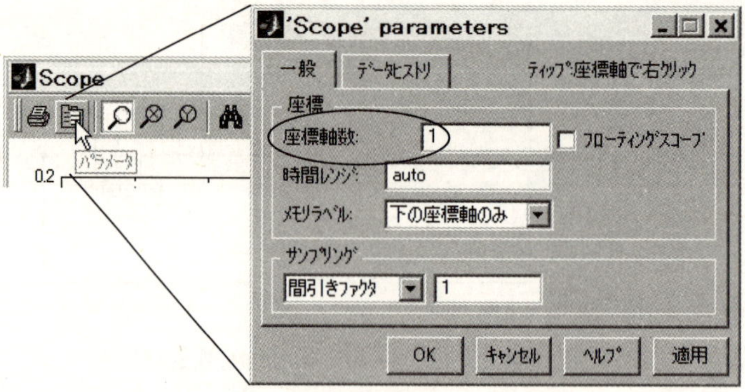

图4.26 示波器模块的参数设置窗口

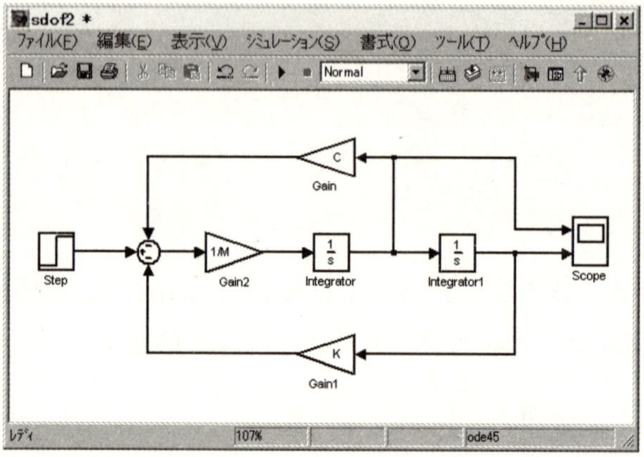

图4.27 可以监控速度变化的Simulink模型

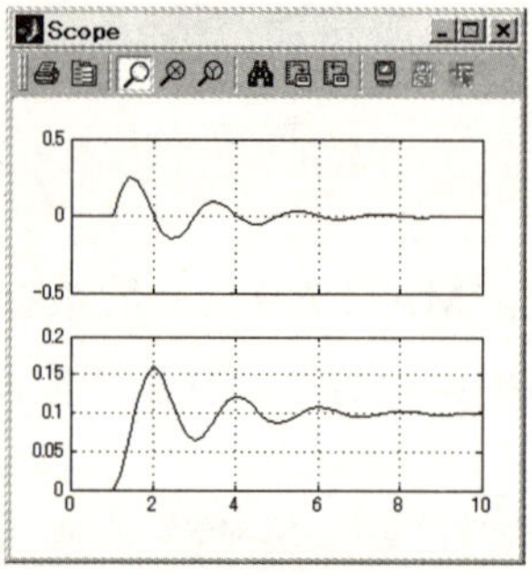

图4.28 改变速度（上）与位移（下）的仿真结果

并在一端安装弹簧的物块施加一个外力的情形为例进行仿真，同时考虑物块与水平面之间的摩擦。摩擦随着速度的正负方向发生变化，并且认定物块静止时摩擦力最大。按照作用于物块的力的平衡条件，物体处于静止或相对滑动状态，在许多机械系统中都存在这样的情形。

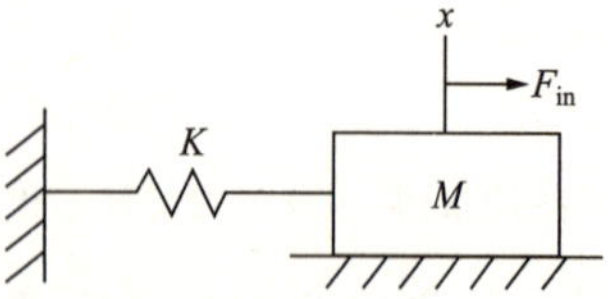

图4.29 弹簧-质量-阻尼系统

利用Stateflow进行系统物理状态的转换。在Simulink中建模时，物块的速度与位移受到连续变化的加速度的影响，使用Stateflow对静止状态和滑动状态进行切换。

图4.29是对象系统，设物块和水平面之间的摩擦为F_{friction}，运动方程式为

$$M\ddot{x} = F_{\text{in}} - Kx - F_{\text{friction}} \tag{4.11}$$

摩擦力定义为

$$F_{\text{fricition}} = \begin{cases} \text{sgn}(\dot{x})\mu F_n & (|F_{\text{stationary}}| > \mu F_n) \\ F_{\text{stationary}} & (\text{其余}, \dot{x} = 0) \end{cases} \tag{4.12}$$

式中：$\mu = \mu(\dot{x})$为摩擦系数；F_n为垂直反力；$F_{\text{stationary}}$为$\dot{x} = 0$时的瞬时力。

假定垂直反力为常数，这时就变为

$$\mu F_{\mathrm{n}}=\begin{cases}\mu_{\mathrm{static}}F_{\mathrm{n}}=F_{\mathrm{static}} & (\dot{x}=0)\\ \mu_{\mathrm{kinetic}}F_{\mathrm{n}}=F_{\mathrm{sliding}} & (\dot{x}\neq 0)\end{cases}\tag{4.13}$$

当速度为零时，F_{friction}维持加速度为零，式（4.11）变为

$$F_{\mathrm{stationary}}=F_{\mathrm{in}}-F_{\mathrm{spring}}=F_{\mathrm{sum}}\tag{4.14}$$

因此，摩擦力可表示为

$$F_{\mathrm{friction}}=\begin{cases}\mathrm{sgn}(\dot{x})F_{\mathrm{sliding}} & (\dot{x}\neq 0)\\ F_{\mathrm{sum}} & (\dot{x}=0,\ |F_{\mathrm{sum}}|<F_{\mathrm{static}})\\ \mathrm{sgn}(F_{\mathrm{sum}}) & (\dot{x}=0,\ |F_{\mathrm{sum}}|\geqslant F_{\mathrm{static}})\end{cases}\tag{4.15}$$

图4.30为Simulink模型部分的界面。

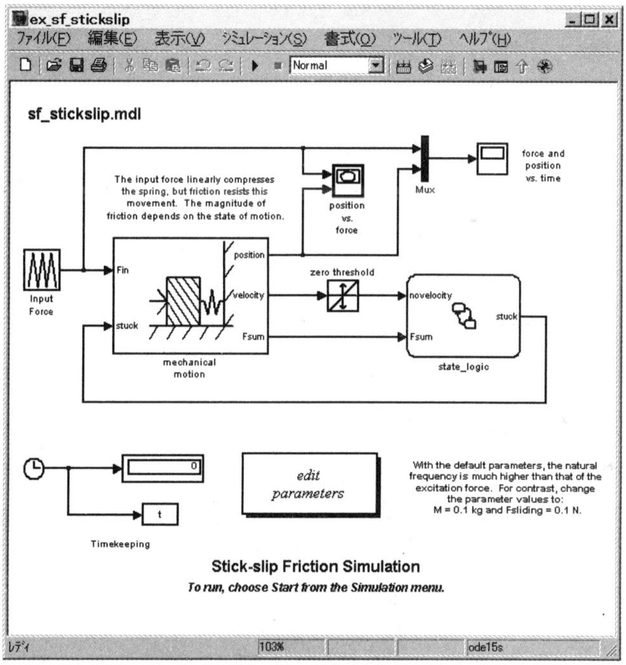

图4.30 静止模型的Simulink界面

在图4.30中，机械运动模块由Simulink模型的模块构成，state_logic模块是Stateflow模块，但是还没有建模。最终输入就是速度为零的判断结果的两个输入，输出即为是否为静止状态的stuck的一个输出。

在图4.31中的摩擦力模块内部对式（4.15）进行处理。这里简化了框图，在$|F_{\mathrm{sum}}|<F_{\mathrm{static}}$时，计算$\mathrm{sgn}(F_{\mathrm{sum}})|F_{\mathrm{sum}}|$，得到与$F_{\mathrm{sun}}$相同的结果。

在Stateflow中，需要事先定义要使用的变量。图4.32表示的是用于数据管理的Stateflow浏览界面。

如图4.33所示，从“添加”菜单定义数据。这里，在Object Hierarchy中显示了机器或状态的层次结构，以及按照哪一层定义来确定数据的有效范围（参考可能的状态）。在这个模型中，定义图4.34中的4个变量。

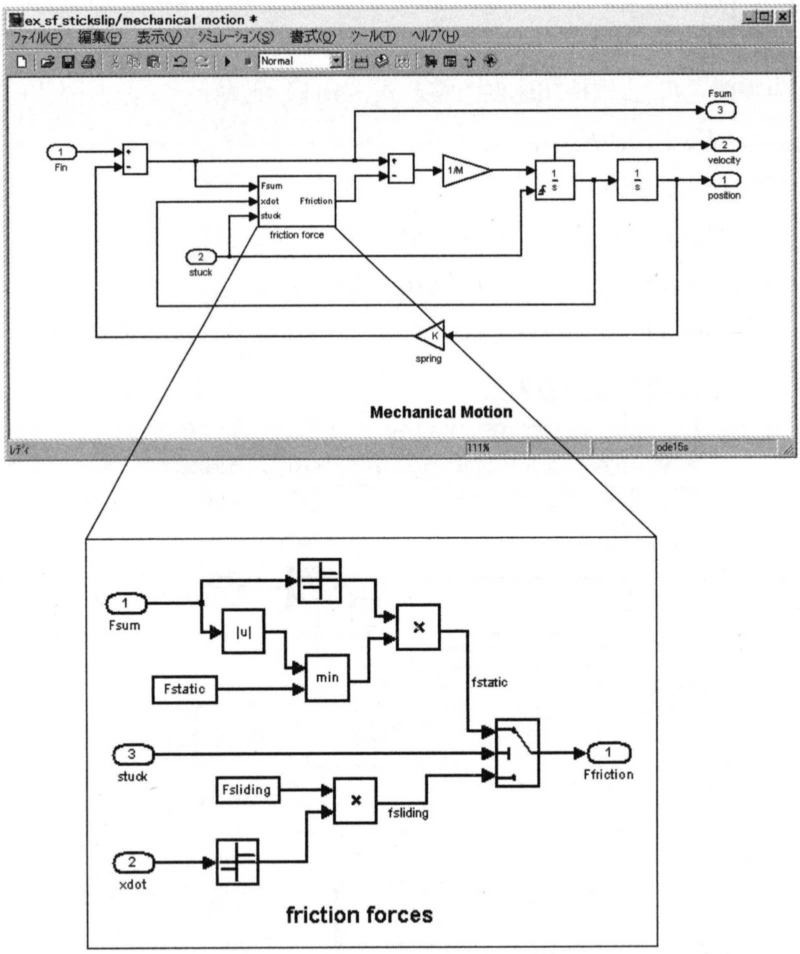

图4.31 机械运动模块内部

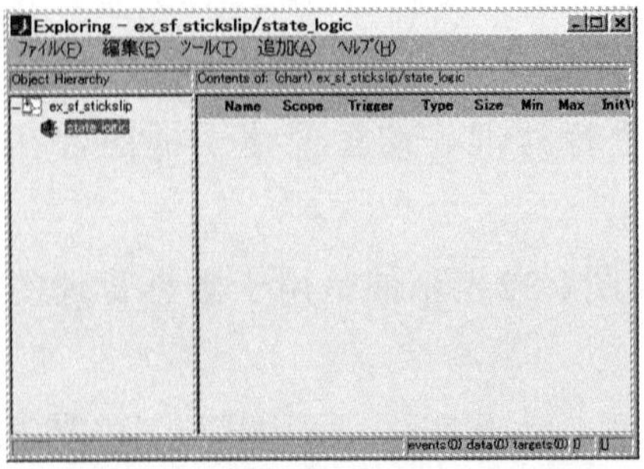

图4.32 Stateflow的浏览界面

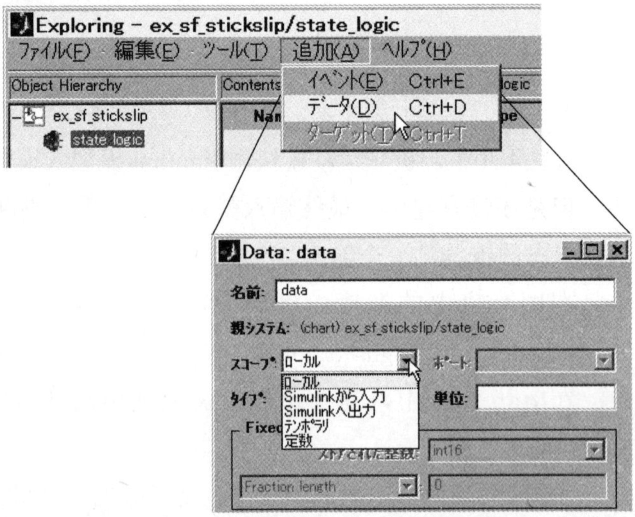

图4.33 从Stateflow中定义数据

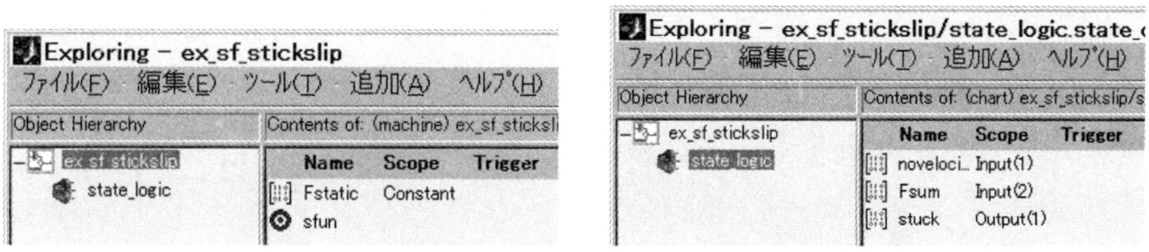

(a) 在ex_sf_stickslip层定义数据　　(b) 在state_logic层定义数据

图4.34　定义各对象层的数据

如图4.35所示，在ex_sf_stickslip层定义的数据F_{static}是在MATLAB工作空间定义的数据，也可以用于Simulink模型内。这样，不仅仅是Stateflow的固有数据库，也是MATLAB和Simulink共享的数据。

数据的定义方面，与Simulink的输入/输出数据处理端口有关的信息需要在模块上设置。图4.36表示定义数据后的Stateflow模块的界面，而Stateflow框图如图4.37所示。

图4.35　设置数据F_{static}

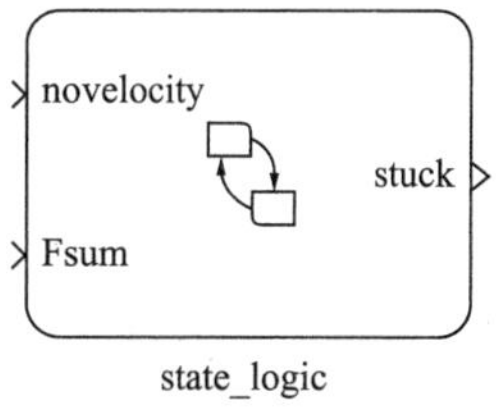

图4.36　定义数据后的Stateflow模块界面

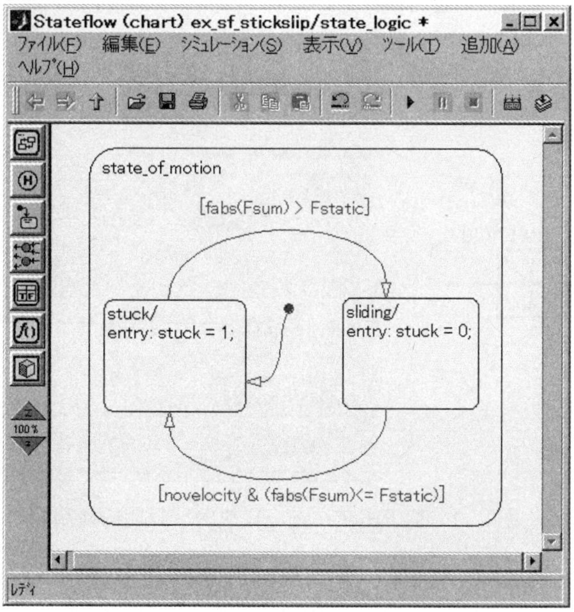

图4.37　实现静止状态模型的Stateflow框图

在图4.37所示Stateflow框图中，有表示静止状态的stuck与滑动状态的sliding。从状态stuck到状态sliding的转移（转换）条件是力的合力超过静摩擦力。从状态sliding到stuck的过渡条件是速度为零且力的合力小于静摩擦力。最终的模型显示在图4.38中。

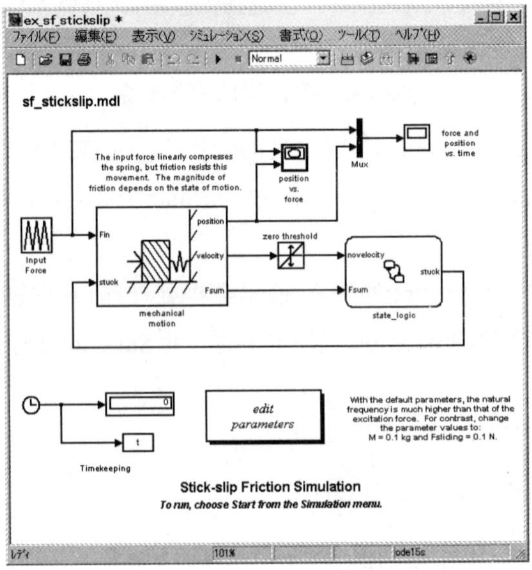

图4.38　完成后的静止状态模型

速度为零的瞬间，利用图4.39所示Hit Crossing模块，可以判断输入信号速度横跨零的瞬间，输出信号novelocity为1。

在MATLAB工作空间定义下列物理常数，进行仿真。

```
>>M=0.001;        %[kg]
>>K=1;            %[N/m]
>>Fstatic=1;      %[N]
>>Fsliding=1;     %[N]
```

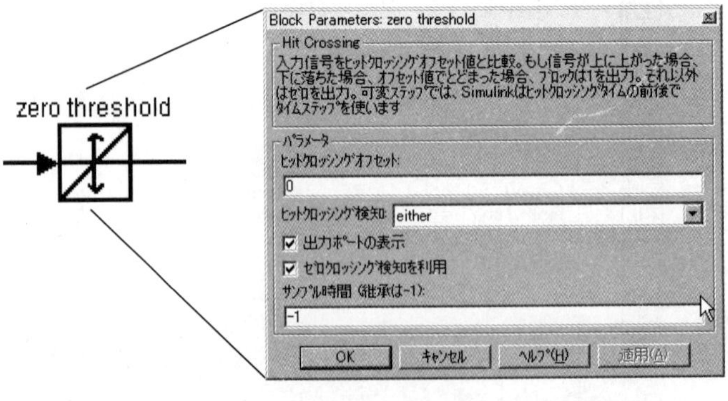

图4.39　基于Hit Crossing模块的零封闭的检测

图4.40显示的是仿真的运行结果，表示系统的输入外力与物块位移之间的时间响应。如果让物块开始运动，就需要施加超过静摩擦力的外力。在1s内，外力增加到1N，

位移开始增加。系统的固有频率ω_n由式（4.16）计算，包含了小的振动分量。这里，由于弹簧常数为1N/m，随着外力与位移的变化，动摩擦力减少。在5s时，从动摩擦切换为静摩擦，然后，在外力超过静摩擦力之前，不发生位移。

$$\omega_n = \sqrt{\frac{K}{M}} \approx 31.6\text{rad/s} \tag{4.16}$$

图4.41是随外力的位移响应，可以说是由静摩擦的影响引起的滞后。

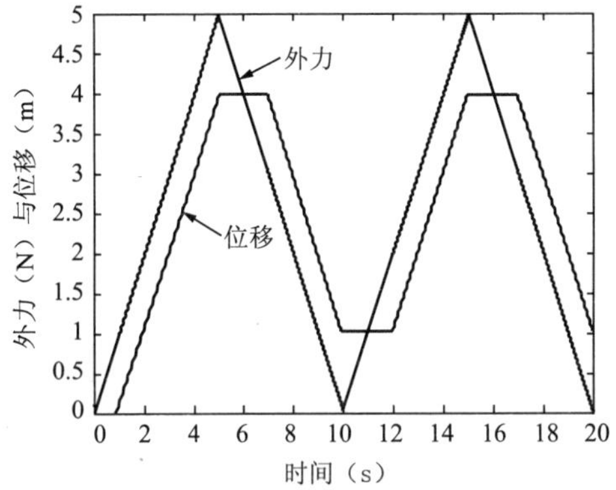

图4.40　外力随位移的时间响应

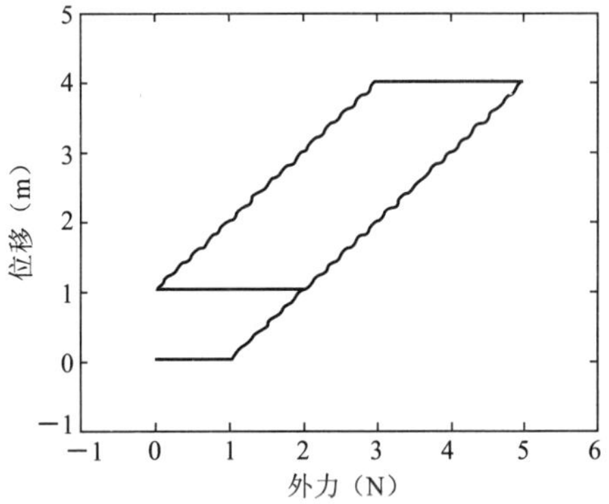

图4.41　基于静摩擦的滞后特性

这里对动摩擦和静摩擦相同的情形进行了仿真，图4.42表示减少动摩擦时的静态特性。

```
>>Fsliding=0.6;
```

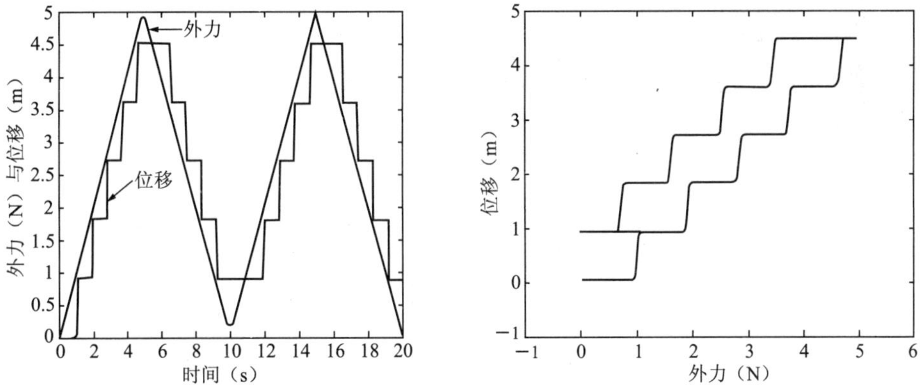

(a) 外力与位移的时间响应　　(b) 摩擦特性

图4.42　确认静态特性

4.2　控制器的设计

4.2.1　控制对象

图4.43表示控制对象，使用这个控制对象的目的是使转臂旋转，构成倒立摆。在转臂和单摆之间安装有旋转编码器，可获得角度信号。注意：这里没有驱动器。

控制对象的输入信号是给电机发送的角速度指令，输出信号是从电机内置旋转编码器与安装在转臂和单摆之间的旋转编码器获得的角度信号。根据电机内置的旋转编码器测量出转臂的转角，再用转臂和单摆之间的旋转编码器测量摆角。

转臂和单摆之间的摩擦几乎为零，可以忽略。电机在工作时传递特性的基本增益为1，考虑到能量是无穷大的，可以忽略电机的滞后。这里采用的是速度指令型电机，需要认真考虑其控制方式。

控制对象的数学模型利用System Identification Toolbox（系统辨识工具箱），通过系统辨别得到。图4.44是用于辨识试验的模型。

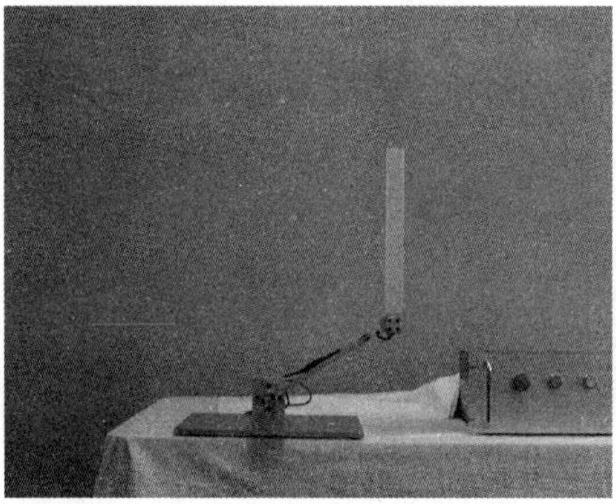

图4.43 转臂型倒立摆

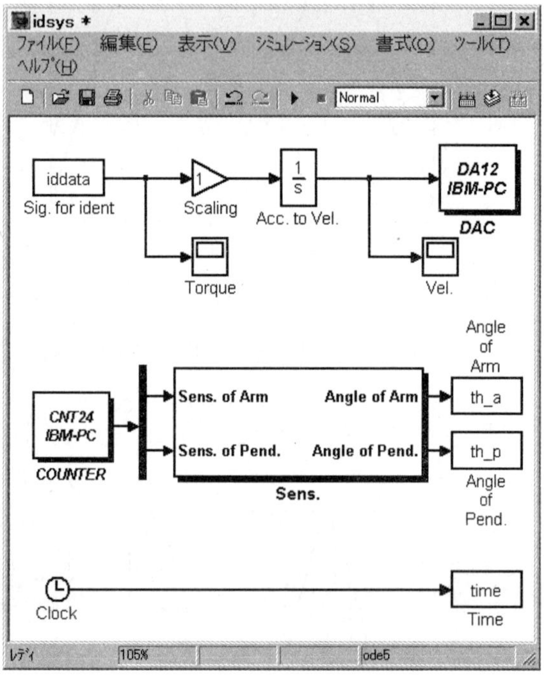

图4.44 辨识试验用的模型

在控制器的设计中，辨识试验用的输入信号作为电机的转矩信号。实际电机是速度指令型的，需要给定角速度指令。这里，转矩信号除以转臂的转动惯量就生成角加速度信号，通过积分器得到角速度信号。但是，由于无法直接得到转动惯量的数值，所以，根据尺度（Scaling）模块，事先把输入信号通过转动惯量缩放，再用转动惯量相除即可。

角速度指令通过DAC模块输入到DA端口，转臂转角与单摆转角通过计数模块求出。这里，限定单摆角在[-2π，2π]之间，并且，通过修正转臂摆动部分输出相对于水平面的夹角。

Simulink是离线仿真，不能直接进行实时仿真。所以，需要利用Real-Time Workshop自动生成C代码进行辨识试验。

由于Simulink可以进行连续系统的仿真等，因此，也能够在可变时间步长下进行仿真，但需要在实时处理代码中设定固定时间步长。图4.45是设定固定时间步长的仿真设置界面。

图4.46显示了Real-Time Workshop的设置窗口，选择“系统目标文件”DOS Real-Time Target中的drt_watc.tmf。

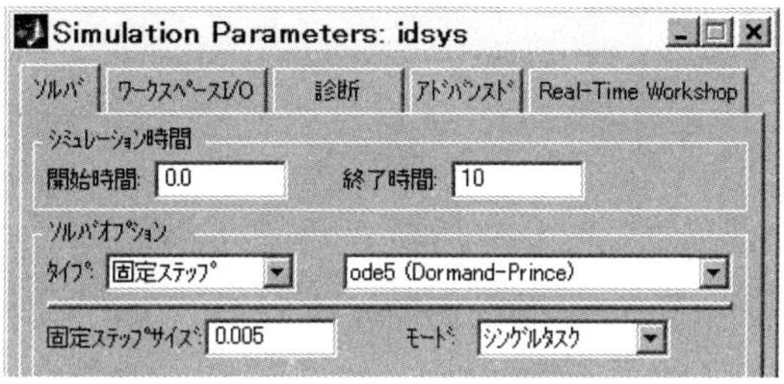

图4.45 辨识试验用的模型中仿真参数的设定

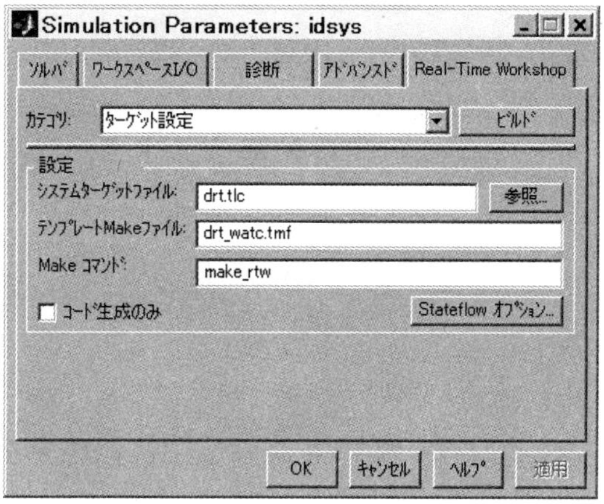

图4.46 Real-Time Workshop 的设置窗口

利用自动生成的代码进行识别试验，根据这个结果中的数据进行系统辨识，从而进一步推定模型。在这里，我们省略了关于系统辨识的内容。控制对象推定为1个输入、2个输出、4个状态的状态空间模型（表4.3），如图4.47所示。

表4.3 状态空间表示的一般形式中各矩阵的含义

A	系统矩阵	表示系统的动态特性，固有值是系统的极点
B	输入矩阵	输入信号的无量纲化
C	观测矩阵	基于系统状态计算观测输出
D	直接矩阵	输入对输出影响的代数运算项

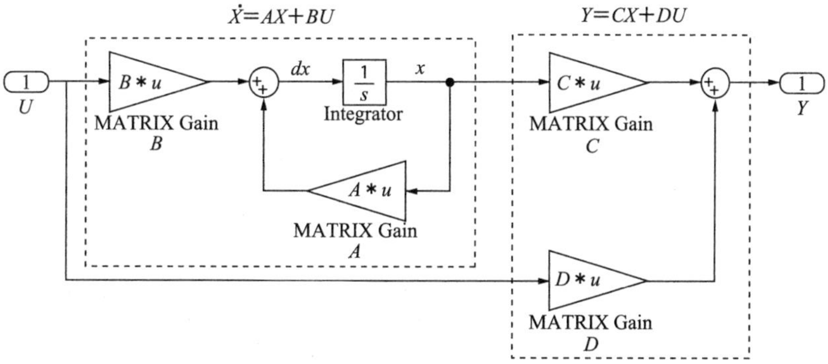

图4.47 状态空间模型的框图构成

■ 状态空间模型

设状态空间X的初值为0，对状态空间的表达式（4.17）进行拉普拉斯变换，求输入/输出比，得到式（4.18）的传递函数。以矩阵A的特征值为系统的极。

$$\begin{cases} \dot{x} = AX + BU \\ Y = CX + DU \end{cases} \tag{4.17}$$

$$G(s)=\frac{Y(s)}{U(s)}=C(sI-A)^{-1}B+D \qquad (4.18)$$
$$=C\frac{\mathrm{adj}(sI-A)}{|sI-A|}B+D$$

式中：输入输出-状态变量如下。

- X：状态变量

  X（1）=转臂转角

  X（2）=单摆转角

  X（3）=转臂角速度

  X（4）=单摆角速度

- U：控制输入

  U（1）=输入到转臂的转矩

- Y：观察输出

  Y（1）=转臂转角

  Y（2）=单摆转角

然后，将计算出的状态空间模型保存在MATLAB数据文件atpsys.mat中，分析控制对象的特性。在控制理论中，需要保证控制输入的存在，即为控制从给定的任意初始状态到获得所希望的状态。这个概念就是可控性。

系统完全可控的充分必要条件是可控性标准形是正规的，等价于可控矩阵满秩。在Control System Toolbox中，可以直接计算出可控性标准形和可控矩阵。这里，根据式（4.19）求出可控矩阵的秩，从而判断系统的可控性。

$$V=[B \quad AB \quad A^2B \cdots A^{n-1}B] \qquad (4.19)$$

式中：n为系统的次数（状态变量的个数）；V为n行nm列矩阵；m为输入个数。

在MATLAB中，可以进行如下确认：

```
>>load atpsys    %读入系统的数据
>>V=ctrb(sys)    %可控矩阵的计算
>>rank(V)
ans =
   4
```

结果表明，对应系统的状态数为4，可控矩阵的秩也为4，即满秩，据此可以确定系统可控。

根据伯德图确认控制对象的频率特性。图4.48是随输入力矩变化的转臂角输出的伯德图，图4.49是随输入力矩变化的单摆角输出的伯德图。

```
>>bode(sys(1,1))  %第1个输出与第1个输入之间的系统
>>bode(sys(2,1)   %第2个输出与第1个输入之间的系统
```

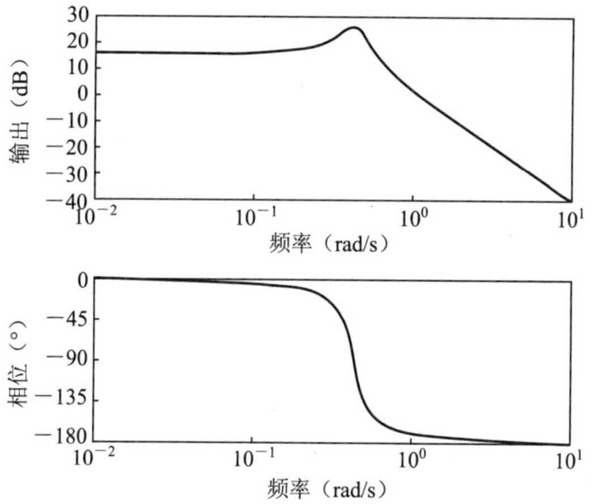

图4.48 随输入力矩变化的转臂角输出的伯德图

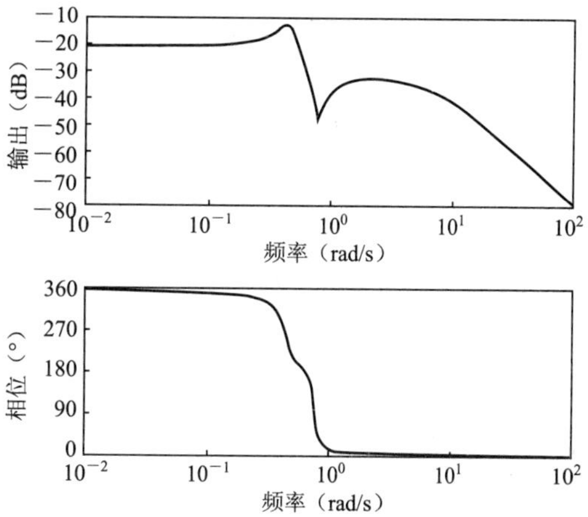

图4.49 随输入力矩变化的单摆角输出的伯德图

这里，在系统辨识中，根据辨识试验的状态，事先把转动惯量进行缩放。在被辨识的状态空间模型中，即使设定的频率特性中增益特性比实际的特性低，我们也要事先把转动惯量中的增益特性分离出来。另外，图4.48是按1rad/s以上的2次积分特性，由于转臂与电机是直接连接的，就可以直观地确定电机的特性。

4.2.2 最优调节器设计

最优调节器问题就是最小化式（4.20）中的二次形式评价函数的状态反馈控制定律，并求式（4.21）的问题。

$$J = \int_0^{\infty} (X^T QT + U^T RU)\, dt \tag{4.20}$$

$$U = -KX = -R^{-1}B^T PX \tag{4.21}$$

这里，式（4.21）中的P是式（4.22）中Ricciati矩阵方程式唯一的正定解。

$$A^T P + PA + Q - PBR^{-1}B^T P = 0 \tag{4.22}$$

根据控制定律，适合于式（4.21）所示方程的闭环系统的形式为式（4.23），按照反馈增益K可以配置系统的极点。

$$\dot{X} = AX + B(-KX) = (A - BK)X \tag{4.23}$$

这个问题中的设计参数是式（4.20）中的Q、R。其中，Q半正定（$Q \geqslant 0$），R正定（$R>0$）。

如果增大状态的权重Q，就会提高控制性能（状态收敛为0）；如果加大控制输入的权重R，就会抑制控制成本（控制输入的大小）。评价函数的最小化问题就是权衡各权重矩阵的关系。一般固定一个权重矩阵，来计算另一个权重矩阵。这里，把加权输入的权重矩阵R固定为1。

关于加权状态的权重矩阵Q，大多数情况下考虑把各状态变量的干涉项（非对角项）设置为0。因此，对应于各个状态，可以按2次幂进行单个加权，使问题更简洁。这里，角度与角速度之间有依存关系，观察输出时的角度以明确控制目标，并使结果易于观察，这里我们只考虑对角度的权重。

因此，需要定义权重矩阵，设计最优调节器。Control System Toolbox提供了设计用的函数。

```
>>Q=diag([1e3,1e3,0,0]);
>>R=1;
>>[K, P, E]=lqr(sys.A, sys.B, Q, R);
```

输出最优状态的反馈增益K、式（4.22）中唯一的正定解P及闭环特征值E构成闭环系统，得到伯德图。由于是状态反馈系统，生成输出状态变量的扩展系统如图4.50所示。构成图4.51所示U到Y的反馈系统。图4.52是生成的伯德图。

```
>>augsys =ss(sys.A, sys.B, [sys.C; eye(4)],[sys.D; zeros(4,1)]);
>>clsys=feedback(augsys,K,1,[3:6],-1);
>>figure,bode(clsys(1,1))
>>figure,bode(clsys(2,1)
```

这里，根据图4.52，转臂角和单摆角的特性都可以抑制峰值，从而使相位变得平缓一些。

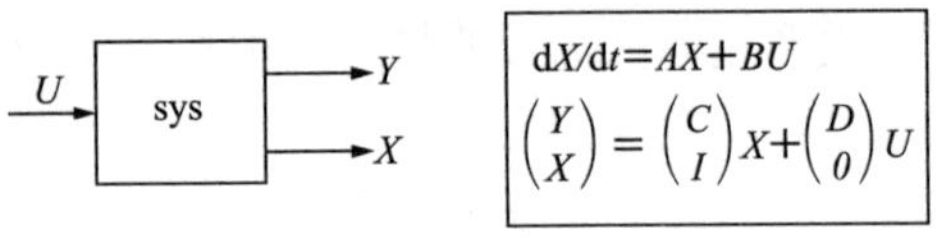

图4.50 状态输出的扩展系统

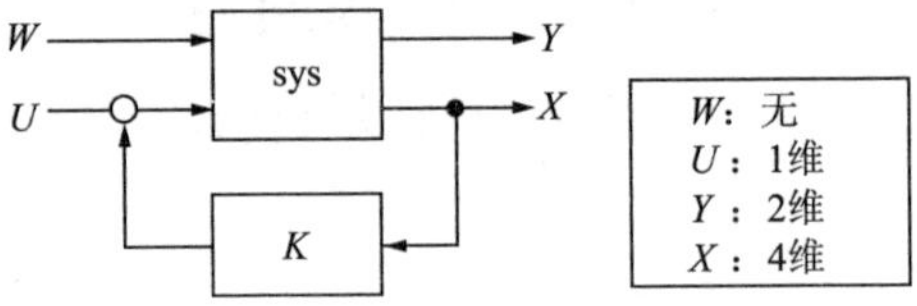

图4.51 构成的反馈系统

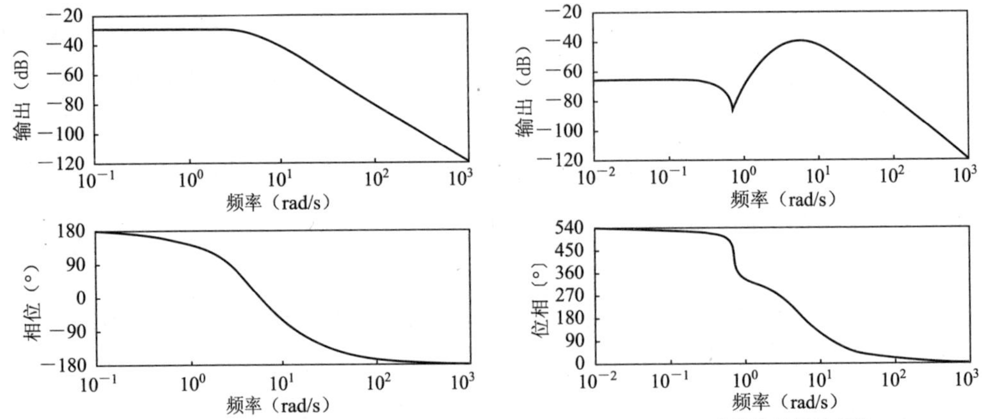

(a) 转臂角的闭环系统 (b) 单摆角的闭环系统

图4.52 闭环系统的伯德图

4.2.3 卡尔曼滤波器的设计

最优调节器是状态反馈控制器，不能直接用于一般的实际问题，而是需要先观测输出，估计内部的状态变量后再使用，一般也称为状态估计器。

确定状态估计器的设计条件。当可以从有限时间内的观测输出估计初始状态时，称为可观测。系统完全可观测的充分必要条件是可观测标准型正规，或者可观测矩阵满秩。这里，我们通过分析式（4.24）的可观测矩阵的秩，确认系统的可观测性。

$$N = [C^T \ A^T C^T \ \cdots \ (A^T)^{n-1} C^T] \tag{4.24}$$

式中：n为系统的次数（状态变量的个数）；N为n行np列矩阵；p为观测输出个数。

```
>>N=obsv(sys);   %计算可观测矩阵
>>rank(N)
  Ans =
   4
```

结果表明，相对于系统的状态数4，可观测矩阵的秩也还是4，可观测矩阵满秩，可以确定系统可观测。

Control System Toolbox 提供的卡尔曼滤波器的设计函数kalman是以式（4.25）中表示的状态空间为对象的。

$$\begin{cases} \dot{x} = Ax + Bu + Cw \\ y_v = Cx + Du + Hw + v \end{cases} \tag{4.25}$$

按照这个模型的表示，设计式（4.26）的卡尔曼滤波器。

$$\begin{cases} \dot{\hat{x}} = A\hat{x} + Bu + L(yv - C\hat{x} - Du) \\ \begin{bmatrix} \hat{y} \\ \hat{x} \end{bmatrix} = \begin{bmatrix} C \\ I \end{bmatrix} \hat{x} + \begin{bmatrix} D \\ 0 \end{bmatrix} u \\ E(w) = E(v) = 0, E(ww^T) = Q, E(vv^T) = R, E(wv^T) = N \end{cases} \tag{4.26}$$

卡尔曼滤波器的组成如图4.53所示。

卡尔曼滤波器设计中的参数是模型噪声的协方差矩阵Q，量测噪声的协方差矩阵R，模型噪声和量测噪声的协方差矩阵N。一般情况下，设置协方差N为0。也就是说，模型噪声的协方差矩阵Q与量测噪声的协方差矩阵R无关。

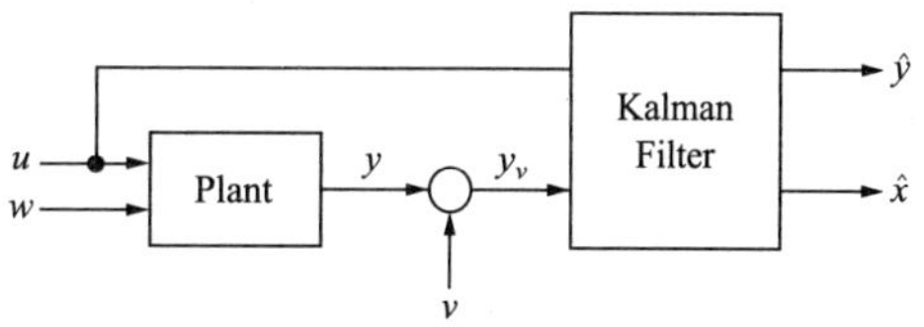

图4.53 卡尔曼滤波器的组成

定义卡尔曼滤波器的设计式（4.25）的扩展形式，分别定义模型噪声的协方差矩阵Q与量测噪声的协方差矩阵R，设计卡尔曼滤波器。

```
>>G=sys.B;
>>H=sys.D;
>>augsys=ss(sys.A, [sys.B, G],sys.C,[sys.D,H]);
>>Q=1e8;
>>R=eye(2);
>>[Kest,L]=kalman(augsys,Q,R);
```

于是就计算出卡尔曼滤波器的Kest和估计器增益L。

4.2.4 LQG调节器的组成

将设计的最优调节器与卡尔曼滤波器组合起来，构成LQG调节器，如图4.54所示。

利用Control System Toolbox提供的lqgreg函数，组成图4.54所示LQG调节器。

```
>>Klqg=lqgreg(Kest,K);
```

从输入端干扰到输出端构成闭环系统。

```
>>clsys=feedback(sys.Klqg.1);
```

在图4.54中，反馈增益为负，而我们注意到LQG调节器是正反馈。在组成闭环系统的函数feedback中，指定第3个输入参量为1，这就意味着是正反馈。闭环系统的伯德图如图4.55、图4.56所示。

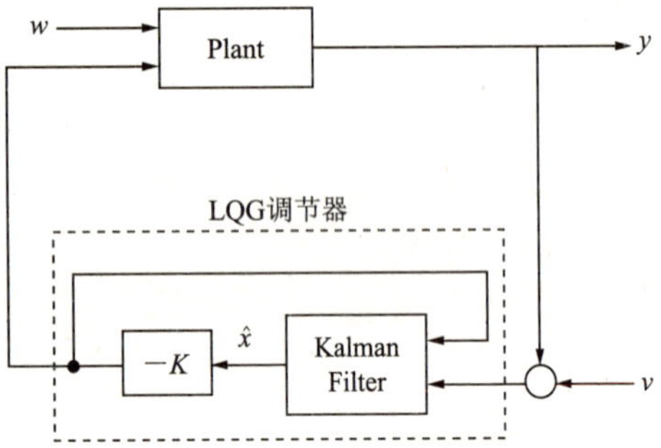

图4.54 LQG调节器的组成

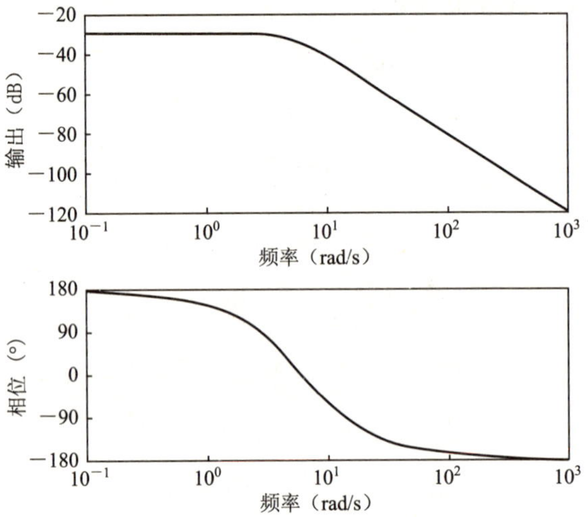

图4.55 基于LQG调节器的闭环系统的转臂角的伯德图

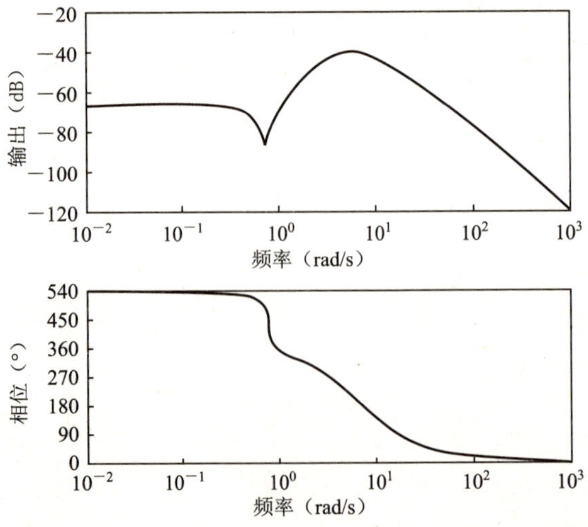

图4.56 基于LQG调节器的闭环系统的单摆角的伯德图

```
>>figure, bode(clsys(1,1))
>>figure,bode(clsys(2,1))
```

与图4.52相比，可以看出，在不含状态估计器的场合，状态反馈控制结果不变。因此，可以看出状态估计对其有很好的效果。

4.3 仿 真

4.3.1 LQG调节器的仿真

通过仿真验证设计的LQG调节器的性能，图4.57显示的是仿真模型。

在图4.57中，animation模块是根据用户生成的程序来实现动画功能的一个模块。通常将用户生成的程序装入Simulink模型界面的功能称为S-Function，这些程序不仅可以是用MATLAB语言生成的程序，也可以是C语言或Fortran语言编写的程序。S-Function是在Simulink环境下可以使用的专用API函数，系统中已规定了相应的格式。这里，实现动画功能的M-File中的S-Function，是通过使用MATLAB语言编写的。结果动画如图4.58所示。

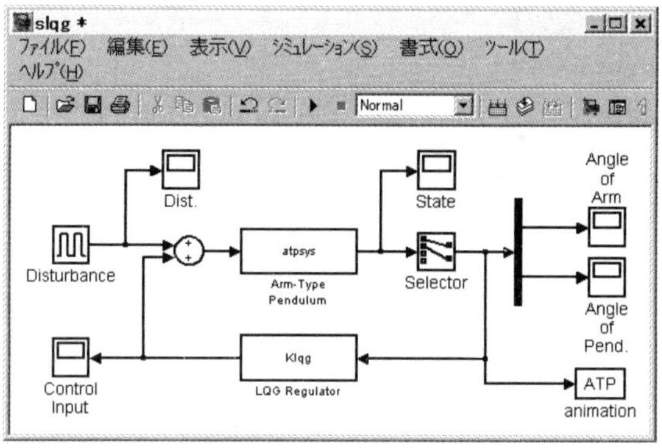

图4.57 LQG调节器性能评价的仿真模型

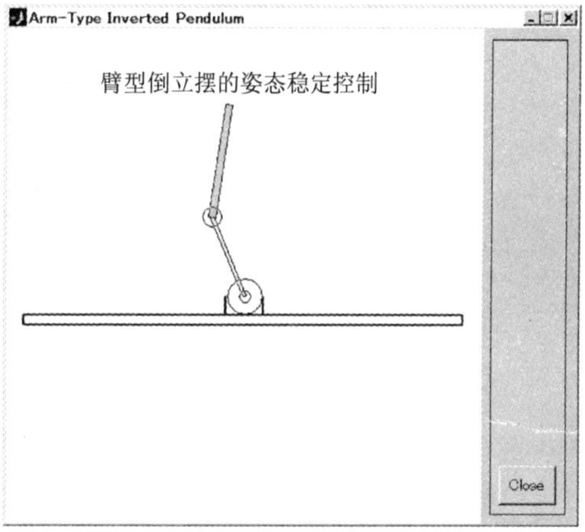

图4.58 动画界面

S-Function模块用于设置在Simulink上已经编写好的S-Function程序，设置方式如图4.59所示。其中，把程序中的参量作为参数进行设置。

编写的一部分程序如图4.60所示。可以验证switch语句通过flag进行分叉，再用M-File的S-Function所规定的flag进行仿真的分叉处理。

4.3.2 摆动控制仿真

控制倒立状态是比较困难的，而控制向下的单摆是比较容易的。所以这里我们先介绍利用Stateflow进行向上摆动的控制。在倒立状态的反馈控制中采用LQG调节器。图4.61表示其控制模型。

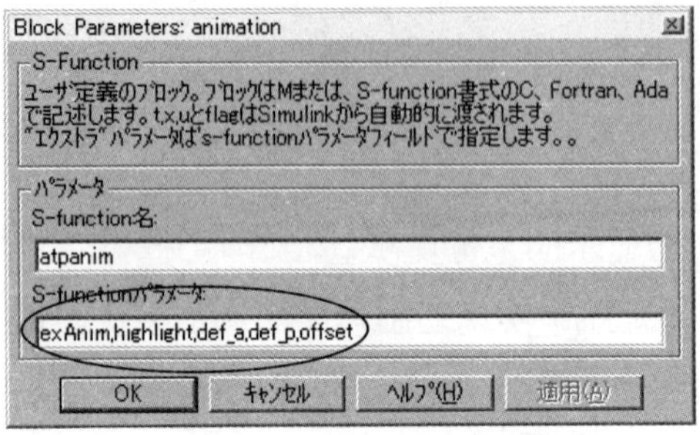

图4.59 动画M-File的S-function的设置窗口

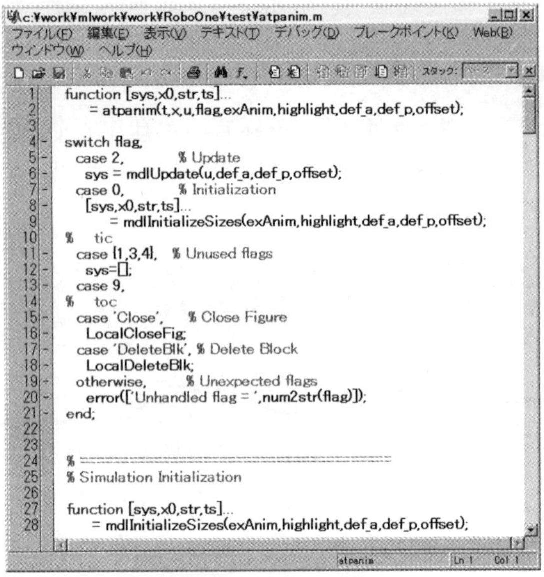

图4.60 处理动画的M-File的S-function

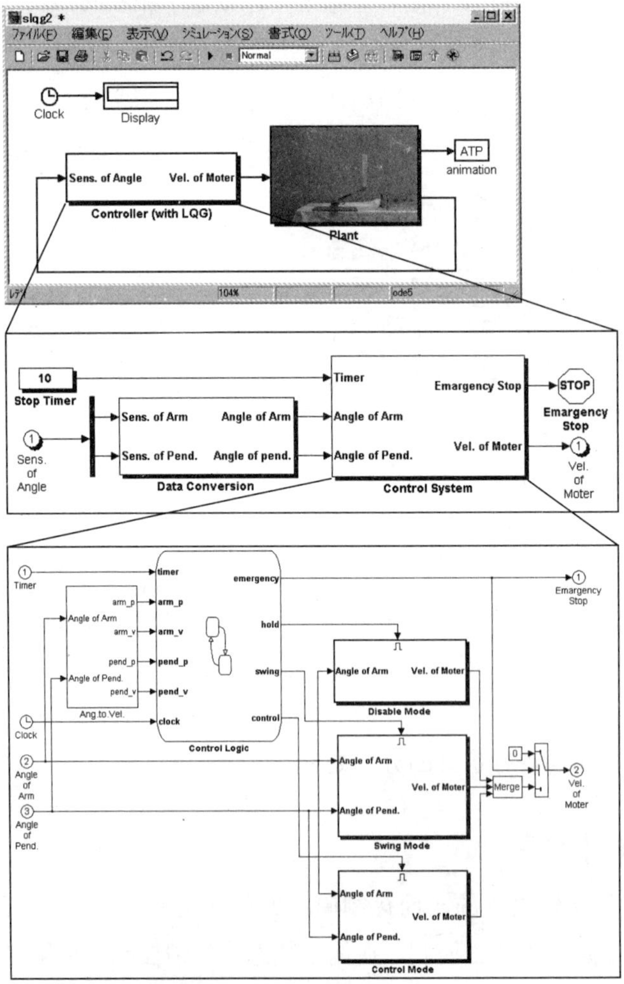

图4.61 向上摆动控制模型

在图4.61中，所设计的LQG调节器被布置在Control Mode模块中。控制状态通过Control Logic模块（Stateflow）进行切换。图4.62是Control Logic模型。

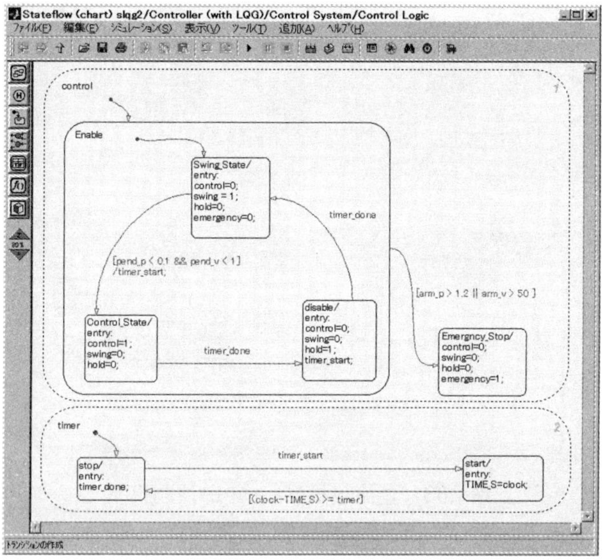

图4.62 根据Stateflow实现控制状态切换模型

在控制模型中，有下面4个动作状态：

（1）向上摆动的动作状态（Control.Enable.Swing_State）；

（2）倒立控制状态（Control.Enable.Swing_State）；

（3）控制停止状态（Control.Enable.disable）；

（4）紧急停止状态（Control.Emergency_Stop）。

要进行各个状态的切换，设定下列条件。

（1）→（2）：单摆角<0.1rad，且单摆角速度<1rad/s;

（2）→（3）：倒立控制状态经过一定的时间后（10s）；

（3）→（1）：控制停止状态经过一定的时间后（10s）；

→（4）：转臂转角>1.2rad，或，转臂的角速度>50rad/s。

（1）→（3）的状态要在一定的时间间隔内重复操作，在timer状态内进行时间计数。Z在状态Enable内的子状态中，Swing_State，Control_State，disable进行切换时，通过事件发布进行控制。

4.4 参数调整

在MATLAB产品家族中，Optimization Toolbox提供了最优化处理的选项模块。可以将这个功能与Simulink有机地结合起来，以实现控制器的参数调整。下面我们就以在直流电机PID控制中的控制参数调整为例进行说明。

4.4.1 控制对象

设置PID控制参数，进行仿真。图4.63是直流电机系统的PID控制模型。这里仅进行比例控制，结果如图4.64所示。

```
>>GP=10; %比例增益
>>GI=0;  %积分增益
>>GD=0;  %微分增益
```

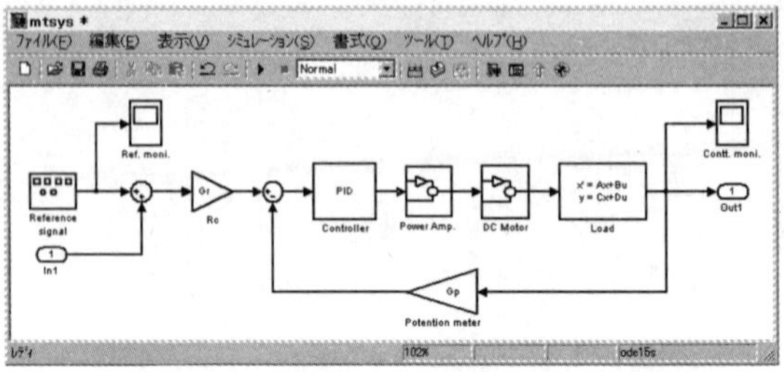

图4.63 直流电机系统的PID控制模型

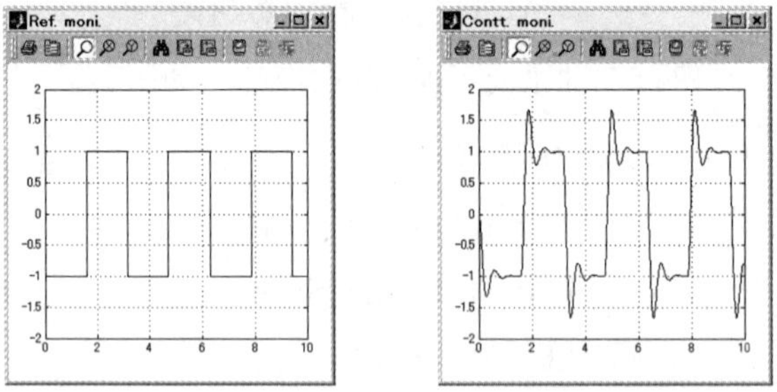

(a) 发给电机的位置指令信号　　(b) 电机的输出位移

图4.64 比例控制的仿真结果

4.4.2 利用最优化功能中的PID控制器参数调整

PID控制器的参数调整问题相当于式（4.27）的最优化问题的框架。

$$\min_{\mathrm{PID}}\left(\sum\left[\left((\text{仿真结果})-(\text{仿真目标值输入})\right)^2\right]\right) \qquad (4.27)$$

图4.65是在仿真模型中进行参数调整的情况。想要调整的参数在Simulink模型内不是固定值，需要预先定义变量。

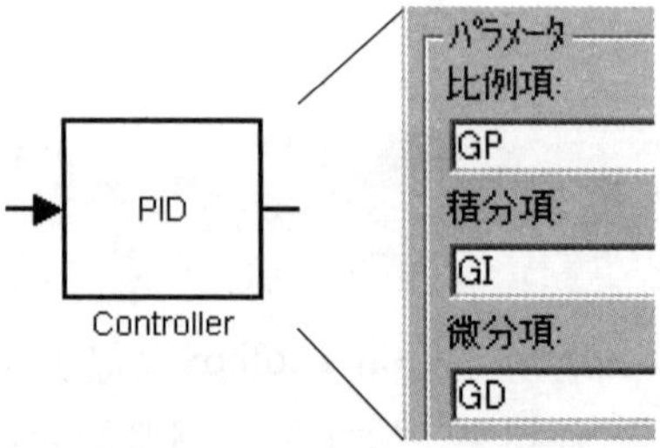

图4.65 定义变量的参数调整

目标函数可以写成程序4.6所示trackfun.m。

程序4.6 <trackfun.m>

```
function f = trackfun(pid)

global GP GI GD

% PID参数的定义
GP = pid(1);    % 比例增益
GI = pid(2);    % 积分增益
GD = pid(3);    % 微分增益

% 目标函数的定义
[t, x, y] = sim('mtsys',1);  % 运行仿真
y2 = interp1(t, y, 0:0 1:1); % 输出数据一维插值
f = abs(y2) - 1;             % 目标函数
```

利用函数sim()运行仿真，仿真结果有时间矢量t，状态矢量x，输出矢量y。把仿真输出结果和目标函数进行线性插值，作为仿真结果。这里，在目标函数内使用的输入信号在仿真的起始点处为-1，因此，在目标函数中使用绝对值函数abs()。为了进行非线性最小二乘法运算，使用lsqnonlin()函数，作为一种最优化问题参数的调整（程序4.7）。

程序4.7 <mtopt.m>

```
% 系统参数定义
global GP GI GD
setparm2    % 无槽电机

% 初始PID参数
pid = [GP GI GD];

% 最优化选项的设置
%    Display:       显示的层
%    TolX:          最优化结束时的允许误差
%    LargeScale:    使用大规模的算法
%    DiffMinChange: 相对于有限微分梯度的变量的最小增量
%    DiffMaxChange: 相对于有限微分梯度的变量的最大增量
foptions = optimset('Display','iter');
foptions = optimset(foptions,'TolX',1e-1);
foptions = optimset(foptions,'LargeScale','off');
foptions = optimset(foptions,'DiffMinChange',1e-3);
```

```
foptions = optimset(foptions,'DiffMaxChange',1e-1);

% 进行最优化
pid = lsqnonlin('trackfun',pid,[],[],foptions);
```

运行程序，就可以确定PID控制器的参数（图4.66）。

图4.67给出了调整后PID控制器的运行仿真结果。

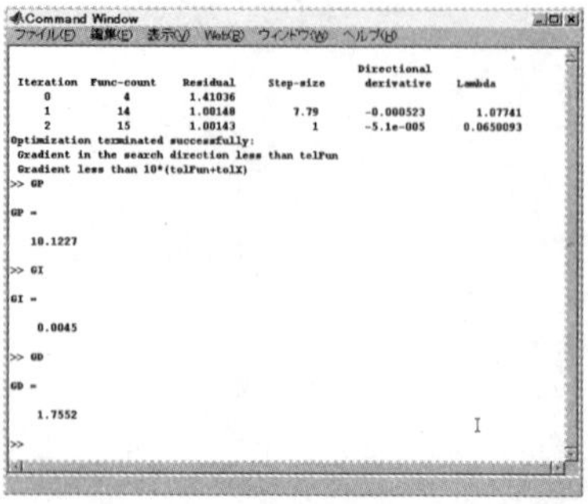

图4.66 PID控制器参数调整的运行界面

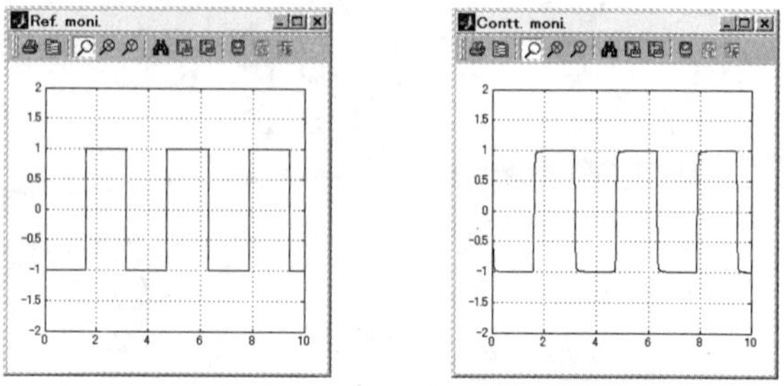

(a) 发给电机的位置指令信号　(b) 电机的输出位移

图4.67 调整后的PID控制器的仿真结果

4.5 代码自动生成功能

这里，利用Real-Time Workshop提供的Simulink模型中C代码的自动生成功能，进行PID控制器的参数调整。考虑对象是图4.63所示直流伺服电机。

4.5.1 基于Real-Time Workshop的代码自动生成功能

Real-time Workshop提供了Simulink模型中C代码自动生成引擎的工具。Simulink模型内部含有Stateflow模型，在作为选项模块包含Stateflow模型的场合，也需要Stateflow Corder模块。

快速取样、HILS（Hardware In the Loop Simulation）、生成组合代码等都是可以生成实时处理的应用程序。另外，也提供了开发算法的隐蔽或高速化仿真及用于各种用途的目标模块。图4.68是目标环境的列表面板。

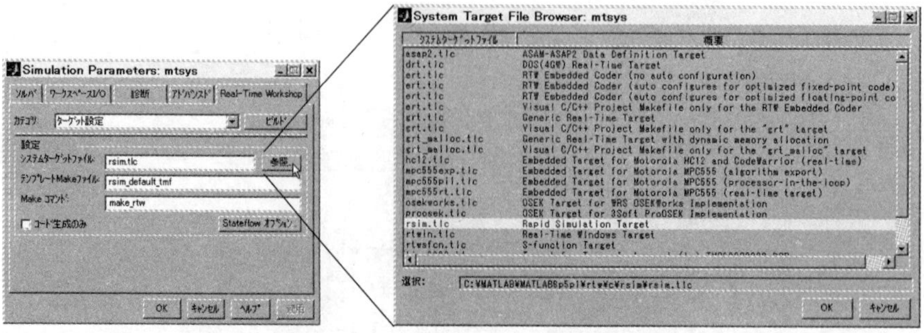

图4.68 Real-time Workshop的目标环境设置窗口

目标环境之一是“Rapid Simulation Target”，可让我们有效地进行Try-and-error参数学习。在这个目标环境中生成的执行程序运行时，需要一边改变PID控制器参数，一边进行仿真，最后进行结果比较分析。执行生成的标准程序时，可改变输入信号或模型参数。

C代码生成就是在图4.68的目标选择时，选择“Rapid Simulation Target”，不用特殊处理。为了记录输出信号，在模型最上层设置对应输出端口。图4.69为数据记录输出端口。

利用图4.69的模型，自动生成C代码。图4.70是运行界面。

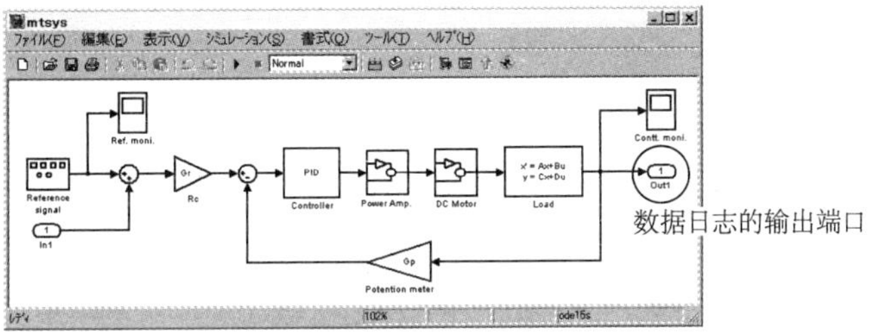

图4.69 直流伺服电机PID控制模型中输出端口的设置

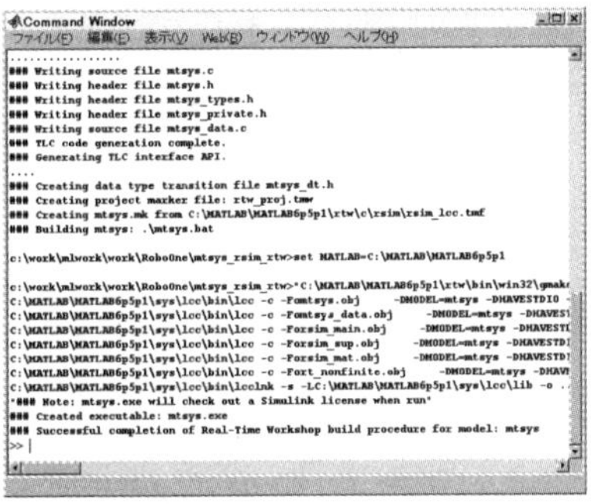

图4.70 直流伺服电机自动生成代码的运行界面

4.5.2 PID控制器的参数调整

利用生成的应用程序mtsys.exe文件，在改变PID参数的同时进行反复仿真，以此观察参数的影响。PID参数如下：

（1）比例增益固定为10；

（2）积分增益固定为0.1；

（3）微分增益从0.1~0.9之间以0.1为间隔变化，计9个参数，运行。

运行程序4.8所示rsimcmd.m。

程序4.8 <rsimcmd.m>

```
function rsimcmd()

evalin('base','GP = 10;GI = 0 1;')

for ii = 1:9,
```

```
 6:     GD = 0 1*ii;
 7:     cmd_str = sprintf('GD = %f;', GD);
 8:     evalin('base',cmd_str)
 9:     rtP = rsimgetrtp('mtsys');
10:     save('rsimdata.mat', 'rtP')
11:
12:     eval_str = sprintf('!mtsys -p rsimdata.mat -o sig_out%i.mat -v', ii);
13:     eval(eval_str)
14: end
15:
16: figure
17: hold on
```

在MATLAB中，利用Shell Escape功能在命令提示框中可执行OS命令，生成mtsys.exe文件，在程序的第13行运行。这里通过第12行的sprintf()函数把执行语句作为文字列，用第13行的eval()函数解释这个文字列。要使用Shell Escape功能，需在执行语句前写上“！”。

在程序的第3行，把比例和积分增益定义为固定值。从程序的第5~14行设定微分增益值，再进行仿真。在第6~8行，设定微分增益，9~10行作为数据文件保存。在“Rapid Simulation Target”中，要实现在改变参数的同时进行仿真，就需要把模型中使用的参数信息作为数据文件保存，以便于以后仿真使用。第12~13行运行仿真，就是在执行命令的参量中给定输出文件名。在这个例子中，添加通用编号“sig.out?.mat”并保存。

在第16~21行，读入运行结果的数据文件，并在图形界面重新画图，如图4.71所示。

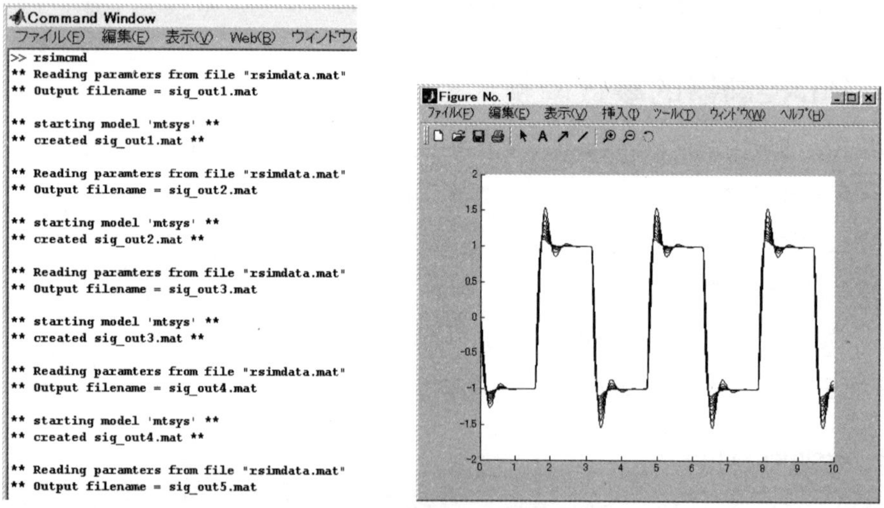

图4.71 微分增益从0.1~0.9变化的仿真结果

当微分增益为0.1时，起始时的振动剧烈，随着增益的增大，就会有抑制振动的效果。这样，根据经验或经过反复调整之后，按照仿真结构确定最终参数。因此，通过这个过程会获得很好的效果。

第5章

集成应用

<5.1节~5.8节>

津藤　智　一名立志拥有自己制作的机器人的公司职员，主页URL：http://www.geocities.co.jp/Technopolis/7050。

<5.9节、5.10节>

西村　辉一　ROBO-ONE委员会代表。

在这一章，针对双足步行机器人开发进行仿真的实际例子，讲述以MSC.visualNastran4D与MATLAB/ Simulink为主的各个软件集成应用方法。尤其对在仿真中顺利输出结果的技术和技巧进行重点介绍。

5.1 ROBO-ONE on PC的软件集成

ROBO-ONE on PC是通过使用三维CAD软件即Autodesk Inventor建立机器人三维模型，然后把这个模型导入MSC.visualNastran 4D软件环境中进行力学系统分析（即机构和结构分析），再通过MATLAB的Simulink与Stateflow模块控制机器人三维模型的关节角度和转矩的仿真技术。也就是说，这个技术就是把三个公司的不同软件集成起来使用。无论哪个软件，本身的专业特色都很强，不仅需要使用软件的技术，而且需要技巧以便能够顺利得到分析结果。

下面，以仿真技巧和技术为中心，介绍MSC.visualNastran 4D与Simulink的集成使用方法。笔者的工作环境如下。

○ Microsoft Windows 2000 SP4

○ Dell OPTIPLEX GX260

○ Intel(R) Celeron(R) CPU 2.00GHz

○ 784.376 KB RAM

5.2 电机模型的仿真

5.2.1 电机模型

仿真是对全部内容来说的，在仿真之前需要明确：

- 要仿真的对象的物理特性（物理参数、力学特性、电气特性等）是什么？
- 要仿真的对象的边界条件（力的作用点、物体的约束、接触等）是什么？
- 通过仿真要得到什么结果？

因此，实际物体的物理特性是否可以用仿真模型表达，是决定仿真结果可靠性的主要因素。

首先，对ROBO-ONE机器人比赛中采用的RC伺服电机进行建模并确定仿真输出特性。RC伺服电机采用反馈定位控制的系统部件，研究反馈控制模型比较复杂，所以先以无反馈（施加电压，电机转动）为题开始介绍。仿真结果是无负载的转动速度。这个数值可以简单地通过公式计算出来，因此，也较容易验证。关于反馈定位控制的知识将在5.3节讲述。

RC伺服电机中装有直流电机（图5.1），而直流电机的特性一般可以按式（5.1）的运动方程式表示成数学模型。

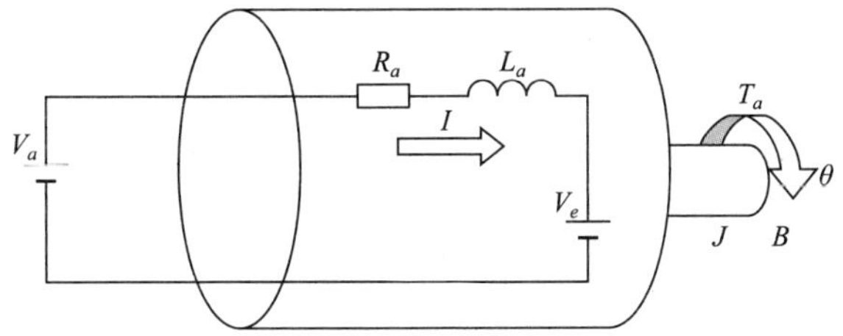

图5.1 直流电机模型

$$\left.\begin{aligned} &J\frac{\mathrm{d}^2\theta}{\mathrm{d}t^2}+B\frac{d\theta}{dt}=T_\mathrm{a}\\ &T_\mathrm{a}=K_\mathrm{m}i\\ &L_\mathrm{a}\frac{\mathrm{d}i}{\mathrm{d}t}+R_\mathrm{a}i=V_\mathrm{a}-V_\mathrm{e}\\ &V_\mathrm{e}=K_\mathrm{e}\frac{d\theta}{dt}\end{aligned}\right\} \tag{5.1}$$

式中：J为转动惯量；B为黏性系数；T_a为电机转矩；K_m为转矩常数；i为电流；L_a为端子间的电感；R_a为端子间的电阻；V_a为施加的电压；V_e为反电压（反电动势）；K_e为反电压常数。

为了进行仿真，除了公式还需要数据。使用的数据见表5.1。

表5.1 安装在RC伺服电机上的直流电机模型数据

符号	名称	数值	单位	备注
J	转动惯量	4×10^{-9}	kg・m^2	注意单位换算，常用g・cm^2
B	黏性系数	0	N・m・s/rad	机械黏性阻尼很小时可忽略
K_m	转矩常数	2.82×10^{-3}	N・m/A	
L_a	端子间的电感	0	H	不需把电流的过程响应模型化
R_a	端子间的电阻	3.5	Ω	
K_e	反电压常数	2.82×10^{-3}	V・s/rad	

也就是说，建模时主要根据仿真的目的和对象，而不含对象的特性。例如，表5.1中的黏性系数B与电感L_a为零。黏性系数B为0，就是说阻尼器难以建模；电感L_a为零，就意味着在仿真结果中难以得到电流的过程响应。不便于模型化的特性就从式（5.1）中去除，于是简化为式（5.2）。

$$\left.\begin{aligned} &J\frac{\mathrm{d}^2\theta}{\mathrm{d}t^2}=T_\mathrm{a}\\ &T_\mathrm{a}=K_\mathrm{m}i\\ &R_\mathrm{a}i=V_\mathrm{a}-V_\mathrm{e}\\ &V_\mathrm{e}=K_\mathrm{e}\frac{d\theta}{dt}\end{aligned}\right\} \tag{5.2}$$

这样，RC伺服电机具有通过齿轮把高速转动的直流电机减速并输出高转矩的结构。仿真中对机器人的机构分析比齿轮传动的建模更重要，而传动的建模会使分析时间大大延长，所以一般予以忽略。建模时，把所有的常数都换算到输出轴上，按图5.2所示低速高转矩输出的电机进行建模。表5.2是换算到输出轴的常数列表。仿真电机的常数是根据PDS-2144FET（近藤科学制造）的外部特性计算出的结果。其中，转动惯量是按照齿数比和各电机厂家的网络数据估计的数值。

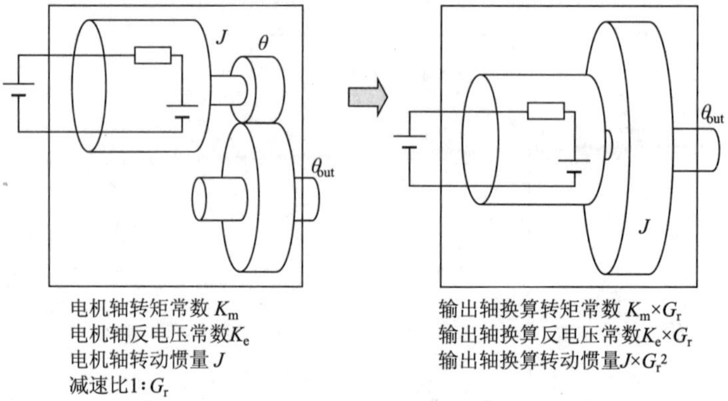

图5.2 RC伺服电机的建模

表5.2 RC伺服电机模型数据

符　号	名　称	数　值	单　位	备　注
J	转动惯量	2.79×10^{-4}	kg・m²	电机单个的转动惯量与减速比的平方的乘积
K_m	转矩常数	0.745	N・m/A	左记的单位，与K_e具有相同的数值
R_a	端子间的电阻	3.5	Ω	电机的最大转矩在6V时，为1.27NHm，根据K_m计算出6V/(1.27NHm/0.745NHm/A)
K_e	反电压常数	0.745	V・s/rad	电机的最大转速在6V时，60deg/0.13s= 8.06rad/s，即6V/(8.06rad/s)

5.2.2 基于Simulink的电机建模方法

以下根据式（5.2）仿真模型与模型数据（表5.2），在Simulink上创建电机模型。

Simulink是能够把运动方程式等动力学信息进行仿真的软件，控制人员可以像使用计算器一样操控它。如果用框线图表示微分、积分式，就是计算时域内的响应。并且，在MATLAB中可以使用M-File编写命令或函数等程序。那么，在M-File定义的变量可以通过MATLAB的工作空间在Simulink中使用，因此，可以进行与参数有关的仿真。

首先像程序5.1那样把模型的数据（表5.2）定义为M-File，按下工具栏的“运行”按钮，就会将数据存储到MATLAB工作空间的数据库中。

M-File的“%”号是解释语句的符号，“%”以后的文字按解释语句处理。解释语句可以使用中文，所以，可以说明变量的含义。此后，在多次读取M-File或Simulink文件时，比较方便易读。但是，需要特别注意的是究竟使用什么样的单位制。如果单位制不明确，就会引起后面计算的混乱。

程序5.1 <PDS2144motor_pmt.m>

```
%PDS2144motor_pmt.m
%PDS2144motor.mdl用のパラメータファイル
Gr = 264;                                % 减速比
Ke = 6/(60 * 3.14159/180/0.13);          % 反电动势常数(V•s/rad)
Km = Ke;                                 % 转矩常数(N•m/A)
Ra = 6/(13 * 9.8/100/Km);                % 端子电阻 (Ω)
J  = 4.0/1000000000 * Gr * Gr;           % 转动惯量 (kg•m²)
```

下面说明如何把式（5.2）的模型在Simulink下表示成图5.3所示框图。为了便于理解，图5.3与式（5.2）对应，把公式用斜体表示，对应的图用虚线框住。

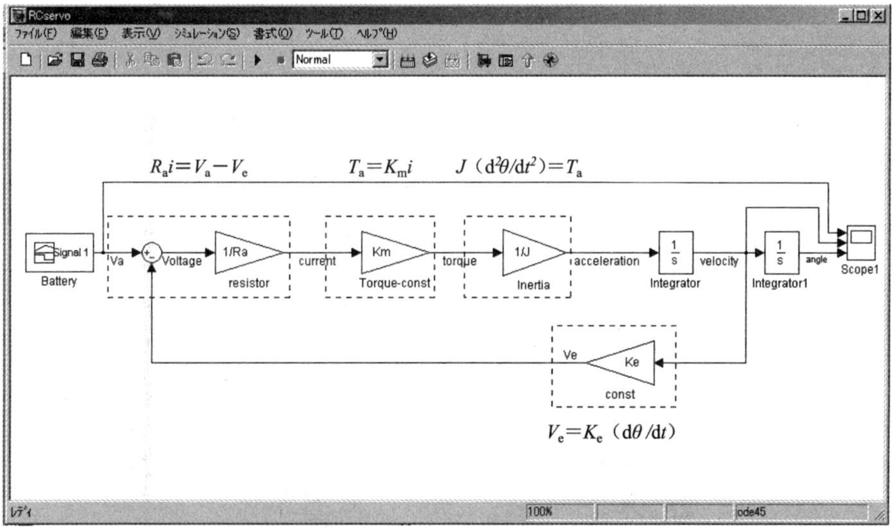

图5.3 PDS2144motor.mdl

输入中给定6V电压，持续1s后，以每5s间隔置ON进行开关动作。这个动作就是生成单边矩形，如果使用Singnal Builder模块就更方便了。双击图5.3的Singnal Builder模块，就会生成图5.4所示波形。输出可以用显示器模块监控输入电压V_a（V）、电机转速velocity(rad/s)、电机的旋转角度angle(rad)。

按工具栏的“仿真”开始按钮，如果没有错误信息提示，仿真持续几秒后就会结束。如果要查看仿真结果，双击图5.3所示示波器模块，如果按住示波器模块的工具栏的“输出尺度”按钮，就会出现图5.5所示结果。

查看仿真结果时，可以看到电机在所施加的电压驱动下转动。与电压波形相同，电机的转速也是矩形波，而电机的转速基本是线性变化。如果需要更清楚地观察，按一下示波器模块中工具栏的*X*轴缩放按钮，就放大了电机的转速velocity在1s附近的上升沿部分，如图5.6所示。电机的转速从1s开始急剧上升，在时刻1.01s处，电机的转

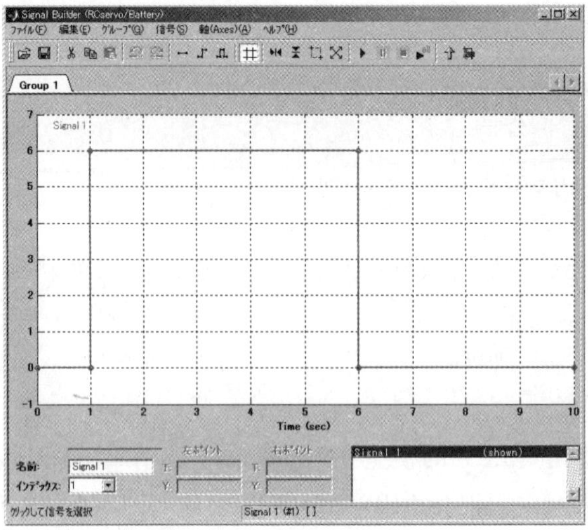

图5.4 Signal Builder的设定

速达到饱和值8.1rad/s。随着电机的加速，反电动势常数（V・s/rad）的影响就增大，使电机的转动沿抑制方向进行。由于电机的转速有限制，因此它收敛于某一确定值。另外，电机的最大速度可以通过式（5.3）计算，这个例子对应的最大角速度,与仿真结果相同。

$$\omega_{\max} = \frac{V_a}{K_e} \tag{5.3}$$

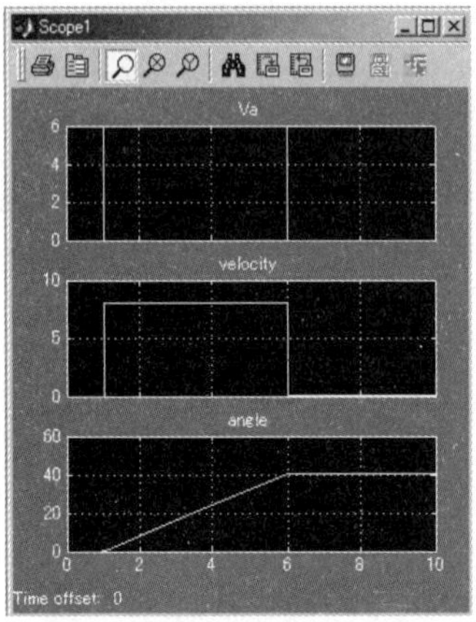

图5.5 用示波器确认PDS2144 motor.mdl的运行结果

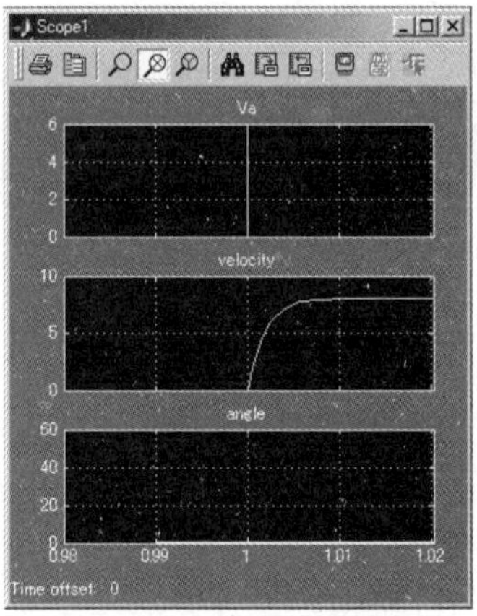

图5.6 放大示波器波形确认

5.2.3 基于MSC.visualNastran 4D的仿真

如前所述，MSC.visualNastran 4D是进行力学系统的机构分析和结构分析软件。主要是分析以当力作用于物体上时仿真物体的位移、速度、加速度等。当对象物为旋转体时，施加转矩进行其物体转角、角速度、角加速度的仿真。

不管是MSC.visualNastran 4D还是Simulink，都同样需要模型公式和模型数据。可是，由于MSC.visualNastran 4D的模型是以三维模型表示的，当知道对象物的形状、材料时，MSC.visualNastran 4D基本可以自动计算出对象物的质量和转动惯量，不需要准备模型的数据。但是，也有例外的情况，如对RC伺服电机的仿真，为了减少仿真时间，省略了齿轮箱。这时，就需要根据用户的定义在MSC.visualNastran 4D自动算出转动惯量后进行适当修正。如果怠慢，就会在仿真中出现加速过大，从而导致不真实的仿真结果，会使MSC.visualNastran 4D的三维约束失败，甚至会发生模型飞出的现象。

另外，因为MSC.visualNastran 4D不能计算弹簧常数、黏性系数、力、转矩等，所以需要事先准备好模型数据。在MSC.visualNastran 4D中，为了使某些物理量按所希望的作用在仿真对象上，就需要使用约束或公式来定义三维模型。

接下来，来研究对象物为旋转体时，如何对其施加转矩并对它的转速进行仿真。如果定义的模型数据仅仅是旋转体的转动惯量，仿真结果会是什么样的呢？这个模型就像式（5.4）那样，对象物持续加速，并且速度一直增加。

$$J\frac{\mathrm{d}^2\theta}{\mathrm{d}t^2} = T \tag{5.4}$$

这并非真实的情形。至少地球上还存在空气阻力，而且速度是有限制的。并且，在DC电机中，与电机的转速成比例，抑制转动的是反电动势，电机的速度会收敛于某一数值，前面的Simulink仿真已说明了这一点。也就是说， 在MSC.visualNastran 4D中，先输入力或力矩，在仿真时再定义与速度成比例的抑制力。

那么，这里的伺服电机在MSC.visualNastran 4D中仿真时，把什么作为抑制力最好呢？应该是反电动势比较合适。可是，反电动势输出的是电气特性，就需要把这个电气特性转换为力学特性，再返回式（5.2）。把式（5.2）的4个公式归结为1个公式，就成为式（5.5）。然后，对其进行变形，得到式（5.6）。因此，用把反电动势变换为力学特性的B_e定义与速度成比例的抑制力。

$$J\frac{\mathrm{d}^2\theta}{\mathrm{d}t^2} = K_m\frac{V_a - K_e(\mathrm{d}\theta/\mathrm{d}t)}{R_a} \tag{5.5}$$

$$J\frac{\mathrm{d}^2\theta}{\mathrm{d}t^2} + B_e\frac{\mathrm{d}\theta}{\mathrm{d}t} = T_m \tag{5.6}$$

$$B_e = K_m\frac{K_e}{R_a}$$

$$T_m = K_m\frac{V_a}{R_a}$$

下面，开始在MSC.visualNastran 4D中定义模型并进行仿真。

5.2.4 MSC.visualNastran 4D环境下电机的仿真

首先，在MSC.visualNastran 4D环境下，创建仿真对象为RC伺服电机的三维模型。打开新建文件，设置为SI单位制。接着，像图5.7那样，在世界坐标系的坐标原点附近，按照方框和圆筒状模型，画出伺服电机SeveoBody和输出轴Horn。然后，显示各自的属性对话框，参照表5.3和表5.4修改属性。选择材料Magnesium的理由是按这个材料计算会比较接近伺服电机的实际质量。

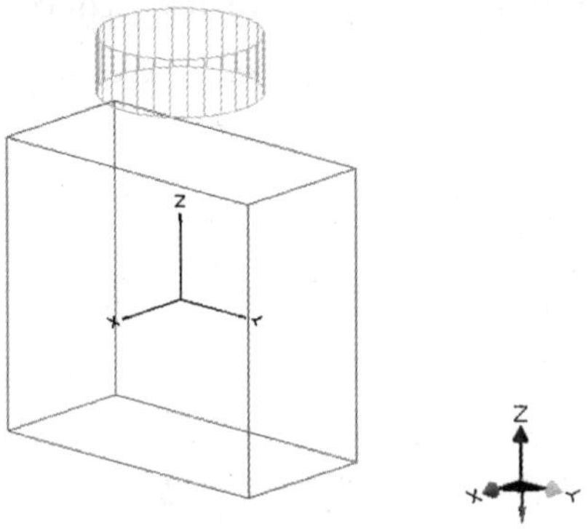

图5.7 三维模型的布置

表5.3 SeveoBody属性修改内容

SeveoBody属性		
记 录	项 目	
形状表示	名 称	SeveoBody
材料物理性质	材料名	Magnesium
位 置	X(m)	0
	Y(m)	0
	Z(m)	0
	Rx(rad)	0
	Ry(rad)	0
	Rz(rad)	0
形 状	宽（X）(m)	0.02
	长（Y）(m)	0.041
	高（Z）(m)	0.0372

表5.4 Horn属性修改内容

Horn属性		
记 录	项 目	
形状表示	名 称	Horn
材料物理性质	材料名	Magnesium
位 置	X(m)	0
	Y(m)	0
	Z(m)	0.03
	Rx(rad)	0
	Ry(rad)	0
	Rz(rad)	0
形 状	半径(m)	0.0105
	高(m)	0.0074

下面，如图5.8所示，在SeveoBody的上面和下面配置坐标点。显示各自的属性对话框，按照表5.5修改。

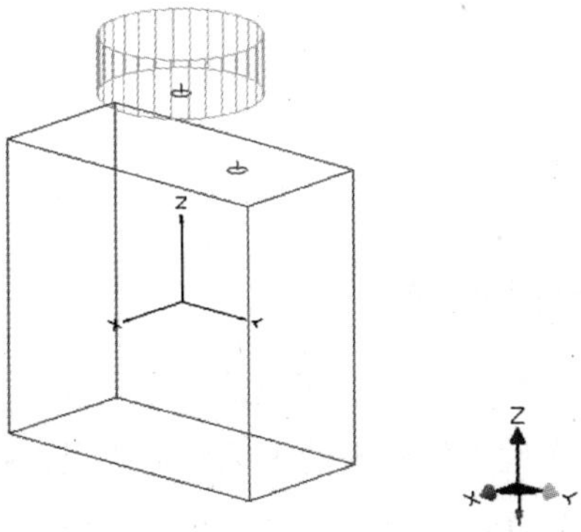

图5.8 坐标点的布置

表5.5 坐标点属性修改内容

坐标点		ServoBody	Horn
位 置	X(m)	0	0
	Y(m)	0.0096	0
	Z(m)	0.0186	−0.0037
	Rx(rad)	0	0
	Ry(rad)	0	0
	Rz(rad)	0	0

另外，如图5.9所示，把SeveoBody固定在MSC.visualNastran 4D的三维空间上。用鼠标右键单击SeveoBody，显示快捷菜单，选择“固定”。在MSC.visualNastran 4D中，默认考虑重力对仿真的影响。也就是说，如果不固定，就会沿着重力方向下落。

结合SeveoBody和Horn，在旋转电机的约束下进行仿真。如图5.10所示，从屏幕左上方的列表中选择Horn的坐标点，然后，按住Ctrl键，再选择SeveoBody的坐标点，即从列表上选择两个坐标点。如果在列表中没有坐标点，就会出现树形显示，单击“+”标志可以展开。选择两个坐标点后，从“插入”按钮选择“约束”。当显示“创建约束”对话框时，首先确认基坐标系是否在SeveoBody的侧面，如图5.11所示。按照前面选择两个坐标点时坐标系的选择顺序，第2个选择的一侧为基坐标系。如果基坐标系在Horn侧，单击顺序切换按钮，就可以改变顺序。

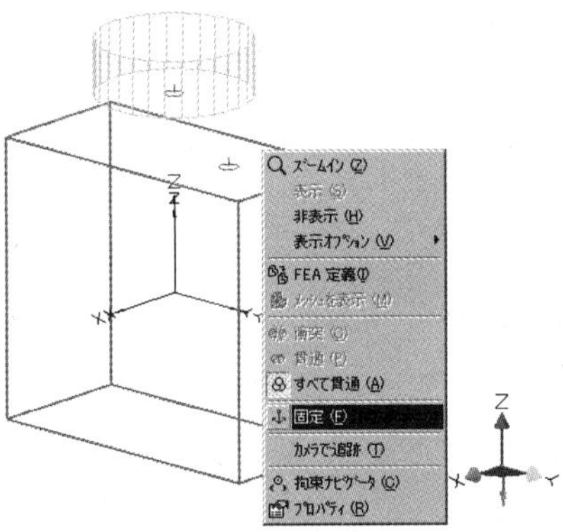

图5.9 SeveoBody的固定

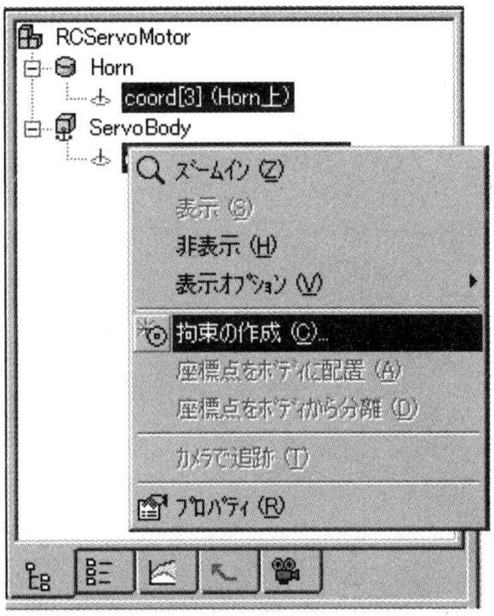

图5.10 坐标点的选择

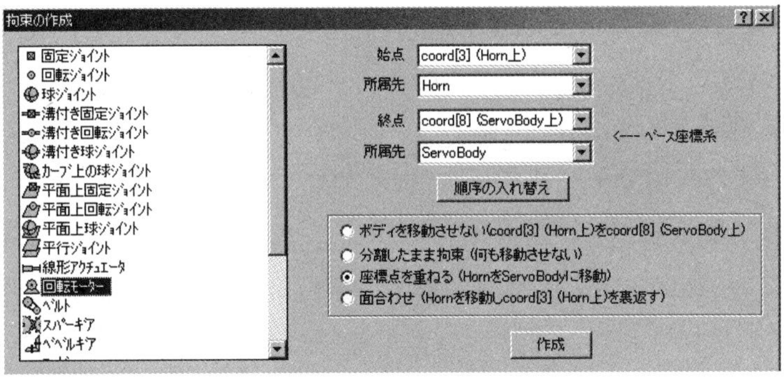

图5.11 设置约束

如图5.11所示电机，选择“坐标点重合”，单击“创建”按钮。如图5.12所示，把Horn移动到Servobody侧面，通过旋转电机使它们处于结合的状态。在显示旋转电机的属性对话框中，按表5.6进行修改。

在电机中，设置输入滑动条可以动态改变转矩。设置顺序是，选择旋转电机，在“文件”菜单选择“插入”，再选择“控制器”，从子菜单选择“转矩”。当显示出

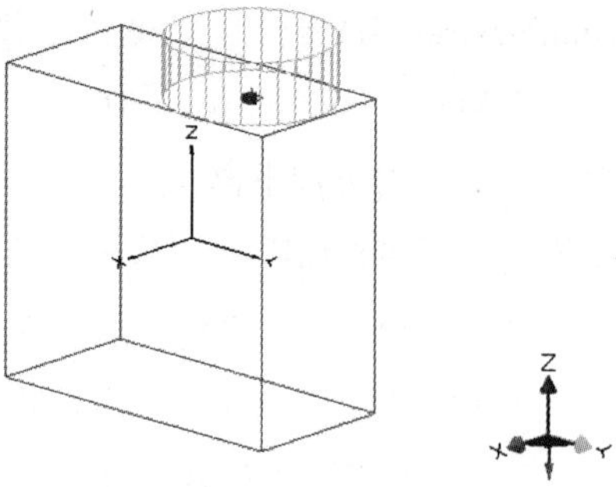

图5.12 完成约束

表5.6 电机属性修改内容

旋转电机属性		
记 录	项 目	
显示形式	名 称	M1
约 束	旋转轴	Z
位置与角度	旋转（rad）	0
电 机	电机类型	转 矩
	值（N·m）	1.27

“输入类型选择”对话框时，选择滑动条。图5.13为输入滑动条的对话框，确认转矩1.27N·m后关闭对话框。

下面，我们来设置计测器，以便监控电机的旋转角度与旋转角速度。设置步骤：选择旋转电机，在“文件”菜单选择“插入”，再选择“计测器”，在子菜单中选择“旋转角度”。同样的方法，选择“角速度”。图5.14是确认旋转角度和旋转角速度的界面。

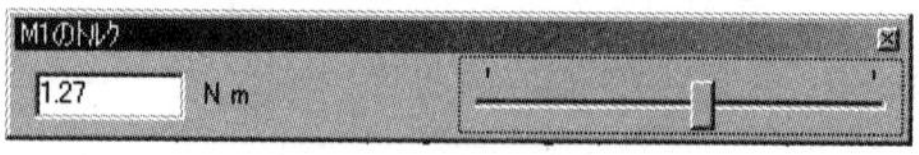

图5.13 输入滑动条

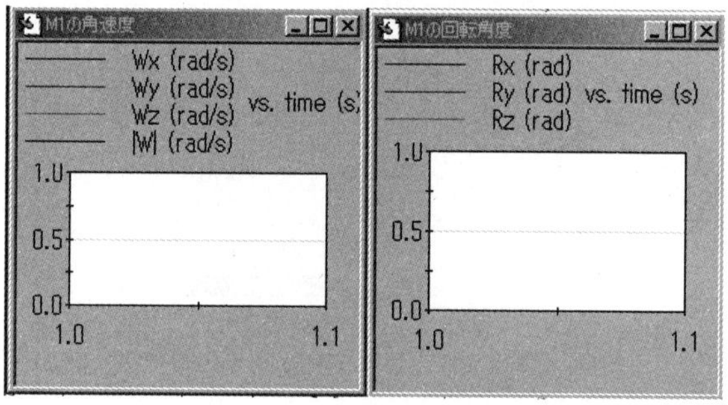

图5.14 旋转角度和旋转角速度图形界面

截至现在，是MSC.visualNastran 4D基本模型的创建步骤。接着，我们实施在5.2.3节中已经叙述的内容：

- 转动惯量的用户设置；
- 变换成力学特性的反电动势的电机转动抑制。

首先进行转动惯量的设置，修改RC伺服电机旋转部分“圆柱”的转动惯量。步骤：选择Horn,在MSC.visualNastran 4D屏幕左下角的属性列表中单击“转动惯量”按钮，打开图5.15所示转动惯量属性列表。本次转动惯量的模型数值按表5.2为J=2.79×10^{-4}kg·m^2。所以如图5.16所示，选择用户定义，更改3×3的惯性矩阵编辑框右下角的值。对惯性矩阵I_{zz}，只改变Z轴的主惯性矩。

然后，设置变换力学特性的反电动势的电机旋转抑制，就是把前述与速度成比例的抑制转矩与操作转矩的差分值输入到电机中，更改输入转矩公式。把式（5.6）转化为式（5.7），设置式（5.7）右边的数学公式。

$$J\frac{\mathrm{d}^2\theta}{\mathrm{d}t^2} = T_\mathrm{m} - B_\mathrm{e}\frac{\mathrm{d}\theta}{\mathrm{d}t} \tag{5.7}$$

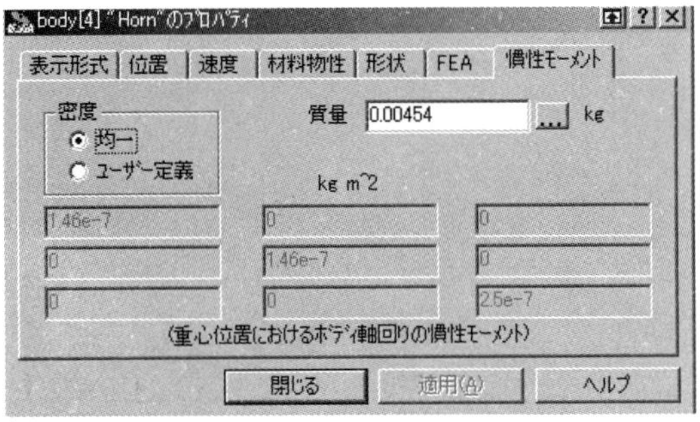

图5.15 转动惯量属性的初始值

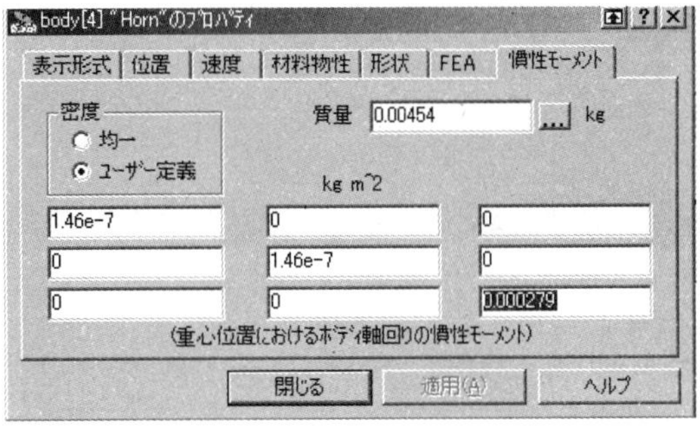

图5.16 转动惯量属性的用户定义

MSC.visualNastran 4D可以自动更改对应于各种对象、计量、滑动条的ID编号，而速度、加速度及约束力这样的物理参数可以作为公式语言使用。

式（5.7）右边的模型公式与MSC.visualNastran 4D中的公式语言对应，常数见表5.7。表5.7中有input[n1]、constraint[n2]语句，ID如图5.17、图5.18所示，画面左上列表的记录可以切换，在本例中分别是n1=2、n2=9。而且，ID编号在模型生成时自动变化，在工作时它们都有各自对应的编号。

图5.17 对象的ID确认

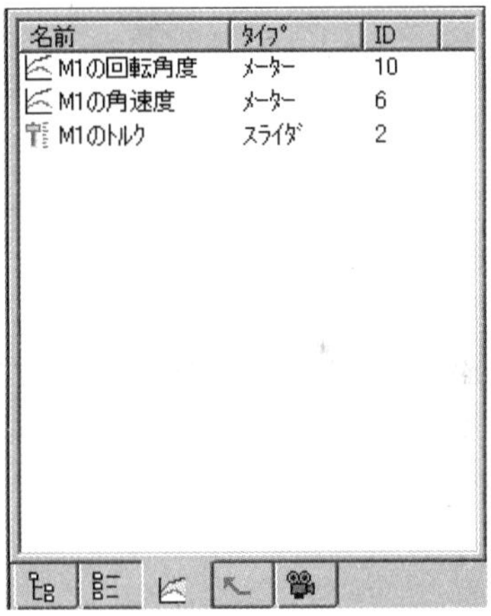

图5.18 计测器与滑动条的ID确认

按照表5.7对式（5.7）右边的模型数学式进行变换得到式（5.8）。

$$\text{Input}[n_1]\text{-}(0.158\text{N}\cdot\text{m}\cdot\text{s/rad})\text{*constraint}[n_2].\text{w.z} \tag{5.8}$$

表5.7 符号与常数对照表

模型公式	MSC.visualNastran 4D	备 注
T_m	Input[n1]	转矩输入滑块n1为图5.18中滑块的ID编号
B_e	0.158N·m·s/rad	K_mK_e/R的计算结果数值参考表5.2常数中需要表示单位
$d\theta/dt$	Constraint[n2].w.z	绕电机Z轴的角速度n2是电机的ID编号

最后的变换式是在MSC.visualNastran 4D中的定义方法，如图5.19所示，打开“电机”属性列表，最好把数值的编辑方框加以合适的ID编号说明。由于编辑框大小有限，前面的公式被切掉了一些，就成了图5.20。于是，完成了仿真模型的生成。

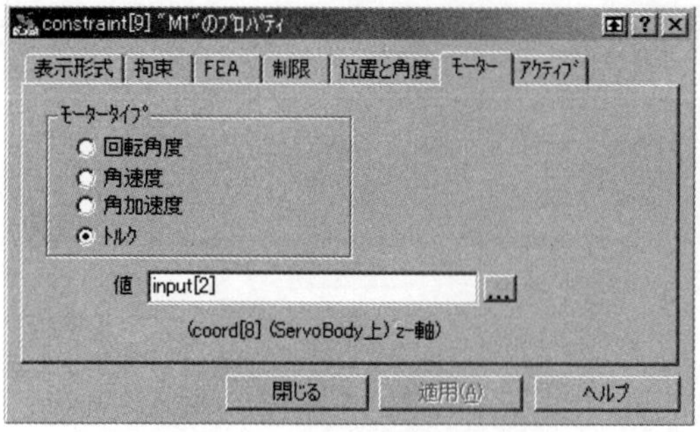

图5.19　“电机”属性初始值

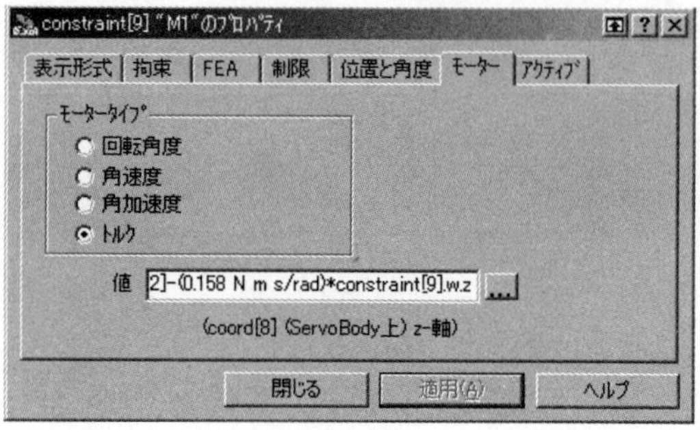

图5.20　在“电机”属性中定义旋转抑制公式

那么就先试试仿真。按图5.21所示进行仿真设置，单击“运行”按钮。在运行过程中，有时候出现图5.22所示警告信息，这是受到用户定义的转动惯量的影响，会出现在自然界中的不可能有的数值的警告。由于是有目的操作，因而事先把信息窗口最小化。

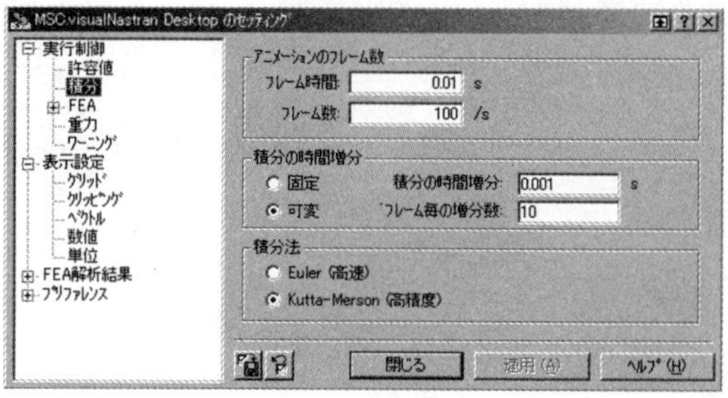

图5.21　设置仿真

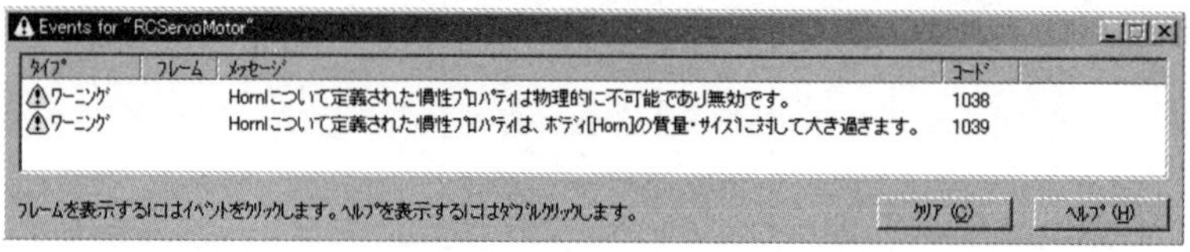

图5.22　警告信息

这个仿真持续数秒后就显示出图5.23所示图形。电机的转速与基于Simulink的结果相同，可以看出，从0s急剧上升，在0.02s饱和到8.04rad/s。

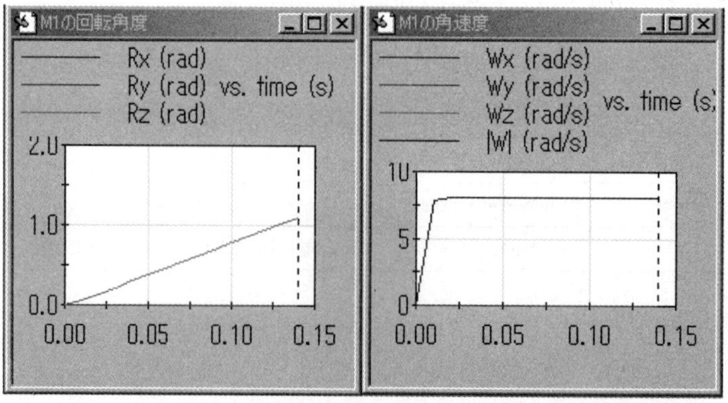

图5.23　通过MSC.visualNastran 4D的RC伺服电机仿真结果

5.2.5 Simulink与MSC.visualNastran 4D的协同

在5.2.2节的Simulink环境下把电压作为输入，实现了电机转速的仿真，而在5.2.4节的MSC. visualNastran 4D环境下把转矩作为输入进行仿真。不管使用哪个软件，仿真的问题都已得到相同的结果，表5.8给出两种仿真的优缺点。

表5.8 Simulink与MSC.visualNastran 4D的优缺点

	Simulink	MSC.visualNastran 4D
优点	可以控制复杂的运算 也可进行非线性力学分析	无论多么复杂的模型，不需质量或转动惯量的计算，都能进行仿真 可以进行复杂的接触状态的仿真
缺点	即使简单模型也需要知道质量和转动惯量 可用公式或框图进行表现范围的仿真	可以进行线性力学分析 可以进行简单的运算

有趣的是，一方的优点恰恰是另一方的缺点。也就是说，如果可以顺利地把这两个方法集成起来进行仿真，那么，就算是再难的仿真也可以进行了。因此，下面讲述把5.2.2节Simulink的电机转速仿真与5.2.4节MSC.visualNastran 4D的电机转速仿真集成的方法。

首先，对Simulink与MSC.visualNastran 4D进行角色分配。如图5.24所示，Simulink是把目标值或当前值的状态量进行适当运算后再进行输出的控制器，而MSC.visualNastran 4D 输入是运算量，输出（设备）是状态量。

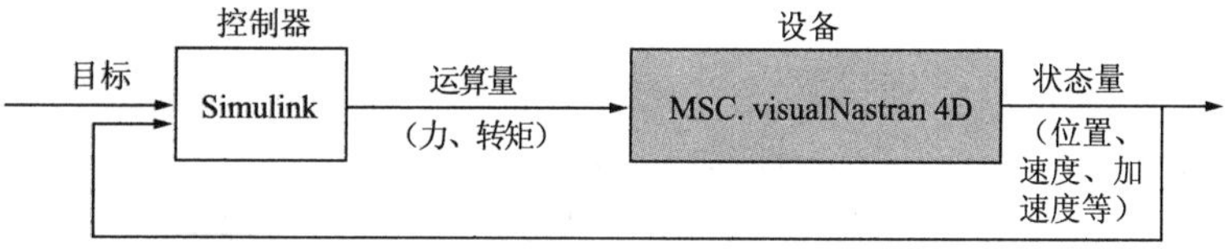

图5.24 Simulink与MSC.visualNastran 4D的角色分配

因此，在电机转速仿真中，转矩就成为切入口。MSC.visualNastran 4D把式（5.6）还原为输入的运算量（全部都是转矩），同样，按照式（5.6）编辑图5.3的Simulink模型文件，即图5.25。通过在框图上增加节点并使用块后移动，就能够把图5.3变换为图5.25。然后，图5.25虚线所包围的范围就是设备，将成为MSC.visualNastran 4D仿真的范围。

如果MSC.visualNastran 4D进行仿真的范围不明确，就在图5.26中把虚线区域置换为MSC.visual Nastran 4D中Simulink的模块vNlant。双击vNPlant显示对话框（图5.27），指定MSC.visualNastran 4D文件的存储地址和文件名，选择运算量或状态量。这里可以选择的量是在5.2.2节中MSC.visual Nastran 4D设置的图5.13所示输入滑动条，状态量就是图5.3所示旋转角度量和转速量。在状态量中我们所需要的信息是绕Z轴的转速，如图5.27所示取带有.Wz扩展名的。

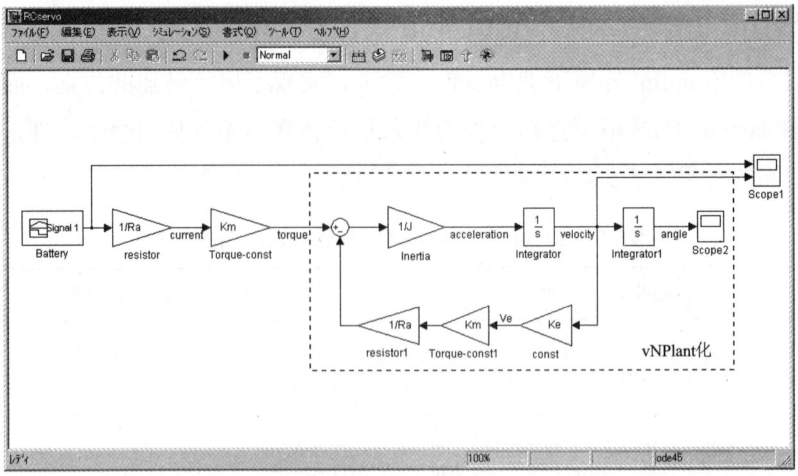

图5.25 Simulink的组成更改

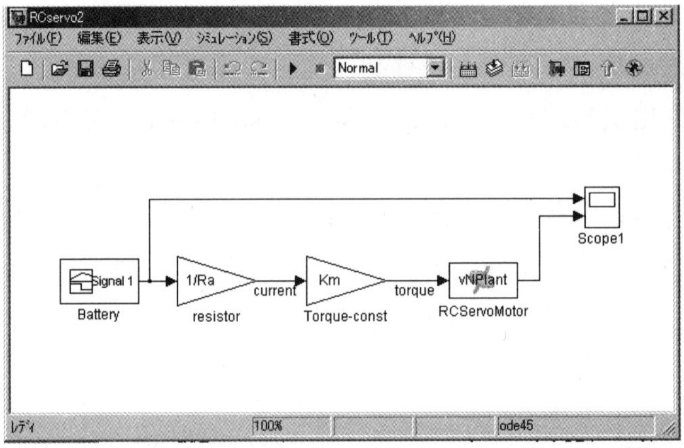

图5.26 vNplant的配置

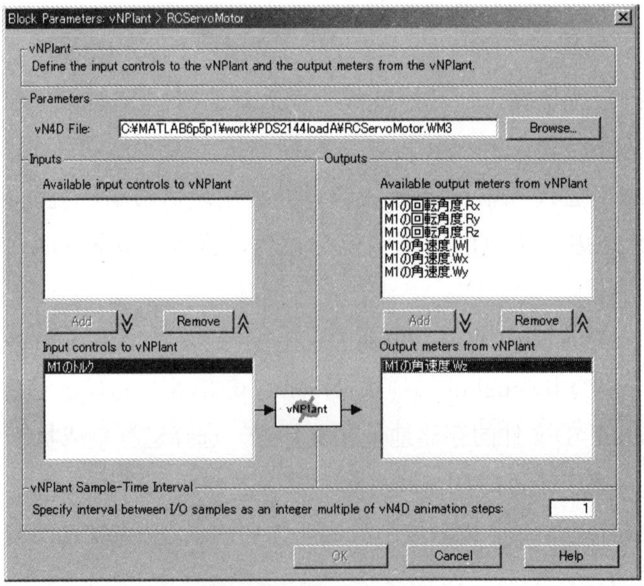

图5.27 运算量与状态量的设置

一旦设置完成，把模型数值（表5.2）通过程序5.1的M-File运行后，单击Simulink的“仿真”按钮。经过几十秒后仿真结束，就可以通过示波器模块得到图5.28所示结果。同样，单击示波器模块工具栏的X轴缩放按钮，把电机转速在1s附近的上升沿部分放大，就出现图5.29所示画面。

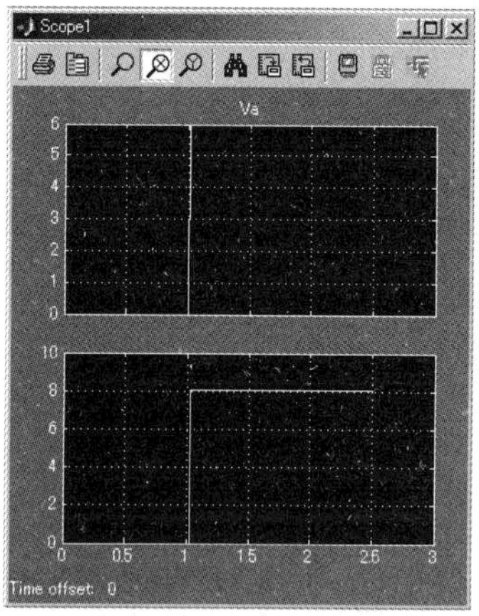

图5.28 仿真结果

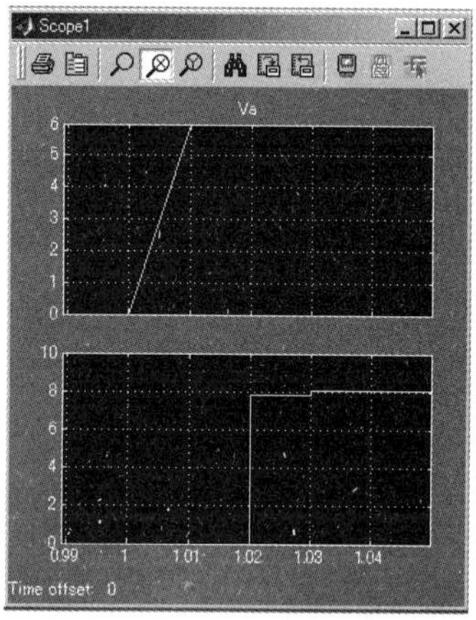

图5.29 放大波形进行确认

同样得到电机旋转速度达到8.1rad/s饱和状态的结果，发生离散变化。如图5.21所示，MSC.visualNastran 4D中设置的动画帧的时间0.01s，状态量被周期性地送往Simulink的离散值中。对应的，Simulink的仿真解算器就离散仿真。

因此，如果设置控制实际机器时状态量的采样周期为动画帧的时间间隔，就可以实现预想的实际机器的仿真。

5.3 电机模型的反馈定位控制

5.3.1 仿真的目标

前一节以不含反馈的施加电压进行多次旋转的电机为题，说明如何将Simulink和MSC.Visual Nastran 4D集成起来进行仿真。本节通过在Simulink中形成的模型拓展到反馈闭环和控制器，进行伺服电机“反馈定位控制”的仿真。

那么，伺服电机究竟应该使用什么样的控制器，至今我们还不是很清楚。这里，使用普通的PD控制（比例+微分），尝试进行仿真模型的集成，以获得下列输出特性。

- 实际伺服电机的干扰负载和角位移的力学特性一致。
- 无载荷步长响应下加速上升沿时间。

就前者的力学特性来讲，在Robocon 杂志No.20（欧姆社刊）刊登了PSD-2144FET（近藤科学）施加载荷时的伺服电机特性数据。普通伺服电机如果施加干扰载荷，角度的变化具有像弹簧一样的力学特性，这个特性数据就是通过实验获得的。将这些数据的符号修改成仿真的SI单位制（表5.9），对应的特性图如图5.30所示。其中，横轴是角度（rad），纵轴是转矩（N・m）。若按照过0点的一条直线近似表示，斜率就是6.2N・m/rad。这个斜率与控制器的比例增益K_p有关，根据$K_p \times K_m/R_a$=6.2N・m/rad，可以求出K_p=29.1V/rad。

表5.9 伺服电机特性（转换为SI单位制）

转矩（N・m）	0.00	0.10	0.29	0.59	0.88	0.98	1.08	1.27
变化角度(rad)	0.00	0.00	0.05	0.09	0.14	0.16	0.17	0.21

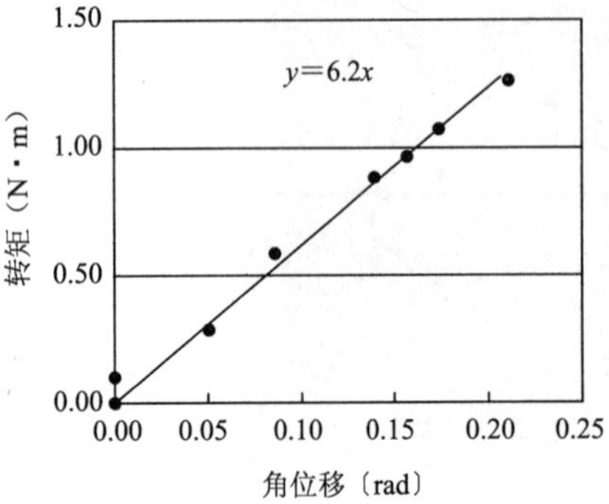

图5.30 伺服电机力学特性

就后者的上升沿时间，稍有超调就会使时间快速增加。在这个模型中，如果采用K_p=29.1V/rad，由于ξ>1，不会出现超调现象，通过PD控制上述上升沿时间的改善不是很明显。因此，微分增益取K_d=0V.s/rad。

可是，如果进行仿真，就很容易通过改变常数来验证输出的正确性。如果增大K_p，取0<ξ<1，就可以尝试通过K_d来调整超调。

现在我们不涉及ξ值的讨论，ξ是表示设备特性的一个指标，具体请参考控制工程专业书籍。理论固然很重要，但仿真却是验证输出特性的一个实验环节。

5.3.2 PD控制器配置与反馈闭环建立

以图5.26为基础进行图5.31所示配置PD控制器和建立反馈闭环。忽略图中的虚线与斜体字。

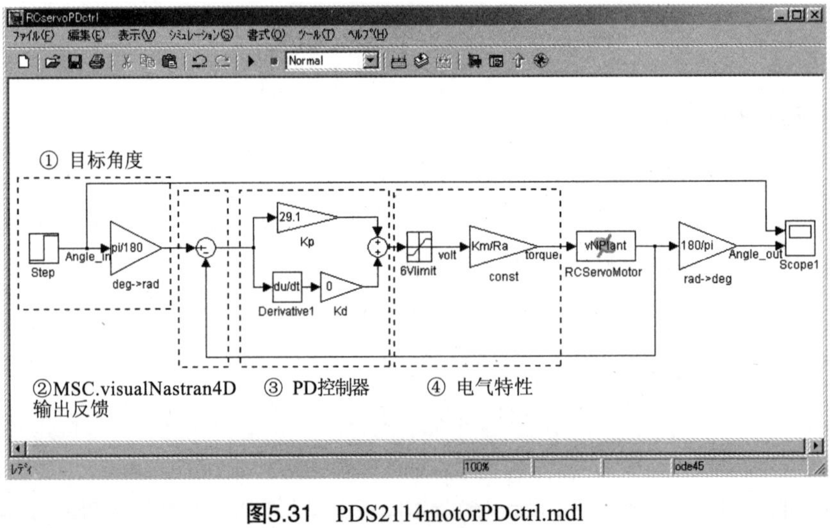

图5.31 PDS2114motorPDctrl.mdl

首先说明“①目标角度”。使用Step模块，如图5.32所示，设置初始角度为0，模拟经过1s后到达最终值90°时的步长响应。目标角度直观上使用“°”（度）便于理解，但是由于在Simulink的控制器或MSC.visualNastran 4D中的角度单位均为rad(弧度)，所以采用Gain模块进行180/pi或pi/180的单位转化。

下面说明“②MSC.visualNastran 4D输出反馈”。如图5.31所示，从目标角度减去MSC.visualNastran 4D输出角度来求出目标与实际的差。反馈控制的目的就是使这个差接近0。

图5.32　Step模块的设置

对“③PD控制器”的说明，如图5.31。把与②的差值成比例的比例增益K_p，同与这个差值变化有关的比例增益（微分增益）K_d相加。这样，把K_p与K_d的值按照5.3.1节中讨论的值输入。这里输出量是电压单位。

最后是“④电气特性”。这里，先把作为操作量的电压变换成转矩，再设置增益。因此，使用Saturation模块，就需要限制过大的操作量输入。这时会出现供给大于电源电压以上的电压，而在实际的电机中会受到驱动器输出饱和的限制。除了Simunlink中Saturation模块以外，也有处理这种非线性问题的模块，只要与仿真的目的一致，就会有效果。这次将Saturation设置为6V。

结果如图5.33所示，vNPlant状态量的输出是旋转角Rz和反馈旋转角度。

至此，我们就可以通过程序5.1的M-File进行模型数值（表5.3）仿真。单击Simulink工具栏的“仿真”按钮，就会出现图5.34所示仿真结果。可以看出，对应目标90°，输出角度恰好到达90°。并且，在0.2s时间内完成了90°的动作。

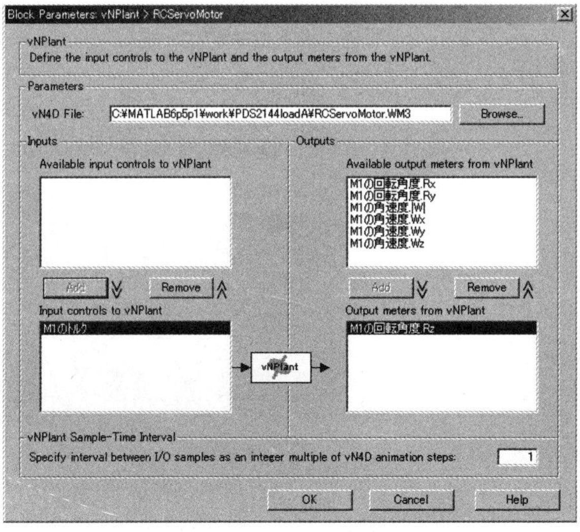

图5.33　状态量的设置

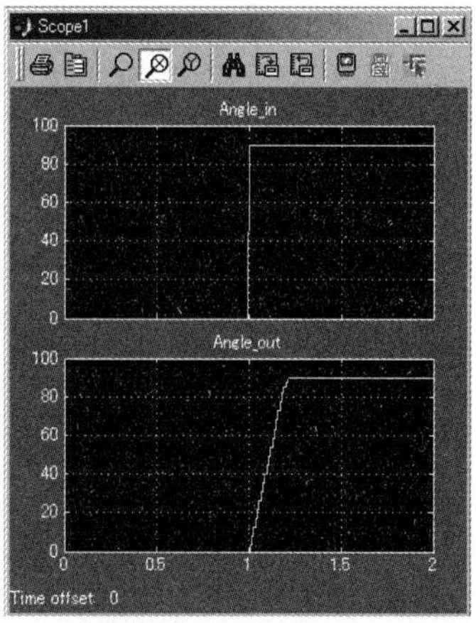

图5.34　用Scope验证PDS2144motorPDCtrl.mdl的执行结果

5.3.3 干扰负载作用下的输出角位移

下面设法验证干扰负载与角位移的力学特性是否一致。验证方法如下,给MSC. visualNastran 4D搭载质量为5kg的物块，当其旋转90°时，由于自重的干扰负载转矩而引起一定的角位移。

首先，将物块放置在5.2.4节中创建的MSC.visualNastran 4D模型上，绘制图3.35所示的新物块，物块的属性按表5.10进行修正。并且，为了把物块配置在输出轴上，需要配置各个坐标系，按表5.11进行属性修改。旋转两个坐标系，在固定关节坐标重合点处把物块附加在输出轴上。然后，通过仿真设置，设置重力的作用分力为图5.36所示*Y*方向。

通过程序5.1的M-File运行模型后，单击Simulink工具栏的“仿真”按钮，就会出现图5.37所示仿真结果。可以看出，对应于90°的目标，输出角度只到达85°就处于平衡状态。也就是说，物块由于干扰负载转矩0.49N・m，发生了4.5°的角位移。这时斜率是6.2N・m/rad，与图5.30的试验数据一致，所以，也符合其力学特性。

表5.10 物块的属性修改内容

记 录	显示形式	材料属性	位 置						形 状		
项 目	名 称	质量/kg	*X*/m	*Y*/m	*Z*/m	R_x/rad	R_y/rad	R_z/rad	宽度（*X*）/m	长度（*Y*）/m	高度（*Z*）/m
	量	5	0	0.04	0	0	0	0	0.005	0.005	0.005

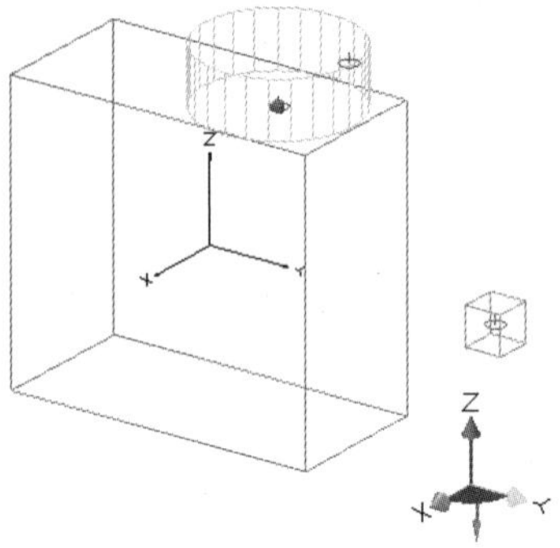

图5.35 物块的绘图与配置

表5.11 坐标点的属性修改

名 称		质 量	Horn
位 置	*X*/m	0	0
	Y/m	0	0.01
	Z/m	0	0
	R_x/rad	0	0
	R_y/rad	0	0
	R_z/rad	0	0

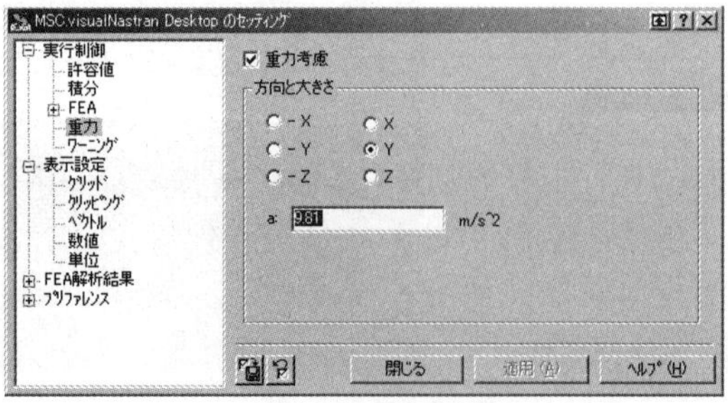

图5.36 改变重力的方向

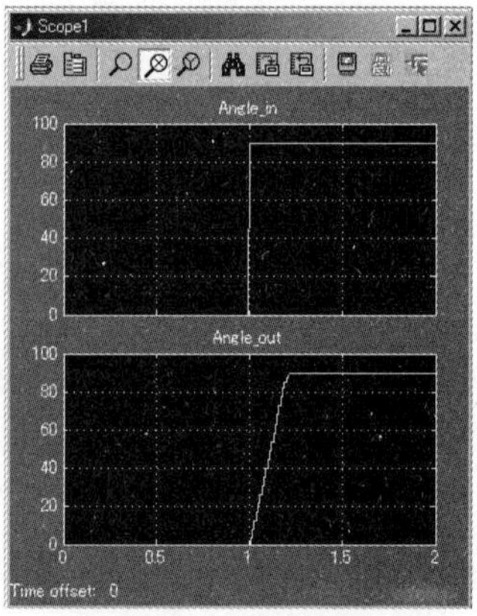

图5.37 仿真结果

5.4 基于旋转角度电机的简单定位控制

5.4.1 简单的定位控制方法

在5.3节中，我们以控制工程中的工具来说明如何根据Simulink和MSC.visualNastran 4D进行伺服电机的建模，同时对伺服电机进行仿真。例如，要达到指令给定的位置，就要以预定的转矩为目标。使用如下的电机（理想部件），就可以进行仿真了。

- 假想的负载转矩比电机的转矩小得多，或者电机可以产生无限大的转矩。
- 对应于负载，电机无延迟和偏差。

至此，电机一直被作为理想状态考虑，在MSC.visualNastran 4D电机的设置中，可以设置旋转角度电机。为了进行跟踪，在MSC.visualNastran 4D计算需要的转矩，其中电机输出角度仿真结果时对已经输入的角度不能有时间延迟。因此，在输入像步长响应这样的不连续位移时，就会计算出不真实的转矩。在MSC. visualNastran 4D中，仿真的停止会使得条件模型的约束丢失、发生警告，仿真时间随之增加，这是我们不希望的。

于是，在使用旋转角度电机时，通过Rate Limiter模块，设置电机旋转角度变化（旋转速度）的极限。如果是直流电机，标有空载转速和额定转速。如伺服电机中，使用60°/0.13s的速度，以此设定旋转速度极限，就可以避免产生大的转矩。

5.4.2 模型的生成

下面，尝试通过Simulink和MSC.visualNastran 4D的协同，以5.2.3节中的模型为对象进行仿真。

首先是MSC.visualNastran 4D，在图5.38所示电机属性“电机类型”选择“旋转角度”，修改“数值”为0rad。然后，为了能够使电机的旋转角度动态变化，在选择电机状态时，选择“文件”菜单“插入”中的“控制器”，再通过子菜单选择“旋转角度”。于是出现对话框“选择输入类型”，选择“滑动条”，出现图5.39所示输入滑动条的对话框，确认显示0rad，然后关闭该对话框。

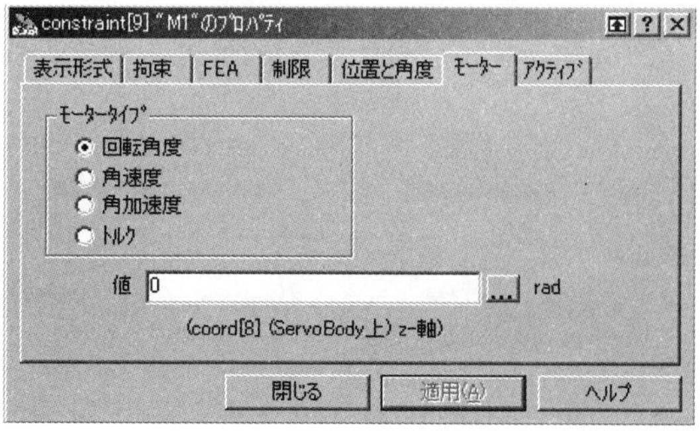

图5.38 “电机”的属性修改

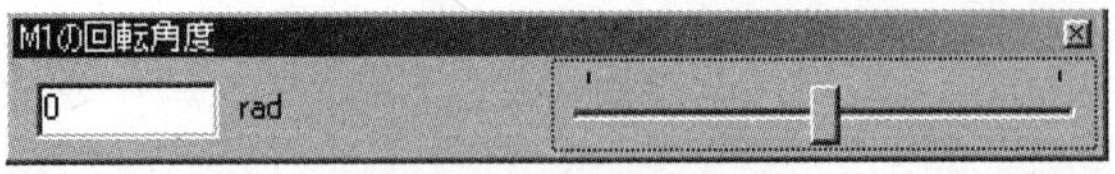

图5.39 输入滑动条

接着是Simulink，把5.2.3节中生成的模型修改为图5.40所示。修改内容包括消除反馈闭环和控制器。为了限制旋转速度，只需添加Rate Limiter。如前所述，根据60°/0.13s把Rate Limiter设置为图5.41所示461.5°/s。最后，对图5.42所示旋转角度电机的MSC. visualNastran 4D文件命名，选择旋转角度为运算量、旋转角度.Rz为状态变量。

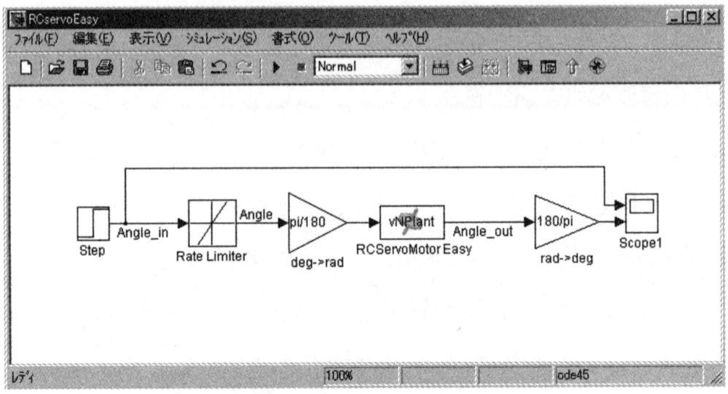

图5.40 旋转电机的Simulink模型

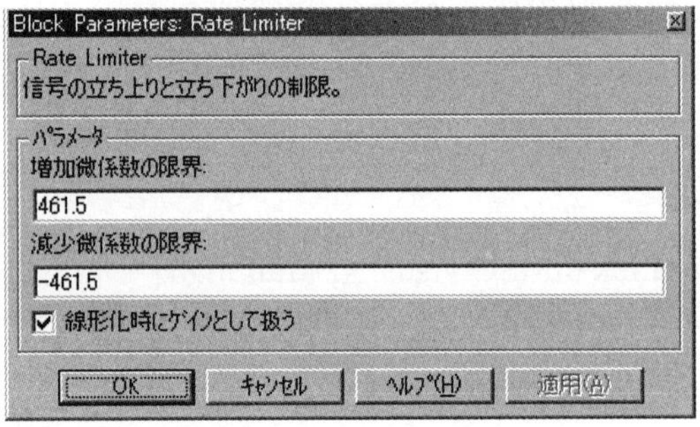

图5.41 设置Rate Limiter

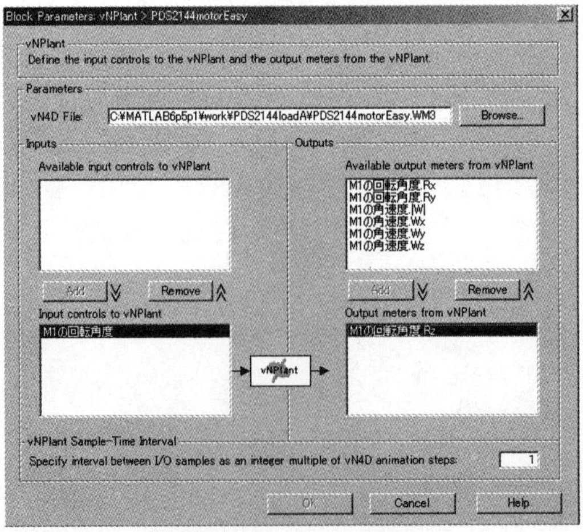

图5.42 vNPlant的设置

设置完成后，按下Simulink工具栏的“仿真”按钮，就会出现图5.43的仿真结果：PD控制的电机旋转角度动作基本上没有发生任何变化。可是，在笔者的动作环境下，仿真时间超过了正常时间的30%。因此建议创建的模型尽可能简单、时间尽可能缩短，尽量使用合适的仿真模型。

5.4.3　MSC.visualNastran 4D下的反馈定位控制

在基于旋转角度电机的模型中，不能进行图5.37所示在干扰负载转矩作用下的角位移力学特性仿真，这时就需要MSC.visualNastran 4D产生转矩以补充干扰负载转矩。把旋转角作为控制量，在Simulink内进行简化。如果要观察干扰负载的影响，可以在MSC.visualNastran 4D中构建反馈控制模型。可是，这会打破在图5.24中定义的Simulink与MSC.visualNastran 4D的角色分担，由于MSC.visualNastran 4D中添加了控制器操作，因此，在MSC. visualNastran 4D中的设置也就变得复杂了。

以在5.4.2节创建的模型为对象进行建模时，首先用到MSC.visualNastran 4D。如图5.44所示，在电机属性中选择“电机类型”中的“转矩”，在“数值”中的“公式编辑”处写入式（5.9）。式（5.9）是图5.31的Simulink控制器以MSC.visualNastran 4D的公式语言表述的。表5.12是MSC.visualNastran 4D的公式语言符号和常数的意义。另外，我们也可以在MSC.visualNastran 4D的帮助文件中查询详细的公式语言的语法。

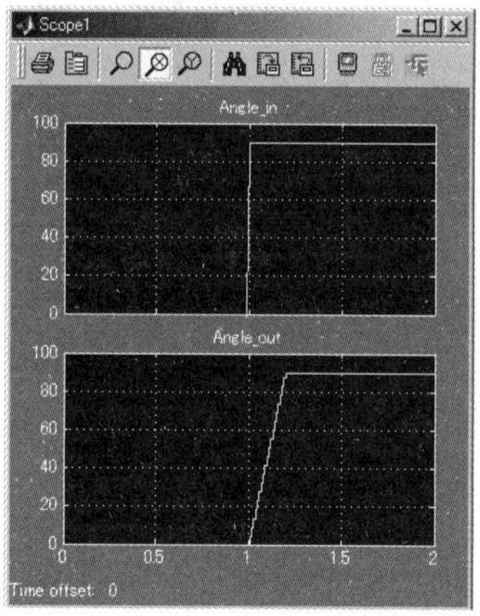

图5.43　仿真结果

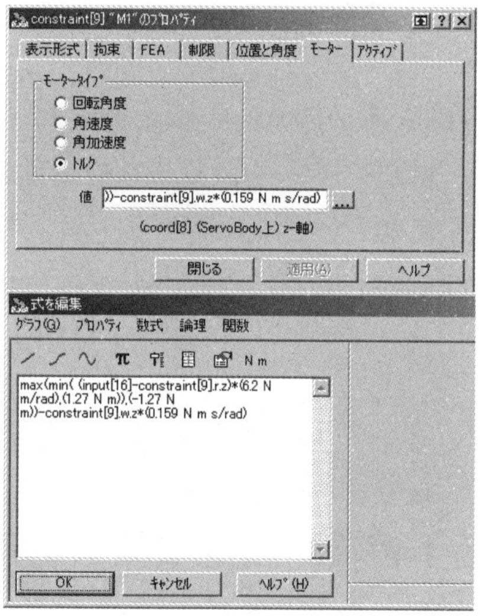

图5.44　电机属性修改

表5.12　符号与常数对照表

MSC.visualNastran 4D	Input[n1]	Constraint[n2].r.z	Constraint[n2].w.z	1.27Nm	6.2Nm/rad	0.159Nms/rad
备　注	旋转角度的输入滑块，n1是图5.39中滑块的ID编号，单位为rad	旋转电机绕Z轴的旋转角度，n2是旋转电机的ID编号，单位为rad	旋转电机的绕Z轴的旋转角速度，n2是旋转电机的ID编号，单位为rad	输出转矩的饱和值，有±号，表述常数时需要单位	K_pK_m/R_a的计算结果，参考5.3.1节的数据，表述常数时需要单位	K_mK_e/R_a的计算结果，参考5.2.4节的数据，表述常数时需要单位

```
Max(min((input[n1]-constraint[n2].r.z)*(6.2Nm/rad), (1.27Nm),
(-1.27N.m)-constraint[n2].w.z*(0.159N.m.s/rad)                    (5.9)
```

然后，配置质量为5kg的物块，保证所配置的位置和重力方向与5.3.3节相同。

最后是Simulink，取出在5.4.2节创建模型中的Rate Limiter，按图5.45进行修改。vNPlant 的设置与图5.42相同，指定MSC.visualNastran 4D的文件目录及文件名，选定旋转角度为控制量，旋转角度.Rz为状态变量。

一旦完成设置，单击Simulink工具栏的“仿真”按钮，就会出现图5.46所示仿真结果。从这个结果看到，它与图5.37几乎是相同的，所以，可以通过仿真理解定位与干扰负载的角位移。

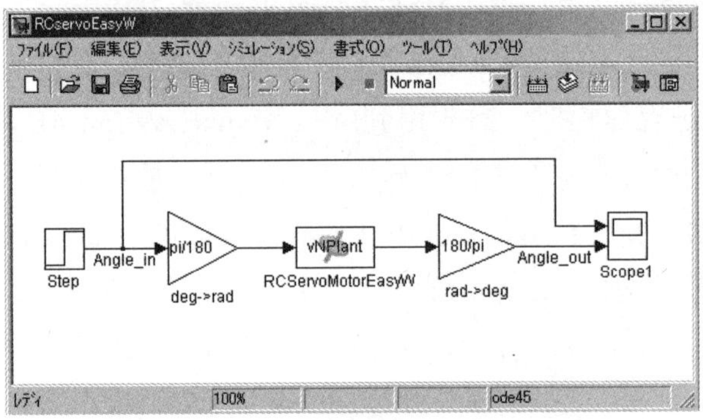

图5.45 修改Simulink模型

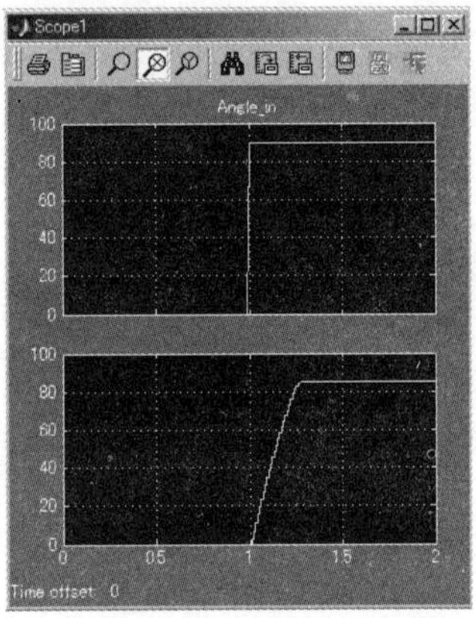

图5.46 仿真结果

仿真时MSC.visualNastran 4D中的设置非常麻烦，但是一旦设定，就不需要改变，要增加电机时，复制式（5.9），只设定合适的ID编号就可以进行了。

如果想在机器人仿真中使用伺服电机，首先应该确定5.4.2节中电机的运动，然后，引入5.4.3节中的力学特性，再进行模型修改，就可以对步行时的干扰特性等进行有效仿真。

5.5 基于简易人形模型的仿真

5.5.1 基于旋转角度电机的人形简易模型

从这节开始，我们以人形简易模型为对象，介绍基于电机的多自由度控制的跳跃和步行的仿真。

然而，人形模型是非常复杂的系统。如果步行的话，每时每刻脚掌与地面的接触状态都在发生变化，需要对多个复杂的可动部分进行控制。随着姿态改变，动力学也随之变化。仅仅在Simulink下进行仿真是很困难的，但是使用MSC.visualNastran 4D就会使复杂问题简单化，同时也能涉及到其中的接触与干扰响应等问题。

ROBO-ONE on PC把三维CAD软件Inventor中设计的机器人模型装入MSC.visual Nastran

4D，这样即使复杂的模型也容易生成正确的设计图，这次仅利用MSC.visualNastran 4D的绘图功能创建图5.47所示简易人形腿的模型。单腿具有5自由度，即R-P-P-P-R形式关节配置。那么，设置坐标系：左右方向为X轴，前后方向为Y轴，高度方向为Z轴。

首先在MSC.visualNastran 4D中新建文件，根据仿真设置单位取SI制，每帧的时间等按图5.21进行设置。

然后，在“显示设置”的“网格”中，置“自动大小”的选项为OFF，范围为0.5m，间距为0.01m。紧接着，按图5.48的步骤①~⑭绘制各个零件，各零件的属性按表5.13的数值进行设置。如果觉得不满意，可以试着添加头部和臂部，使其更酷似人类。这里，所有零件的R_x，R_y，R_z值均设置为零，初始姿态从X-Y平面向Z轴方向作出三维零件。另外，仅将头部（⑭）处的材料设置为Platinum（铂），以便使其重心位置增高。

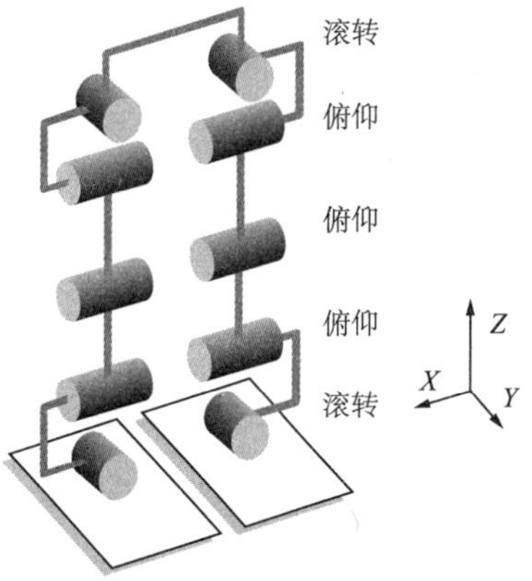

图5.47 自由度配置

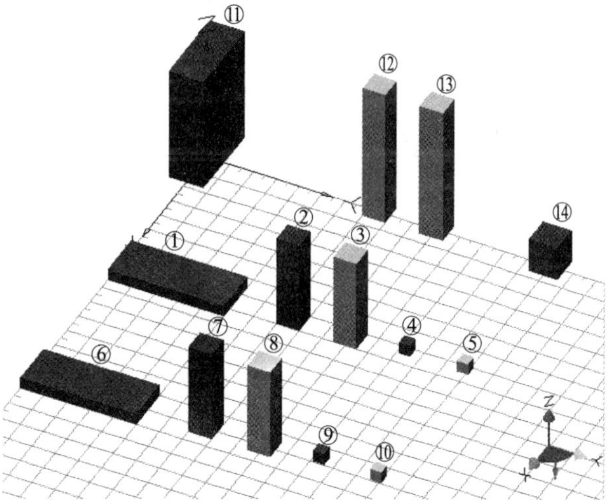

图5.48 零件的布置

表5.13 零件的属性

记 录	项 目	①	②	③	④	⑤	⑥	⑦
显示形式	名 称	FootL	LwlegL	HilegL	LwJointL	HiJointL	FootR	LwLegR
材料物性	材料名称	Aluminum	Aluminum	Aluminum	Aluminum	Aluminum	Aluminum	Aluminum
位 置	X/m	0.3	0.3	0.3	0.3	0.3	0.15	0.15
	Y/m	0.05	0.15	0.2	0.25	0.3	0.05	0.15
	Z/m	0.005	0.04	0.04	0.01	0.01	0.005	0.04
	R_x/rad	0	0	0	0	0	0	0
	R_y/rad	0	0	0	0	0	0	0
	R_z/rad	0	0	0	0	0	0	0
形 状	宽（X）/m	0.04	0.02	0.02	0.01	0.01	0.04	0.02
	长（Y）/m	0.1	0.02	0.02	0.01	0.01	0.1	0.02
	高（Z）/m	0.01	0.08	0.08	0.01	0.01	0.01	0.08

续表5.13

记 录	项 目	⑧	⑨	⑩	⑪	⑫	⑬	⑭
显示形式	名 称	HiLegR	LwJointR	HiJointR	Body	ArmR	ArmL	Head
材料物性	材料名称	Aluminum	Aluminum	Aluminum	Aluminum	Aluminum	Aluminum	Platinum
位 置	X/m	0.15	0.15	0.15	0	0	0	0
	Y/m	0.2	0.25	0.3	0	0.15	0.2	0.3
	Z/m	0.04	0.01	0.01	0.05	0.06	0.06	0.015
	R_x/rad	0	0	0	0	0	0	0
	R_y/rad	0	0	0	0	0	0	0
	R_z/rad	0	0	0	0	0	0	0
形 状	宽（X）/m	0.02	0.01	0.01	0.07	0.02	0.02	0.025
	长（Y）/m	0.02	0.01	0.01	0.03	0.02	0.02	0.025
	高（Z）/m	0.08	0.01	0.01	0.1	0.12	0.12	0.03

接着，如图5.49那样分配各零件的坐标点，按表5.14设置各个零件的属性。并且，零件④、⑤、⑨、⑩是滚转轴与俯仰轴正交的关节零件，在相同位置各设置两个坐标点。这里，设置R_x，R_y，R_z的值均为0，以便使所有的坐标点与整体坐标系具有相同的方向。

表5.14 坐标点的属性

坐标点		①A	②A	②B	③A	③B	④A	④B	⑤A	⑤B
位 置	X/m	0	0	0	0	0	0	0	0	0
	Y/m	−0.01	0	0	0	0	0	0	0	0
	Z/m	0.005	0.04	−0.04	0.04	−0.04	0	0	0	0
	R_x/rad	0	0	0	0	0	0	0	0	0
	R_y/rad	0	0	0	0	0	0	0	0	0
	R_z/rad	0	0	0	0	0	0	0	0	0
坐标点		⑥A	⑦A	⑦B	⑧A	⑧B	⑨A	⑨B	⑩A	⑩B
位 置	X/m	0	0	0	0	0	0	0	0	0
	Y/m	−0.01	0	0	0	0	0	0	0	0
	Z/m	0.005	0.04	−0.04	0.04	−0.04	0	0	0	0
	R_x/rad	0	0	0	0	0	0	0	0	0
	R_y/rad	0	0	0	0	0	0	0	0	0
	R_z/rad	0	0	0	0	0	0	0	0	0
坐标点		⑪A	⑪B	⑪C	⑪D	⑪E	⑫A	⑬A	⑭A	
位 置	X/m	0	0.035	−0.035	0.025	−0.025	−0.01	0.01	0	
	Y/m	0	0	0	0	0	0	0	0	
	Z/m	0.05	0.04	0.04	−0.05	−0.05	0.05	0.05	−0.015	
	R_x/rad	0	0	0	0	0	0	0	0	
	R_y/rad	0	0	0	0	0	0	0	0	
	R_z/rad	0	0	0	0	0	0	0	0	

这时，各零件和各坐标点的R_x，R_y，R_z值均为0，人形模型处于初始状态（相对于地面垂直站立），以后就不需要进行初始状态的调整，便于后续使用。

于是，进行旋转电机与固定关节的配置，先把作为装配基准的Body（⑪）固定在三维空间上，以Body作为基准，按照从上到下的从属关系进行排列，即Body→HiJointL→HiLegL→LwlegL→LwJointL→FootL，添加旋转电机约束。由于坐标点的方向与整体坐标系一致，选择“重合坐标”，添加约束。ArmR、ArmL、Head也都是以Body作为基准进行约束的。图5.50就是施加完约束的状态。表5.15给出了电机及固定关节约束的从属关系及属性。

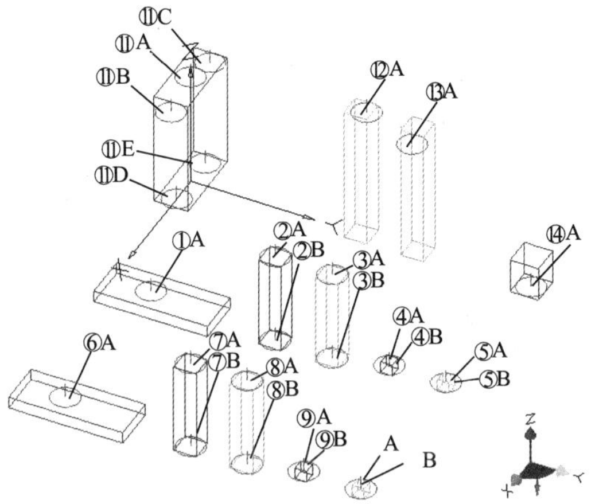

图5.49　坐标点的分配

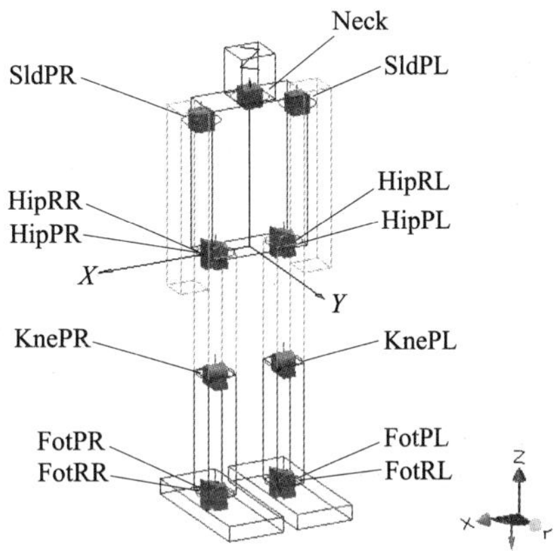

图5.50　约束的配置

表5.15　约束从属关系与属性

项　目			HipRL	HipPL	KnePL	FotPL	FotRL
约束生成属性		约束类型	电机	电机	电机	电机	电机
		起点坐标	⑤A	③A	②A	④A	①A
		终点坐标	⑪E	⑤B	③B	②B	④B
属　性	表示形式	名　称	HipRL	HipPL	KnePL	FotPL	FotRL
	约　束	旋转轴	*Y*	*X*	*X*	*X*	*Y*
	位置与角度	转角/rad	0	0	0	0	0
	电　机	电机类型	角度	角度	角度	角度	角度
		值/rad	0	0	0	0	0
项　目			HipRR	HipPR	KnePR	FotPR	FotRR
约束生成属性		约束类型	电机	电机	电机	电机	电机
		起点坐标	⑩B	⑧A	⑦A	⑨A	⑥A
		终点坐标	⑪D	⑩B	⑧B	⑦B	⑨B
属　性	表示形式	名　称	HipRR	HipPR	KnePR	FotPR	FotRR
	约　束	旋转轴	*Y*	*X*	*X*	*X*	*Y*
	位置与角度	转角/rad	0	0	0	0	0
	电　机	电机类型	旋转角度	旋转角度	旋转角度	旋转角度	旋转角度
		值/rad	0	0	0	0	0
项　目			SldPL	SldPL	Neck		
约束生成属性		约束类型	固定关节	固定关节	固定关节		
		起点坐标	⑬A	⑫A	⑭A		
		终点坐标	⑪C	⑪B	⑪A		
表示形式		名　称	SldPL	SldPR	Neck		

机器人的双腿上共设置了10个电机，为使所有电机的旋转角度可以动态地改变，在每一个电机上配置一个旋转角度控制器。

另外，为了观察人形模型的状态，试着设置倾斜传感器的功能。设置的顺序是，选择Head，再选择“文件”菜单“插入”中的“计测器”，从子菜单中选择“旋转角度”。由此，就可以观察从整体坐标系看到的Head的旋转角度，那么也就可以进行人形模型的姿态反馈控制。

通过定义人形模型脚掌与地面的碰撞，使人形模型可以相对于地面站立。首先，进行地面的布置，如果从“插入”菜单中选择“地面”，就会自动配置大小合适的地面（固定框）。再定义碰撞，选择地面和FootL，就能够选择“对象”菜单的碰撞。同样，也可以设置地面与FootR之间的碰撞。因为计算碰撞要花时间，所以我们必须设定一个碰撞的最低极限。另外，在各零件的材料属性中还有碰撞系数和摩擦系数的设置，如图5.51所示：碰撞系数为0.02，摩擦系数为1。这个设置说明脚掌附有回弹橡胶。

为了使机器人在地面站立，需要解除三维空间的Body固定约束。当脚掌离开地面时，按表5.16所示的地面属性修改位置和大小。当脚掌与地面距离为0时，从仿真的起始点进行接触计算，就会发生仿真错误。为了使脚掌与地面不接触，仿真的开始点最好取1mm左右的距离。

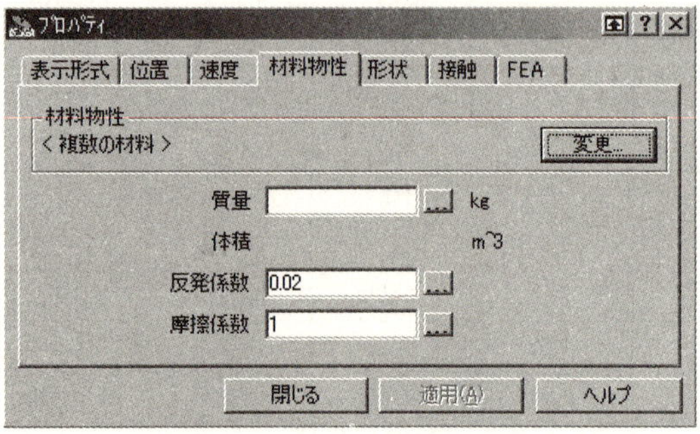

图5.51 碰撞条件的设置

表5.16 地面属性

记 录		项 目
显示形式	名 称	地 面
位 置	X/m	0
	Y/m	−0.181
	Z/m	0
	R_x/rad	0
	R_y/rad	0
	R_z/rad	0
形 状	宽（X）/m	0.5
	长（Y）/m	0.5
	高（Z）/m	0.02

如前所述，人形模型非常复杂。如果步行，它与地面的接触状态在时时刻刻发生变化，纯粹的站立也是不稳定状态。这个接触状态的计算对仿真时间影响很大。例如，脚掌按非回弹橡胶建模，就需要配置多个弹簧/阻尼器，而传统的模型接触状态非常复杂，直接用于仿真时就变得不是很合理了。如果要求仿真时间合理，就需要对脚掌的接触状态进行简化。简化接触状态需要注意以下几点：

• 设置时不允许贯通方形面片；

• 不要增大方形面片的数目（长方体的方形面片数为6）。

在屏幕左下方的属性列表中把“接触”设置ON，就可以设置方形面片的属性。如图5.52所示，将地面与FootL和FootR方形面片的贯通设置为“不许可”。

方形面片的个数随零件表面形状的复杂程度增加。虽然三维CAD中可以进行复杂零件的建模，但是包含三维CAD数据的方形面片的数目就会增大。如果把这些数据用于脚掌，就把接触用的长方体重新配置为脚掌，可以防止仿真时间急剧增加。关于这一点，请参考在6.3节中刚王丸部分的内容。

至此，设置已经完成了，那我们就进行仿真吧。如图5.53所示，没有错误和警告，在直立状态，人形模型在1mm的空间自由下落，到达地面，如果稳定就OK。

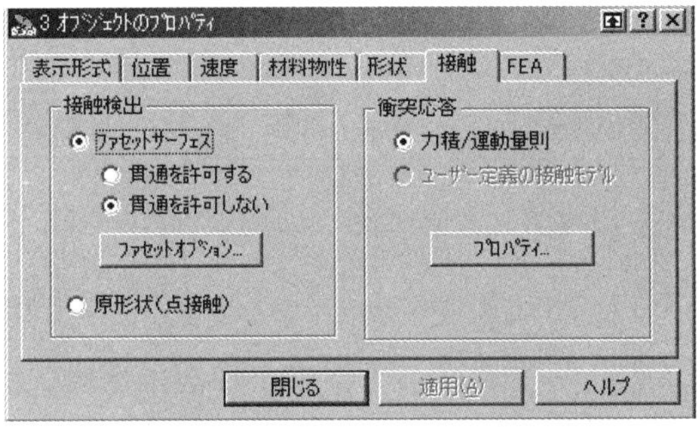

图5.52 设置方形面片

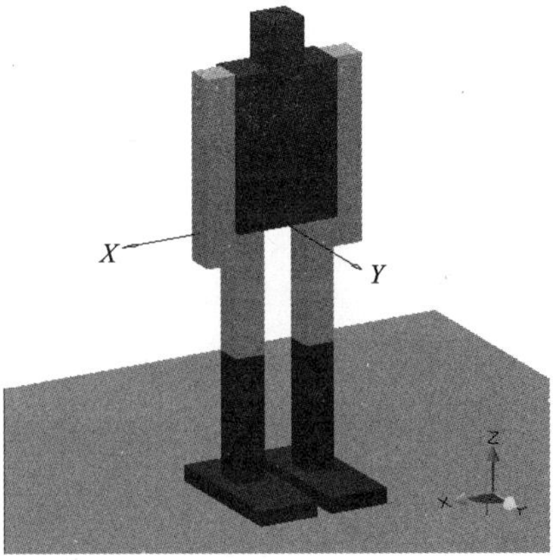

图5.53 完成创建人形模型

5.5.2 控制器的组成

现在，我们已经建立了简单的人形模型，下面准备让模型跳起来，或者安装能让它步行的控制器。控制器的组成如图5.54所示。与ROBO-ONE实物的伺服电机控制方法相同，以相对于机体的脚尖处的姿态数据为基础，根据逆运动学计算出关节角度，作为电机的输入参数。现在，任务姿态的计算方法有很多，但这里为了提高控制器的通用性，以初始值、终了值及分割数作为参变量计算任务的姿态函数：

• 按照动作的类型改变姿态和动作方式→对每一个动作类型准备任务姿态计算函数；

• 按照动作的大小改变姿态和动作方式→在初始值和终了值处改变动作的大小；

• 按照动作的速度改变动作方式→按照姿态任务内部的分割数改变速度。

因此，在Simulink中相对于机体的脚尖位置等姿态数据的实现方法如图5.54(b)所示。任务姿态函数用M-File的S-Function进行函数化处理，在Stateflow中进行任务姿态函数的选择和参数传递。同样，利用M-File的S-function对通过逆运动学计算的关节角度进行函数化处理。

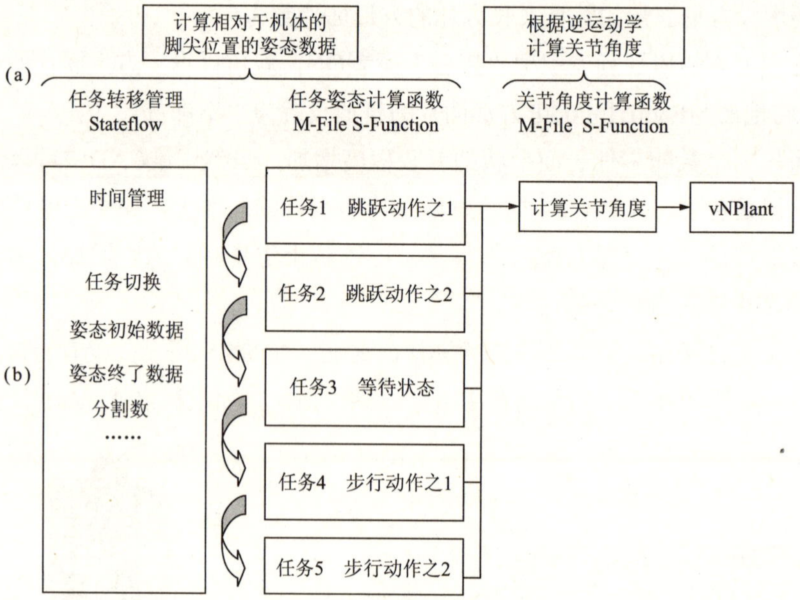

图5.54 控制器的组成

5.5.3 基于姿态数据的关节角度的计算

对逆运动学而言，人形模型中腿的自由度配置为图5.47所示R-P-P-P-R，如果腿的长度为表5.13中的HiLeg和LwLeg，通过图5.55的几何学计算，可以很方便地根据脚尖的位

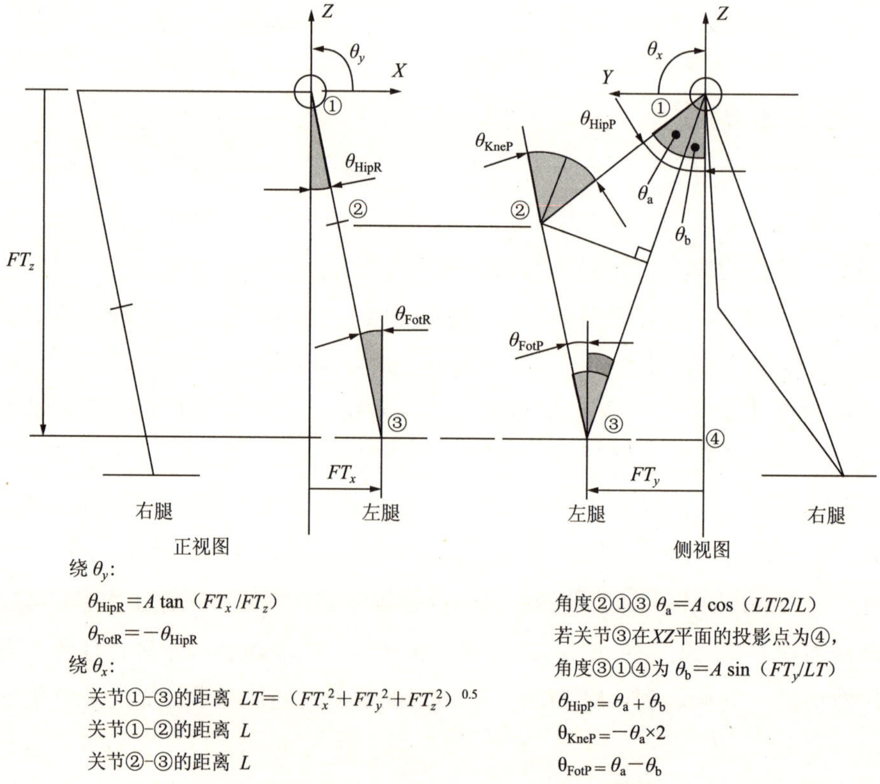

图5.55 基于几何学的关节角度计算

置（FT_x，FT_y，FT_z）计算关节角度。如果用M-File的S-Function函数表示，就是程序5.2的CalJointAngle.m文件，CalJointAngle.m是参考MATLAB的样本文件timestwo.m编写而成的，“%”以后的语句是注释语句。也就是说，对计算两腿的关节角度来讲，并没有增加多少参数。

程序5.2 <calJointAngle.m>

```
function [sys,x0,str,ts] = CalJointAngle(t,x,u,flag) %修改为与文件名一致的函数名
    switch flag,
        case 0
            [sys,x0,str,ts] = mdlInitializeSizes;
        case 3
            sys = mdlOutputs(t,x,u);
        case { 1, 2, 4, 9 }
            sys = [];
        otherwise
            error(['Unhandled flag = ',num2str(flag)]);
    end;
function [sys,x0,str,ts] = mdlInitializeSizes
    sizes = simsizes;
    sizes.NumContStates =  0;
    sizes.NumDiscStates =  0;
    sizes.NumOutputs =     10;     %输出关节角度的个数
    sizes.NumInputs =      6;      %计算关节角度需要的数据个数
    sizes.DirFeedthrough = 1;
    sizes.NumSampleTimes = 1;
    sys = simsizes(sizes);
    x0 = [];
    str = [];
    ts = [-1 0];
function sys = mdlOutputs(t,x,u)
%从这里定义输出函数
    %将输入信号分离为各个分量
    FTzR = u(1);
    FTzL = u(2);
    FTyR = u(3);
    FTyL = u(4);
    FTxR = u(5);
    FTxL = u(6);

    %右腿的计算
```

```
    HipRR = atan(FTxR/FTzR);
    FotRR = -HipRR;
    LTR = (FTzR^2+FTyR^2+FTxR^2)^0.5;
    THaR = acos(LTR/2/0.080);
    THbR = asin(FTyR/LTR);
    HipPR = THaR+THbR;
    FotPR = THaR-THbR;
    KnePR = -THaR*2;

    %左腿的计算
    HipRL = atan(FTxL/FTzL);
    FotRL = -HipRL;
    LTL = (FTzL^2+FTyL^2+FTxL^2)^0.5;
    THaL = acos(LTL/2/0.080);
    THbL = asin(FTyL/LTL);
    HipPL = THaL+THbL;
    FotPL = THaL-THbL;
    KnePL = -THaL*2;

    %把要输出的关节分量按列排列
    sys = [FotPL FotPR FotRL FotRR HipPL HipPR HipRL HipRR KnePL KnePR];
%结束定义输出函数
```

5.5.4 计算姿态数据

以任务姿态函数为例，程序5.3表示屈伸动作函数bending1.m。bending1.m是把机体从初始姿态到终了姿态的位置按照三角函数生成平滑动作的函数。bending1.m接收7个数据的输入信号，决定了后面所述的步行动作函数所必须的信号数。

BaseLegSide是指定左右任意一条腿为支撑腿的信号，步行动作时，可以按左右顺序改变支撑腿，实现程序的简单化。由于屈伸动作左、右腿的动作相同，不使用BaseLegSide也可以表达动作。

kMAX表示动作的分割数，如果是1帧为0.005s的动作，分割数为500的话，500帧就是2.5s的动作。k表示指定计算第几帧动作的脚尖位置（FTx,FTy,FTz）时的次数。

Ly1~Lz2是在屈伸动作的函数中，相对于机体的沿*Y*轴和*Z*轴方向脚尖的初始位置和终了位置的输入，1是初始、2是终了。并且，请注意在步行动作中Ly1,Ly2有不同的含义。

因此，指定输出信号在第k帧，从而输出左、右脚尖的位置（FTx,FTy,FT z）。

程序5.3 <bending1.m>

```
function [sys,x0,str,ts] = bending1(t,x,u,flag)     %修改为与文件名一致的函数名
    switch flag,

        case 0
          [sys,x0,str,ts] = mdlInitializeSizes;
        case 3
          sys = mdlOutputs(t,x,u);
        case { 1, 2, 4, 9 }
          sys = [];
        otherwise
          error(['Unhandled flag = ',num2str(flag)]);
    end;
function [sys,x0,str,ts] = mdlInitializeSizes
    sizes = simsizes;
    sizes.NumContStates =  0;
    sizes.NumDiscStates =  0;
    sizes.NumOutputs =     6;     %输出的脚尖位置
    sizes.NumInputs =      7;     %计算脚尖位置所需的数据个数
    sizes.DirFeedthrough = 1;
    sizes.NumSampleTimes = 1;
    sys = simsizes(sizes);
    x0 = [];
    str = [];
    ts = [-1 0];
function sys = mdlOutputs(t,x,u)
%从这里定义输出函数
    %将输入信号分离为各个分量
    BaseLegSide = u(1);
    kMax = u(2);
    k     = u(3);
    Ly1   = u(4);
    Ly2   = u(5);
    Lz1   = u(6);
    Lz2   = u(7);

    %计算支撑腿
    FTz(BaseLegSide+1) = (Lz2- Lz1)/2*(1-cos(pi*k/kMax))+Lz1;
    FTy(BaseLegSide+1) = (Ly2- Ly1)/2*(1-cos(pi*k/kMax))+Ly1;
    FTx(BaseLegSide+1) = 0;
```

```
        %计算游动腿
        FTz(2-BaseLegSide) = FTz(BaseLegSide+1);
        FTy(2-BaseLegSide) = FTy(BaseLegSide+1);
        FTx(2-BaseLegSide) = 0;

        %把要输出的脚尖位置的成分按列排列
        sys = [FTz(1) FTz(2) FTy(1) FTy(2) FTx(1) FTx(2)];
%输出函数定义结束
```

另外，程序5.4的stretching1.m仅仅改变了程序bending1.m的输出部分，按最大加速度结束，就表现为跳跃动作。

程序5.4 <stretching1.m>

```
function [sys,x0,str,ts] = stretching1(t,x,u,flag) %修改为与文件名一致的函数名

%省略，与bending1.m相同

function sys = mdlOutputs(t,x,u)
%从这里定义输出函数
        %将输入信号分离为各个分量
        BaseLegSide = u(1);
        kMax = u(2);
        k    = u(3);
        Ly1  = u(4);
        Ly2  = u(5);
        Lz1  = u(6);
        Lz2  = u(7);

        %计算支撑腿
        FTz(BaseLegSide+1) = (Lz2- Lz1)*(1-cos(pi/2*k/kMax))+Lz1;
        FTy(BaseLegSide+1) = (Ly2- Ly1)*(1-cos(pi/2*k/kMax))+Ly1;
        FTx(BaseLegSide+1) = 0;

        %计算游动腿
        FTz(2-BaseLegSide) = FTz(BaseLegSide+1);
        FTy(2-BaseLegSide) = FTy(BaseLegSide+1);
        FTx(2-BaseLegSide) = 0;

        %把要输出的脚尖位置的成分按列排列
        sys = [FTz(1) FTz(2) FTy(1) FTy(2) FTx(1) FTx(2)];
%输出函数定义结束
```

最后是步行动作，程序5.5是步行动作的函数walking1.m。walking1.m是把一侧作为支撑腿时，对另一侧的游动腿将迈出一步的步态进行函数化处理。

与屈伸动作的函数不同，Ly1和Ly2是指定前半步与后半步的步幅参数。Lz1是指定保持机体高度一定的髋关节的高度参数，Lz2是指定抬起的游动腿的高度参数。根据步幅参数改变步态的前半步和后半步的步幅，步行的开始和停止可以用同一个公式。

步行动作需要通过脚掌多边形控制ZMP（Zero Moment Point）。仿真中的步行控制也是多种多样的，这里，笔者介绍的是用于实物的“基于ZMP基本公式一般解的步行控制”。ZMP基本公式如下：

$$M\times\ddot{X}_g\times H+M\times G\times（X_{ZMP}-X_g）=0 \tag{5.10}$$

将这个模型的质量M看做一个质点系统，重心为X_g，重心加速度为$\ddot{X}_g$。当重心位置在两腿中央时，时间为0，这时把X_g=0作为基准位置。本次的步行控制是把式（5.10）用于重心的左右移动，依靠前进方向的大尺寸脚掌作等速运动，从而产生步行动作。关于前进方向的动态控制将在后面详述。

程序5.5就是通过计算这个公式并输出其结果的，Wx是左右方向的重心位置，如果添加反向符号，就成为支撑腿和游动腿沿X轴方向的脚尖位置。另外，Wy是前进方向的重心位置，作为支撑腿沿Y轴方向的脚尖位置。

在步行动作中游动腿的动作比较特殊，它是以机体作为基准，然后把后方的脚尖移到前方的动作。在这个运动中，进行抬腿→摆腿→落腿，因此，脚尖位置很难用一个公式表达。而且，不仅需要游动腿和支撑腿能够瞬时切换，而且需要两腿与地面有接触区域。所以，游动腿的Y轴方向与Z轴方向的脚尖位置如程序5.5所示采用if语句，按不同的区域设置公式。

程序5.5 <walkingl.m>

```
function [sys,x0,str,ts] = walking1(t,x,u,flag) %修改为与文件名一致的函数名

%省略，与bending1.m相同

function sys = mdlOutputs(t,x,u)
%从这里定义输出函数
    %把输入信号分离为各个分量
    BaseLegSide = u(1); %支撑腿侧，0：右腿、1：左腿
    kMax = u(2);        %分割数
    k    = u(3);        %计数
    Ly1  = u(4);        %前半步幅
    Ly2  = u(5);        %后半步幅
    Lz1  = u(6);        %髋关节高度
    Lz2  = u(7);        %抬起游动腿的高度
```

```
Lx = 0.05;              %左右腿之间的距离
g = 9.80665;            %重力加速度
smpt = 0.01;            %采样周期
Bz = 0.171;             %重心位置
gH = (g/Bz)^0.5*smpt;
C1 = -1/(1+exp(-gH*kMax));
C2 = -1/(1+exp(gH*kMax));

%改变游动腿动作的分叉点的定义
S1 = 0.25*kMax;
S2 = 0.30*kMax;
S3 = 0.70*kMax;
S4 = 0.75*kMax;

%切换步幅
if(k<kMax/2)
    Ly = Ly1;           %采用前半步幅
else
    Ly = Ly2;           %采用后半步幅
end

%·脚尖X轴方向的位置
Wx = Lx/2*(C1*exp(-gH*k)+C2*exp(gH*k)+1);
%根据左右支撑腿改变方向
if(BaseLegSide == 1)
    FTx(BaseLegSide+1) = -Wx;
    FTx(2-BaseLegSide) = -Wx;
else
    FTx(BaseLegSide+1) = Wx;
    FTx(2-BaseLegSide) = Wx;
end

%·支撑腿脚尖的Y轴方向位置
%以机体为基准变换±步幅/2
Wy = Ly/2*(kMax-k*2)/kMax;

%·脚尖Z轴方向的位置
Wz = Lz1;               %髋关节的高度
Wlift = Lz2;            %抬腿高度

%计算支撑腿
```

```
    FTy(BaseLegSide+1) = Wy;
    FTz(BaseLegSide+1) = Wz;
    %计算游动腿
    if(k<S1)                                       %两腿触地、重心移动，直接切换游动腿
                FTz(2-BaseLegSide) = Wz;
                FTy(2-BaseLegSide) = Wy-Ly;        %从支撑腿返回步幅的位置
    elseif(k<S2)                                   %重心移动&抬腿
                FTz(2-BaseLegSide) = Wz-Wlift*cos(-pi/2*(k-S2)/(S2-S1));
                FTy(2-BaseLegSide) = Wy-Ly;        %从支撑腿返回步幅的位置
    elseif(k>S4)                                   %两腿触地、重心移动，直接切换游动腿
                FTz(2-BaseLegSide) = Wz;
                FTy(2-BaseLegSide) = Wy+Ly;        %从支撑腿返回步幅的位置
    elseif(k>S3)                                   %重心移动&落腿
                FTz(2-BaseLegSide) = Wz-Wlift*cos(pi/2*(k-S3)/(S4-S3));
                FTy(2-BaseLegSide) = Wy+Ly;        %从支撑腿前进步幅的位置
    else                                           %摆动
                FTz(2-BaseLegSide) = Wz-Wlift;
                FTy(2-BaseLegSide) = Wy-Ly*cos(pi*(k-S2)/(S3-S2));
    end

    %把要输出的脚尖位置的成分按列排列
    sys = [FTz(1) FTz(2) FTy(1) FTy(2) FTx(1) FTx(2)];
%输出函数定义结束
```

5.5.5 任务管理

S-Function能够把步行动作和屈伸动作等姿态函数化，使用Stateflow构建模块管理这些任务姿态。图5.56给出了根据Stateflow进行任务管理的状态转移图。其基本原理是，把事先确定的任务按顺序重新排列构成，任务切换时设置下一个任务的参数，并清除计数器。如图5.57所示，实时同步，把解算器选项的仿真参数离散为可变步长，使用隐含事件wakeup在每个离散步长产生事件，并进一步计数。这里，如果让离散步长自动生成，就是图5.21所设置的MSC.visualNastran 4D中动画帧时间的离散步长值。

通过Stateflow的附件确认在图5.56所示状态转移图中使用的数据，如图5.58所示。输出数据mp是送给前述任务姿态函数的数据，定义mp是通过与姿态控制函数的输入数据对应的七维列向量。m1~m3是用于选择的任务姿态函数，即置EnablePort为ON/OFF的输出信号。只需将想使其动作的姿态函数的输出信号设置为1。LMax及LCount是动作分割数和计数器。可以不定义Local数据，因为它只是为了便于阅读状态转移图设置的。

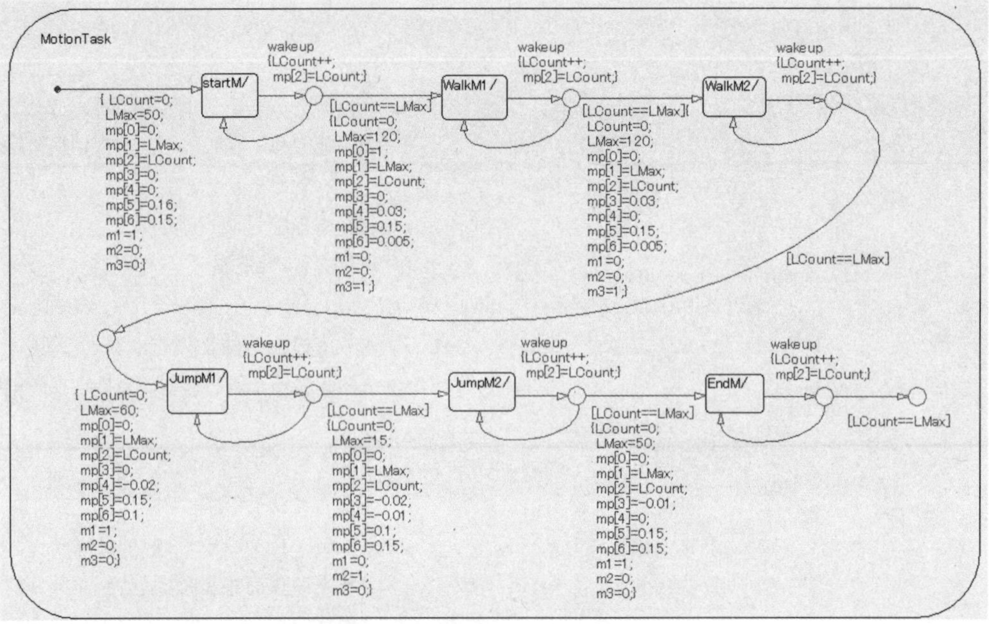

图5.56 基于Stateflow的任务管理

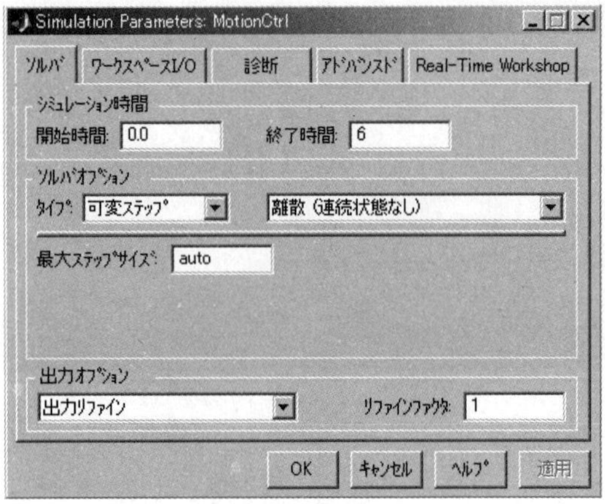

图5.57 仿真参数设置

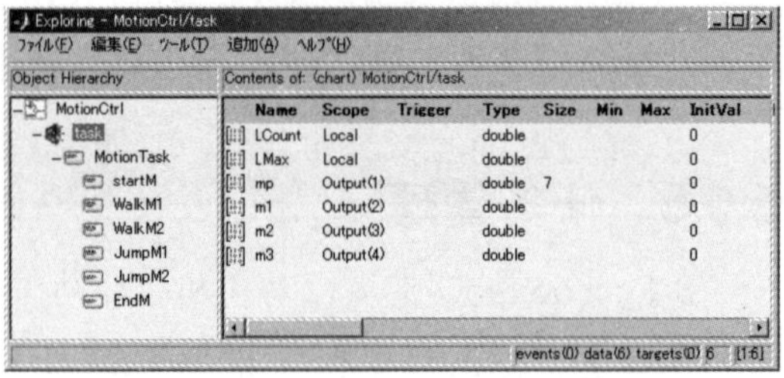

图5.58 基于StateflowExplorer的确认

5.5.6 控制器的表述

我们能够得到图5.59所示任务管理模块、姿态函数、关节角度计算函数，这里将这些在Simulink下进行集成表述。但是顺序恰好相反，图5.56的Stateflow状态传递图的表述从图5.59左端的Stateflow模块开始。可是，如果不能够按图5.58中的StateflowExplorer对图5.59中Stateflow模块输出信号中的mp及m1~m3进行识别，就不能表示为图5.56所示Stateflow模块。这很容易与最初的表述法发生混淆。

现在，Stateflow模块中mp和m1~m3的输出信号与图5.59中的3个Enabled Sub-system连接。与m3连接的称之为Walk1的Enabled Sub-system的设置如图5.60所示。

• S-Function以walking1作为S-Function文件名；

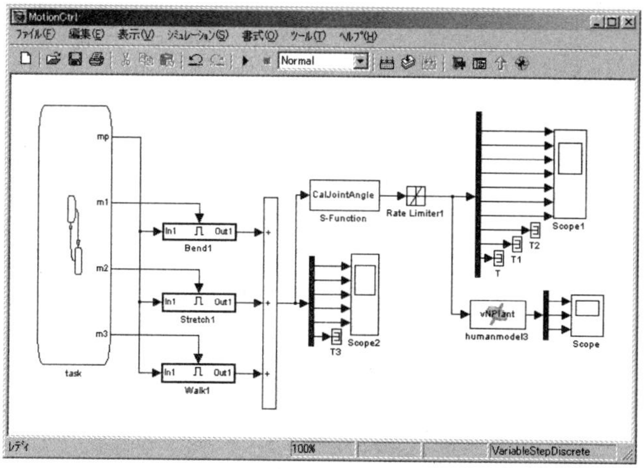

图5.59 基于Simulink的控制器

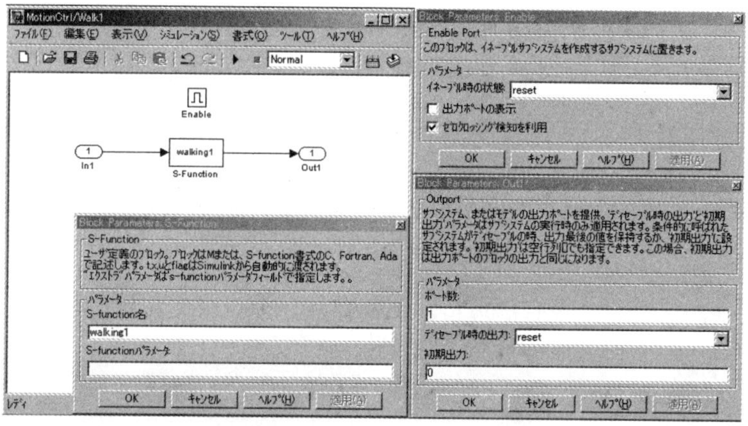

图5.60 Enable Subsystem的设置

• Enable Port重置Enable时的状态；

• Out Port把Disemble时的输出作为重置，初始输出为0。

同样，定义与m1连接的Enable Subsystem中的bending1，与m2连接的Enable System中的stretching1。

因此，stateflow的输出信号m3为1时，在mp的输出信号参数中运行基于walking1.m的S-Function，就会实时输出姿态数据。而且，当m3为0时，根据上述设置从Enabled Subsystem输出的信号就为0。如果这样，m1~m3中不管哪个为1，其余都为0的话，就可以把3个Enabled Sub-system的输出用Sum模块按加法直接计算。

下面，编辑由姿态数据计算关节数据的函数CalJointAngle.m（程序5.2），记为S-Function模块，其名称取为CalJointAngle。这里，我们设置限制电机旋转速度的Rate Limiter为±8.1rad/s（±60°/ 0.13s）。

最后，把5.5.1节创建的人形简易模型设置成vNPlant，如图5.61。设定创建人形简易模型的MSC. visualNastran 4D文件的保存地址和文件名，选择在操作量中设定的10个关节的旋转角度，状态量中3个Head的旋转角度.Rx~.Rz。

一旦描述完成，按下Simulink工具栏的“仿真”按钮。

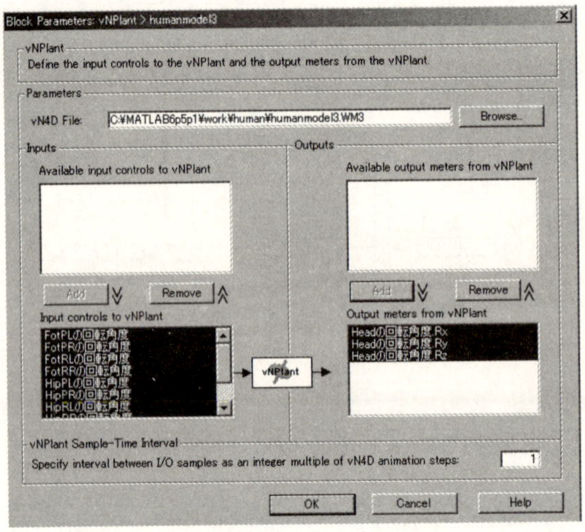

图5.61 vNPlant的设置

5.5.7 仿真结果

图5.62是仿真动作的步行部分。仿真的动作时间一般为5s左右，所以需要10min完成仿真。一旦进入接触状态，仿真速度就会变慢，方形面片的仿真处理相对稳定一些（这时，在解除复杂的接触时，没有出现仿真局部停滞，并且模型也没有出现飞出现象）。

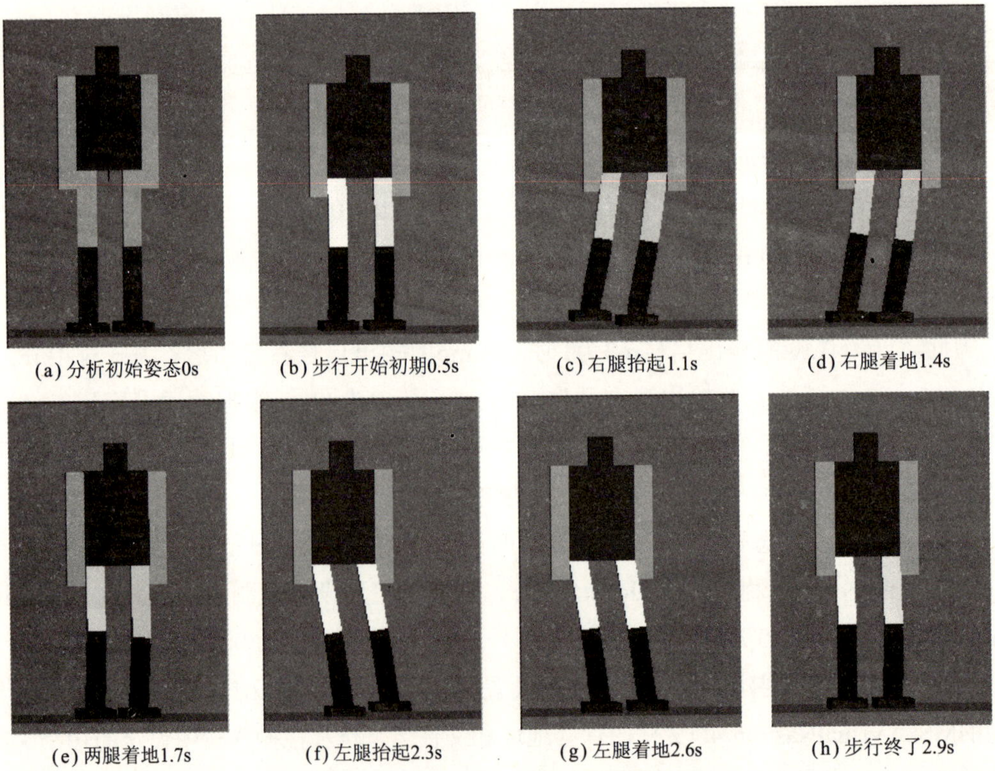

(a) 分析初始姿态0s　(b) 步行开始初期0.5s　(c) 右腿抬起1.1s　(d) 右腿着地1.4s

(e) 两腿着地1.7s　(f) 左腿抬起2.3s　(g) 左腿着地2.6s　(h) 步行终了2.9s

图5.62 简易人形模型动作仿真结果

MSC.visualNastran 4D的机构分析软件一般将摩擦力按动摩擦处理。如果在接触状态给放置的物体施加外力，无论如何也会产生位移。这里采用的步行控制由于加大了机体，一边左右加速一边步行，因此，脚掌会产生反力，人形模型只能微微移动。如图5.63所示，通过Simulink的示波器监控Head的旋转角度并显示结果。

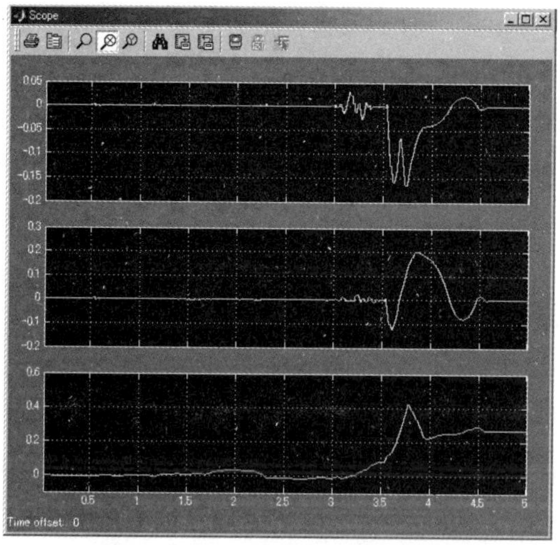

图5.63 Head旋转角度的监控结果

在0.5~2.9s的区间步行，几乎没有绕*X*轴、*Y*轴的旋转。可是，绕*Z*轴的旋转为2s，游动腿会产生0.035rad左右的旋转动作，这是没有进行控制的情况下出现的位移。

在3~3.5s的区间内跳跃起伏就会产生绕*X*轴和*Y*轴的旋转，并且绕*Z*轴的旋转也有0.1rad。我们可以看到在起伏过程中脚掌与地面的点接触状态，即使没有起伏动作引起的旋转加速度或干扰，也会绕*Z*轴有较大旋转。

如果按简化后的方形面片能够稳定接触，就不会轻易地滑动，而如果达到点接触状态，就会发生过大的滑动。

5.6 重力加速度的检测和控制

5.6.1 目 的

机器人用于外部环境时，需要通过传感器来感知外界状况。在前述的简易人形模型中，我们通过安装倾斜角传感器观察相对于Head零件的整体坐标系的旋转角度，假定这个传感器没有滞后误差，是超理想的倾斜传感器。这样的高精度传感器在现实中不是没有，但都用于航行器等，价格昂贵而且难以购买。如果只是仿真，可以比较理想化；但如果要进行实验，就需要考虑传感器的建模了。

另外，机器人上安装的传感器有电位计、速度陀螺、加速度传感器、力传感器、转矩传感器等，数目很多。在MSC.visualNastran 4D中，为了便于使用这些传感器，将它们理想化。在众多传感器中，用于机器人姿态控制的是速度陀螺和加速度传感器。加速度传感器有两种，一种包含重力加速度的直流分量，另一种不含重力加速度的直流分量。这里把前者叫做G传感器，后者叫做加速度传感器。

从重力矢量分割出姿态倾斜角度是测量姿态的一般方法，但G传感器中包含了动态加速度成分，因此不能用G传感器得到的数据来计算倾斜角度。一般通过低通滤波器或平均化处理过滤掉高频成分后再进行计算。而且在ROBO-ONE技术研讨会中，也有专家建议将G传感器和加速度传感器组合起来作为倾斜传感器使用。

本节中参考这个事例，进一步介绍如何把G传感器模型和加速度传感器模型安装在简易人形模型上，作为姿态控制用的倾斜传感器模型使用。

5.6.2 传感器的建模方法

下面介绍在MSC.visualNastran 4D中设置G传感器模型与加速度传感器模型的方法。

首先是G传感器模型，在简易人形模型中，Body受到的来自头部的力是自重或运动产生的惯性力的合力。将这些力用Head的质量进行分割，可以简单求出重力加速度和加速度的合成加速度。而且在MSC.visualNastran 4D中，使用连接Body和Head固定关节的颈部的约束力检测这些合力。约束力是反力值，因此需要添加负号。

接着是加速度。与上述相同，只需观察Head的加速度，但MSC.visualNastran 4D的加速度的单位输出是以整体坐标系为参考坐标系的。这次想感知的是以Body的局部坐标系为基准的Head的加速度，因此，使用MSC.visualNastran 4D的数学公式express(vector, integerA, integerB)，从整体坐标系向Body局部坐标系变换。

那么，我们就把这些公式应用于简易人形模型吧。首先来看如何输入公式，选择Neck，在计测器中选择约束力，就出现图5.64所示子菜单，要测量Neck来自Head的受力，选择所属地址Body。由此，在“Head in Body”下Neck的力被添加在图形窗口上，按图5.65(a)把属性中的名称更改为“倾斜传感器”，按图5.66（b）改变公式和标签。

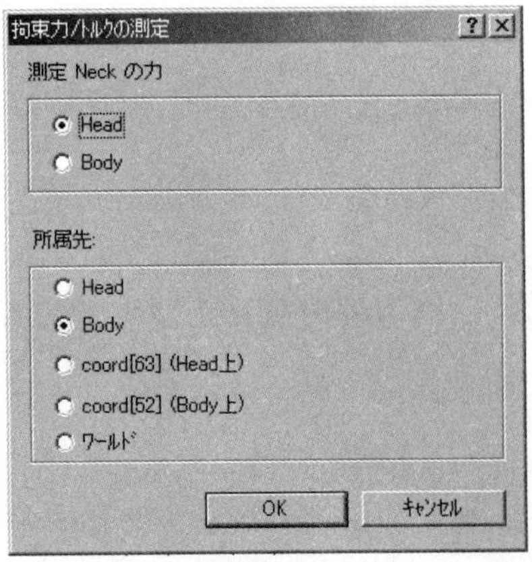

图5.64 测量约束力子菜单

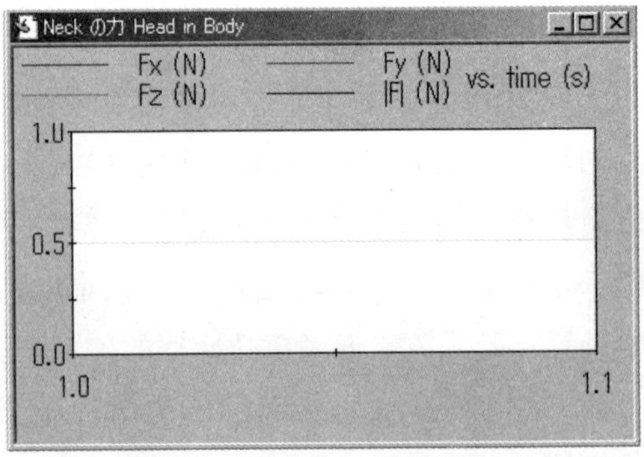

图5.65 测量约束力的图形窗口

另外，由于图5.66（b）的公式输入框狭窄，输入过程中有可能被切断，请参考下面的公式：

y1 Asin (-express(constraint[n_1].force,n_2,n_3).x/body[n_4].mass/9.810)

y2 Asin (-(express(constraint[n_1].force,n_2,n_3).x/body[n_4].mass
-express(body[n_4].a,0,n_3).x)/9.810)

y3 Asin (-(express(constraint[n_1].force,n_2,n_3).y/body[n_4].mass
-express(body[n_4].a,0,n_3).y)/9.810)

y4 body[n_4].r.y-0.2 rad （5.11）

这里，各符号含义如下。

n_1：Neck的ID编号；

n_2：连接Neck与Body的坐标点的ID编号；

n_3：Body的ID编号；

n_4：Head的ID编号。

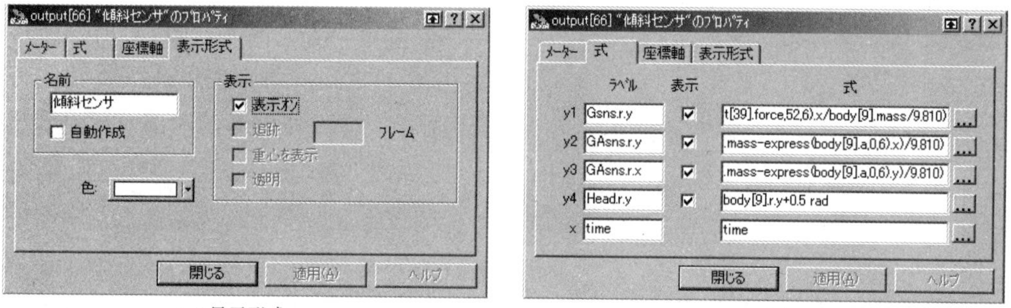

(a) 显示形式 (b) 公式

图5.66 约束力计测器的属性变更

根据这个公式，表示约束力的图形窗口如图5.67所示，即表示已经设置好的公式计算结果的倾斜传感器的图形窗口，各个分量的含义如下。

y1：仅由G传感器输出的绕*Y*轴的旋转角度；

y2：由G传感器输出与加速度传感器输出的差分值得到的绕*Y*轴的旋转角度；

y3：由G传感器输出与加速度传感器输出的差分值得到的绕*X*轴的旋转角度；

y4：地面上绕*Y*轴的旋转角度（为了清楚，设置偏差为-0.2rad）。

那么，修正显示窗口，以便在纸面上可以看清楚图线，更改LineStyale。

最后，在这个状态，由于地面不转动，像在ROBO-ONE on PC比赛中的Mission1那样，地面就好像晃晃悠悠地摆动起来。如图5.68所示，在地面的中部，相对于整体坐标系布置绕*Y*轴旋转的电机，在电机属性中把电机类型改为旋转角度，并在数值部分输入“0.09*sin(5*t)rad”，地面就会以5rad/s的角速度、±5°（0.09rad）的角度摇摆。接着，切记要根据地面属性设置固定选项为“OFF”。如果在这个状态下，就会出现仿真警告而不产生摇摆。

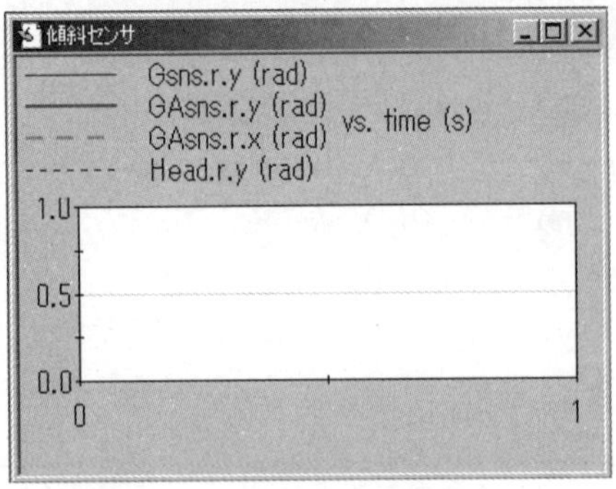

图5.67 倾斜传感器的图形窗口

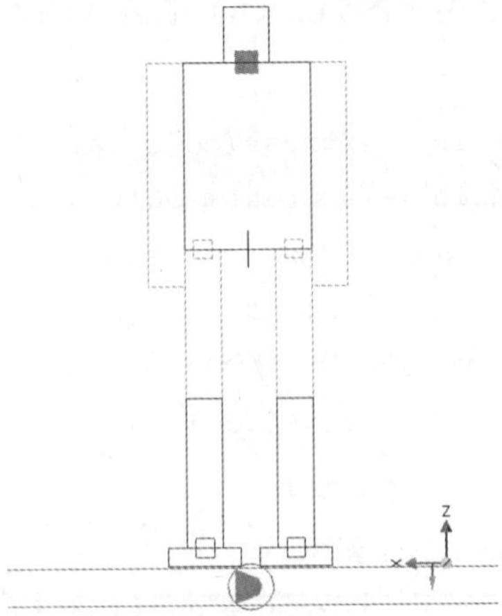

图5.68 在地面上布置电机

5.6.3 仿真结果

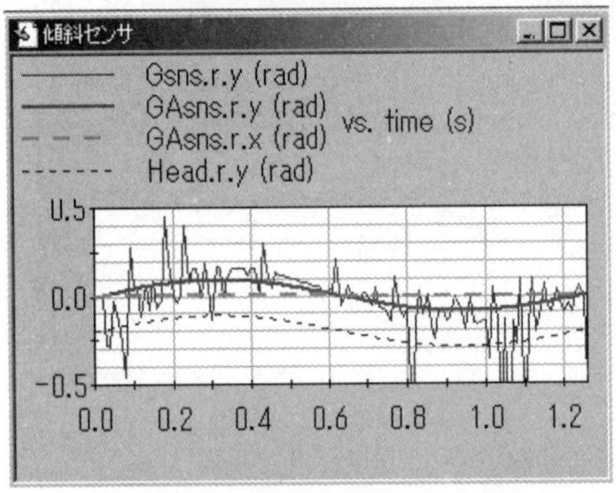

图5.69 倾斜传感器的输出结果

那么，就快点进行MSC.visualNastran 4D的仿真吧。图5.69是一个周期的仿真结果。

首先，y1只有G传感器的输出。可以看出，低频成分基本上与地面的旋转角度相同，但是，通过数据运算之后就会含有大量的高频成分。因此，要在倾斜传感器中只使用G传感器，需要用平均化处理或低通滤波的方法去除高频成分。可是，低频加速度难以消除，因此，与地面的旋转角度并不一致。

接着，y2是G传感器和加速度传感器的差分输出。可以确定，y2能够再现地面的旋转角度。唯一不同的是，在仿真的开始时刻，简易人形模型飘浮在空间中，由于自由下落处于无重力状态，因此G传感器输出为0，不能进行倾斜角度的计算。也就是说，在跳跃或者跑步的动作控制中，不能使用基于G传感器输出的倾斜传感器，但是，至少可以作为单腿着地步行时的精确传感器。

5.7 倒立摆的控制

5.7.1 高柔性控制

至此，我们以ROBO-ONE on PC课题为中心，介绍了MSC.visualNastran 4D和Simulink的集成使用方法，但是ROBO-ONE on PC真正的目的是面向以实物进行宇宙大会举办的仿真比赛，相对于柔性环境构筑高级控制系统也是其中的一个重要课题（以Mission2作为控制的鲁棒性/评价对象）。

那么，就控制来讲，在5.3节中介绍了伺服电机的PD定位控制方法，这个控制属于最流行的称为经典控制的控制方法。如果经典控制能够用于所有的控制课题就没有问题，但经典控制是一个输入对应一个输出的系统，因此缺乏控制的柔性。

以步行机器人为例，各关节可以通过PD控制等方法控制目标角度，在不平整的地面上步行时，如果行走过程中缺乏柔性，机器人可能会摔倒。于是，需要考虑处理多输入、多输出系统的现代控制方法。

因此，本节采用现代控制方法，就构建高柔性控制系统的方法进行叙述。可是，现代控制的缺点就是复杂。本节首先以倒立摆的稳定控制为例，介绍现代控制理论中的基本构建方法。然后，在某种程度上需要将这个基本问题拓展并应用到实际的步行机器人中。

5.7.2 倒立摆的状态空间模型

如图5.70所示，在手心处直立一个球拍杆，要使球拍杆不倒，不管谁都有经验。实际上，图5.70是MSC.visualNastran 4D的Simulik模型，倒立摆也称之为Inverted Pendulum。可是，令人遗憾的是倒立摆“黑匣子”多，而且控制困难。这里，从可以稳定控制倒立摆的有限的基础知识开始讲述。

图5.70 手心直立的球拍杆模型

首先，建立倒立摆的运动方程式，进行线性化，建立状态空间模型。想要得到状态空间模型，可以使用极点配置法或最优调节器，最终找到合适的反馈增益的捷径，复杂的原因就在这里。并且，现代控制的设计方法都是数学形式，要花很大的气力去理解这些知识。

状态空间模型就是由能够用于表示系统的内部状态的状态方程式（5.12a）和表示用于控制等的物理量的观测方程式（5.12b）组成的方程组。

$$\dot{x}=Ax+Bu \tag{5.12a}$$

$$y=Cx+Du \tag{5.12b}$$

式中：x为系统内部的状态变量；y为观测量；u为操作量；A，B，C，D表示系统的常数矩阵。

通过表示状态空间模型系统，即使很复杂的运动方程式也会成为1阶线性微分方程式的形式，并简化为一般的状态方程式，便可以用于现代控制的各种设计方法。

对倒立摆（图5.71）进行线性化，得到运动方程式（5.13）。关于倒立摆的文献很多，这里就不进行公式的推导了。在这种情况下，最好用拉格朗日方程进行推导。为了与状态变量x区分，用z表示位置变量。

$$\left.\begin{aligned}&(M+m)\ddot{z}+mL\ddot{\theta}+\mu_z\dot{z}=f\\&mL\ddot{z}+(J+mL^2)\ddot{\theta}-mgL\theta+\mu_\theta\dot{\theta}=0\end{aligned}\right\}\tag{5.13}$$

接着，如果在状态空间模型中表示，就成为式（5.14）。这里是基础知识，状态变量x的所有分量（$z\ \theta\ \dot{z}\ \dot{\theta}$）是可以用于控制的物理量（观测量）。如果在要控制的物理量有限制的场合，也有通过观测器来估计状态变量。

$$\left.\begin{aligned}
&x=[z\ \theta\ \dot{z}\ \dot{\theta}]^T\\
&\dot{x}=Ax+Bf\\
&y=Cx+Df\\
&A=\begin{bmatrix}0&0&1&0\\0&0&0&1\\0&-\dfrac{(mL)^2g}{N}&-\dfrac{(J+mL^2)\mu_z}{N}&\dfrac{mL\mu_\theta}{N}\\0&\dfrac{(M+m)mgL}{N}&\dfrac{mL\mu_z}{N}&-\dfrac{(M+m)\mu_\theta}{N}\end{bmatrix}\\
&B=\begin{bmatrix}0\\0\\\dfrac{J+mL^2}{N}\\-\dfrac{mL}{N}\end{bmatrix}\\
&C=\begin{bmatrix}1&0&0&0\\0&1&0&0\\0&0&1&0\\0&0&0&1\end{bmatrix}\\
&D=\begin{bmatrix}0\\0\\0\\0\end{bmatrix}\\
&N=(M+m)(J+mL^2)-(mL)^2
\end{aligned}\right\}\tag{5.14}$$

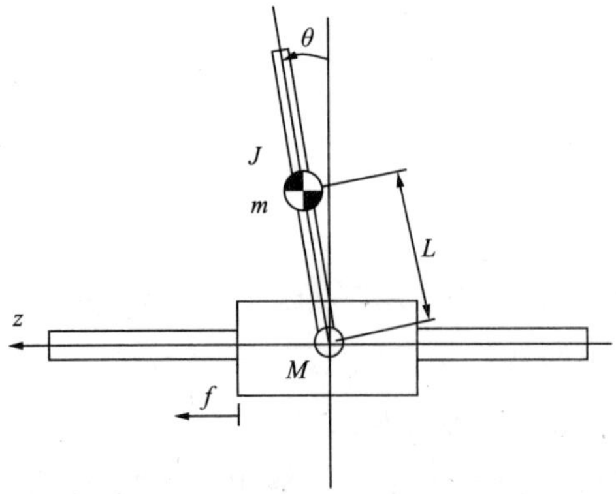

m：摆的质量
J：绕单摆的重心的转动惯量
L：从转动关节到单摆重心的距离
M：台车的质量
z：台车的位置
θ：单摆的角度
μ_θ：台车行走时的粘性阻力系数
μ_z：旋转关节的旋转粘性阻力系数
f：施加在台车上的力

图5.71 倒立摆模型

5.7.3 MSC.visualNastran 4D中控制对象模型的表达

试着把图5.71所示倒立摆模型在MSC.visualNastran 4D中进行实际的三维建模。进一步在MSC.visualNastran 4D中定义由于物体碰撞产生的外力，并在连续时间过程中对初始响应、碰撞引起的干扰响应，由于目标位置变化引起的步长响应进行仿真，确认系统的稳定性。

首先，在MSC.visualNastran 4D中新建文件，仿真按照图5.21那样设置单位为SI值(rad)和动画帧的时间等。根据图5.72配置Base、Rod及Load的各零件及坐标点，每个属性按表5.17及表5.18进行设置。

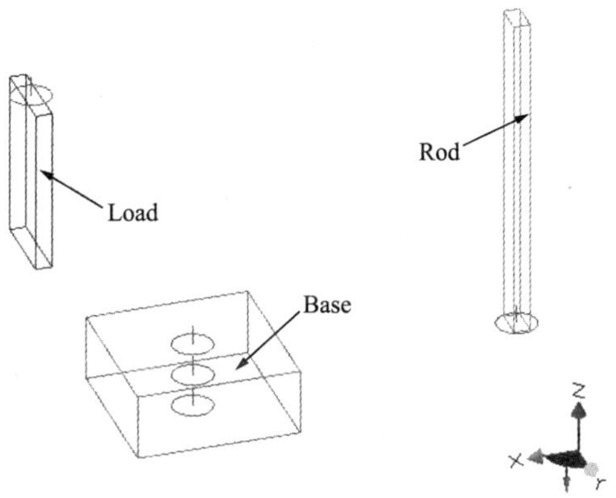

图5.72 零件与坐标点的配置

表5.17 零件属性修改

记 录	项 目			
形式表示	名 称	Base	Rod	Load
材料物理性质	材料名	Aluminum	Aluminum	Aluminum
	回弹系数	0.5	0.02	0.02
位 置	X/m	0	−0.2	0.1
	Y/m	0	0	0
	Z/m	0	0.1	0.15
	R_x/rad	0	0	0
	R_y/rad	0	0	0
	R_z/rad	0	0	0
形 状	宽（X）/m	0.1	0.01	0.01
	长（Y）/m	0.1	0.02	0.05
	高（Z）/m	0.04	0.2	0.1

表5.18 坐标点属性修改

坐标点		Base下	Base中	Base上	Rod下	Load上
位 置	X/m	0	0	0	0	0
	Y/m	0	0	0	0	0
	Z/m	−0.02	0	0.02	−0.1	0.05
	R_x/rad	0	0	0	0	0
	R_y/rad	0	0	0	0	0
	R_z/rad	0	0	0	0	0

接着，按照约束连接各零件，至少选择两个坐标点进行约束。如果只选一个坐标点，就有可能把背景约束在对象中，如图5.73所示。可以利用这个功能减少输入的次数，试一试吧。

首先只选择Load坐标点，选择约束电机，生成约束。然后，仅选择Base下部的坐标点，选择约束线性驱动器，生成约束。同样，仅选择Base中部的坐标点，选择线性约束弹簧/阻尼器，生成约束。最后，选择Rod的坐标点、依次选择Base上部的坐标点，选择旋转弹簧/阻尼器，确认基坐标系是Base，选择坐标点重合选项按钮，生成约束。

如果按表5.19修改各个约束，就可以得到图5.74所示倒立摆模型。但是，在初始状态

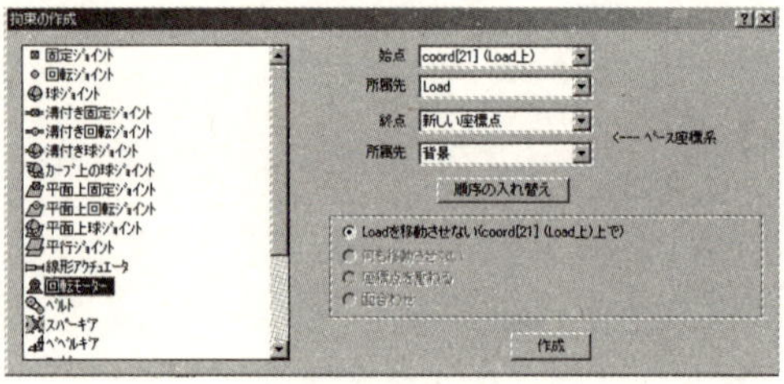

图5.73 约束背景

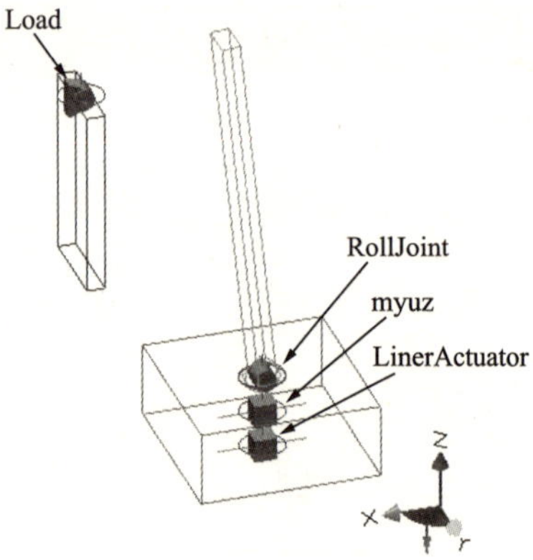

图5.74 倒立摆模型

表5.19 约束属性修正

项 目			Load
约束生成对话框		约束类型	电机
属 性	显示形式	名 称	Load
	约 束	旋转轴	*Y*
	位置与角度	旋 转	0rad
	电 机	电机类型	角速度
		值	1rad/s

项 目			LinerActuator
约束生成对话框		约束类型	线性驱动器
属 性	显示形式	名 称	LinerActuator
	约 束	旋转轴	不旋转
		滑块方向	*X*
	位置与角度	*X*	0m
	驱动器	驱动器	力
		值	1N

项 目			myuz
约束生成对话框		约束类型	线性弹簧/阻尼器
属 性	显示形式	名 称	myuz
	约 束	旋转轴	不旋转
		滑块方向	*X*
	位置与角度	*X*	0m
	线性弹簧/阻尼器	恢复力	$-kx$
		k	0N/m
		阻尼力	$-cv$
		c	0.05N·s/m

项 目			RollJoint
约束生成对话框		约束类型	旋转弹簧/阻尼器
		起点坐标	Rod坐标点
		终点坐标	Base上坐标点
属 性	显示形式	名 称	RollJoint
	约 束	旋转轴	*Y*
	位置与角度	旋 转	0.1rad
	旋转弹簧/阻尼器	旋转恢复力	$-kr$
		k	0N·m/rad
		旋转阻尼力	$-cw$
		c	0.00005N·m·s/rad

处，Rod有0.1rad的倾斜，把它设定为初始响应值。另外，Load有1rad/s的角速度，那么大体上1.5s后就会引起碰撞。

下面设置MSC.visualNastran 4D和Simulink的界面，即控制器和计测器。在控制器中，根据式（5.14），操作量是f，因此配置力控制器为LinerActuator。当然，在这个操作中，LinerActuator属性中力的值从1N开始input[n1]（n1是力控制器的ID编号）自动地变化。

同样，式（5.14）的观测量是z、θ、$\dot{z}$、$\dot{\theta}$，为这些物理量设置计测器。那么，如何将计测器用户化，并通过1个计测器同时表示4种类型的物理量？选择RollJoint，在“文件”菜单“插入”中选择“计测器”，在子菜单中选择旋转角度，准备计测框。如果按表5.20修改计测器的属性表，就按照图5.75所示的4种类型物理量设置计测器。这里，n2是LinerActuator的ID编号，n3是RollJoint的ID编号。那么，通过给计测器的各个元素设置x1~x4的前辍，并使用vNPlant，就可以维持观测量中各物理量的排列顺序。

表5.20 计测器的属性修改

项 目				
属 性	显示形式	名 称		State
	公 式	y1	符 号	x1：z
			公 式	constraint[n2].p.x
		y2	符 号	x2：theta
			公 式	constraint[n3].r.y
		y3	符 号	x3：z’
			公 式	constraint[n2].v.x
		y4	符 号	x4：theta’
			公 式	constraint[n3].w.y

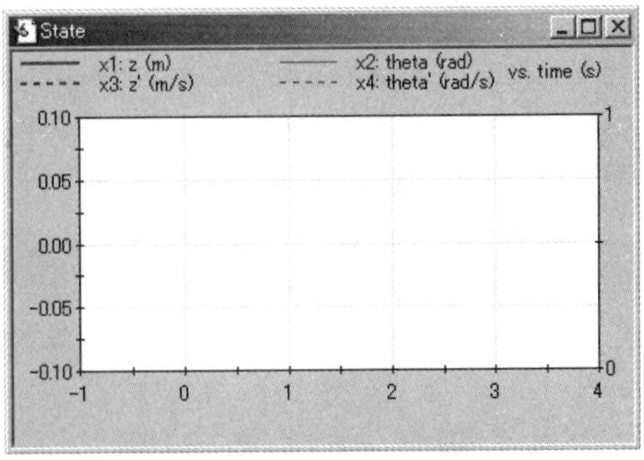

图5.75 4种物理量的计测器

5.7.4 在Simulink中构建控制系统

下面介绍Simulink控制部分的结构，如图5.76所示。其结构是：链接通过vNPlant表示的由MSC.visualNastran 4D建立的倒立摆模型，并将vNPlant的输出观测量y当做反馈，将其与目标值的差值当作反馈增益进行矩阵运算，再把计算结果f送入vNPlant。由于采用了状态空间模型，反馈模型就变得非常简单，而观测量z，θ，$\dot{z}$，$\dot{\theta}$ 4种物理量的信息用反馈线表示。图5.76采用加粗反馈线显示功能，使信息更明显。

如图5.77所示反馈增益k，在增益模块的乘法中设置矩阵运算Matrix(K*u)，将k作为输入变量，参考在工作空间中的取值。前述的式（5.14）用于采用M-File求反馈增益k，求解反馈增益的方法将在5.7.5节中叙述。

另外，SignalBuilder的设置如图5.78所示，设置步长响应的目标位置。2s后移动0.05m，3s后返回到原始位置，将这个位置设置为目标位置。这里仅设置了Base的目标位置，使用Product模块和Const模块，使其与状态x有相同的维数。

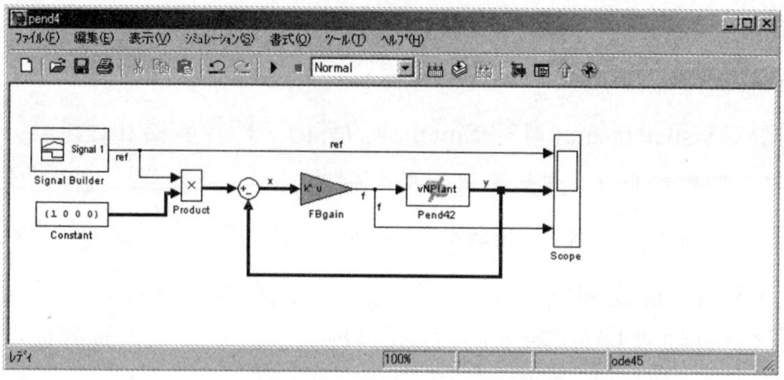

图5.76 倒立摆的控制

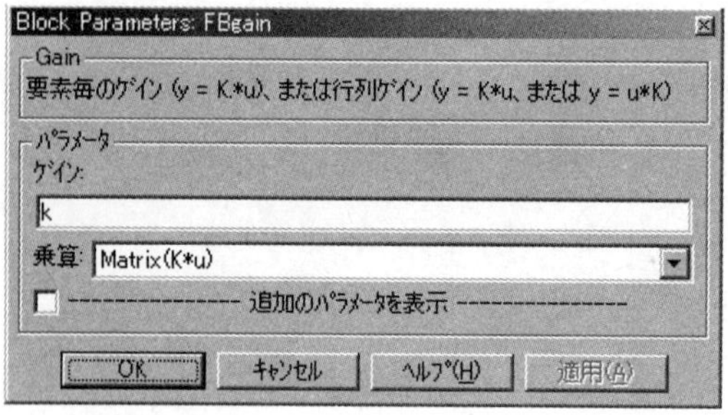

图5.77 反馈控制增益的矩阵运算设置

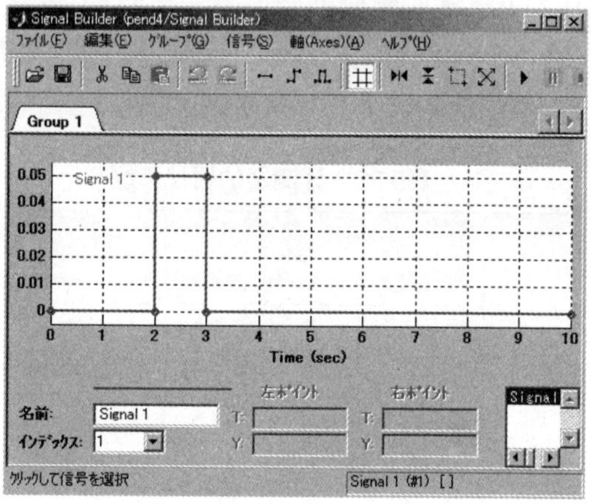

图5.78 SignalBuilder的波形设置

5.7.5 反馈增益的设置

接下来，设置反馈增益，这个增益将改变系统的稳定性和响应特性。在伺服电机的PD控制中，虽然可以简单地从目标值反算增益，但是多输入系统将增益并入输入量中，输入量就会增多。倒立摆的例子中，输入量是$[z\ \theta\ \dot{z}\ \dot{\theta}]^T$，对应的反馈增益$k$就由$[k_1\ k_2\ k_3\ k_4]$ 4个元素构成。如果通过试算寻找它们的值，工作量将非常庞大。因此，需要进行基于现代控制理论的反馈增益的设计。

程序5.6是进行倒立摆的反馈增益设计的M-File pendulum_.init.m，流程如下：

（1）使用式（5.14）通过具体的数值表示状态空间模型的常数矩阵A，B，C，D；

（2）了解要稳定状态空间模型的开环极点位置P_o；

（3）通过最优调节器求反馈增益k_q，了解用k_q进行反馈时闭环的极点位置P_q；

（4）根据极点配置法，参考P_o和P_q，设计反馈增益。

各过程的主要目的如下。

（1）（2）是移动矩阵行的计算所需的步骤。

（2）系统中存在固有值，加速固有值低的系统使其动作有些勉强。为了避免设置这样的增益，我们需要了解不控制时的极点位置。

（3）如果使用最优调节器的设计方法，仅指定两个带Q和R的参数，就可以计算出反馈增益。此方法可以非常简单地确保稳定性，但是无法限制产生高性能的控制。于是，需要知道在用k_q进行反馈控制时闭环的极点配置，以这个极点位置为基准来提高控制特性。

（4）以最优调节器的极点位置P_q为基准，参考系统固有的极点位置P_o，设置新的极点位置P_p可以得到更高性能的控制特性。这个过程最终要经过尝试，不管有没有P_q和P_o，收敛过程都有差别。最后，使用Place函数，就可以从指定的极点位置自动求出反馈增益。

运行程序5.6的结果如图5.79所示。运行结果显示在MATLAB的命令窗中，定义的变量和数值全部都保存在Workspace中。程序5.6使用的极点位置P_p是反复仿真收敛的结果，这个值不能说是最好的。但是，程序5.6所表达的带有Q和R参数的最优调节器的值却是响应特性良好的结果。这里，关于P_p设定有几个注意事项。如果不遵守这些事项，系统就会不稳定，就不能设置多个元素的增益。

- 所有的符号都为负号；
- 使用多个元素也行，而使用时，也使用同一角色的多个元素。

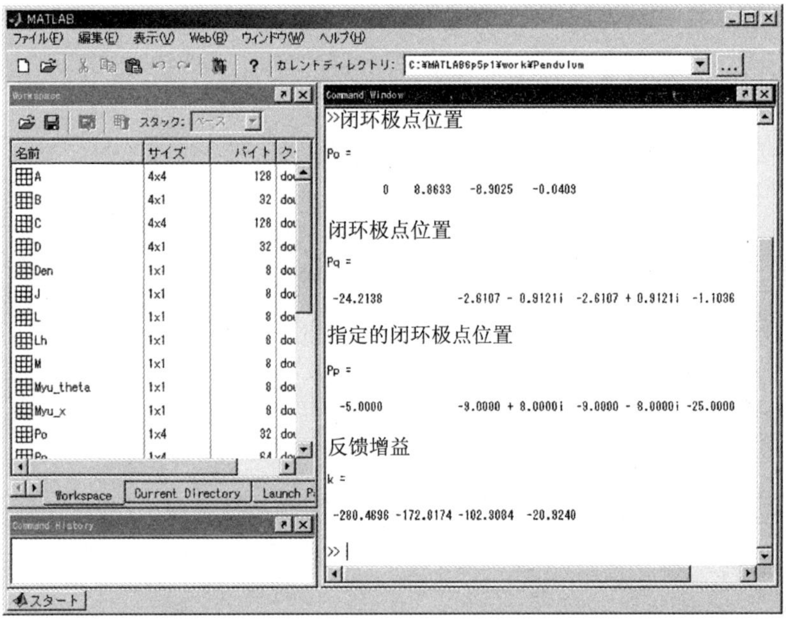

图5.79 反馈增益的计算结果

程序5.6（倒立摆的反馈增益设计）

```
%pendulum_init.m
%倒立摆的反馈参数设置与反馈增益设计

%使用式（5.14），用具体的数值表示状态空间模型的常数A，B，C，D
    %物理常数的设置
```

```
M = 1.11;                        %台车的质量              kg
m = 0.111;                       %杆的质量                kg
Lh = 0.2;                        %杆的高度                m
Myu_x = 0.05;                    %台车的衰减系数          N·s/m
Myu_theta = 5e-5;                %旋转关节的衰减系数      N·m·s/rad
g = 9.81;                        %重力加速度              m/s2

L = Lh/2;                        %杆的重心高度            m
J = m *(4 * L * L+0.01^2)/12;    %杆的转动惯量            kg·m2

%状态空间模型常数
N = (M+m)*(J+m*L*L)-(m*L)^2;
A = [0    0              1                     0
     0    0              0                     1
     0    -(m*L)^2*g/N   -(J+m*L*L)*Myu_x/N    m*L*Myu_theta/N
     0    (M+m)*m*g*L/N  m*L*Myu_x/N           -(M+m)*Myu_theta/N];
B = [0
     0
     (J+m*L*L)/N
     -m*L/N];
C = [1 0 0 0
     0 1 0 0
     0 0 1 0
     0 0 0 1];
D = [0
     0
     0
     0];
```

%了解要稳定的状态空间模型不控制时（开环）的极点位置P。

```
sys = ss(A,B,C,D);
Po = pole(sys)';
disp('开环极点位置 ');Po
```

%根据最优调节器求反馈增益的kq，
%用kq进行反馈时闭环的极点位置P_q

```
Q = [1 0 0 0; 0 1 0 0; 0 0 1 0;0 0 0 1];     %添加重叠
R = 0.1;
kq = lqr(A,B,Q,R);
sys = ss(A-B*kq,B,C,D);
Pq = pole(sys)';
```

```
    disp('闭环环极点位置 ');Pq
%参考Pq和Po，根据极点配置法设计反馈增益
    Pp = [-5,-9+8j -9-8j -25];  %参考Pq和Po，尝试指定极点位置
    k = place(A,B,Pp);          %确定反馈增益
    disp('指定的闭环极点位置 ');Pp
    disp('反馈增益 ');k
```

5.7.6 仿真结果

运行Simulink，对MSC.visualNastran 4D的倒立摆模型进行仿真。图5.80与图5.81是仿真结果。图5.80是使用MSC.visualNastran 4D“照相机”的帧功能键，以0.075m/s的速度沿*Y*轴方向移动视点的同时进行仿真，以0.5s的间隔重叠图像、进行编辑生成的情形。对倒立摆进行仿真得到初始响应、干扰响应及步长响应，大约1s左右达到目标值，可以看出其具有良好的响应特性。另外，为便于比较，根据最优调节器简单算出反馈增益k_q，获得图5.82和图5.83的结果，虽然响应特性不太好，但可以肯定，即使再强大的干扰，倒立摆也不会倒下，可以确保稳定性。

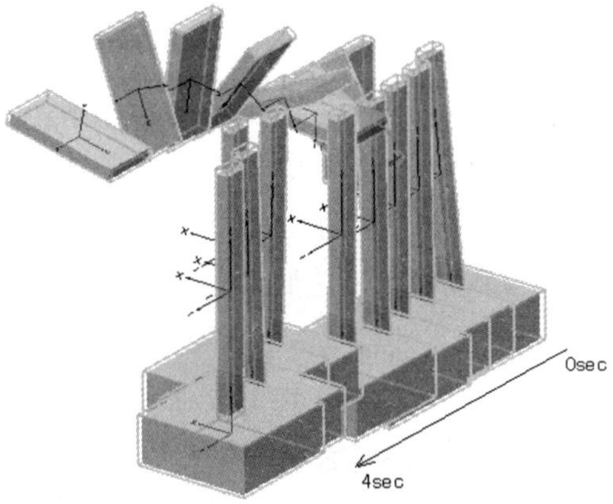

图5.80 基于反馈增益*k*的倒立摆仿真结果

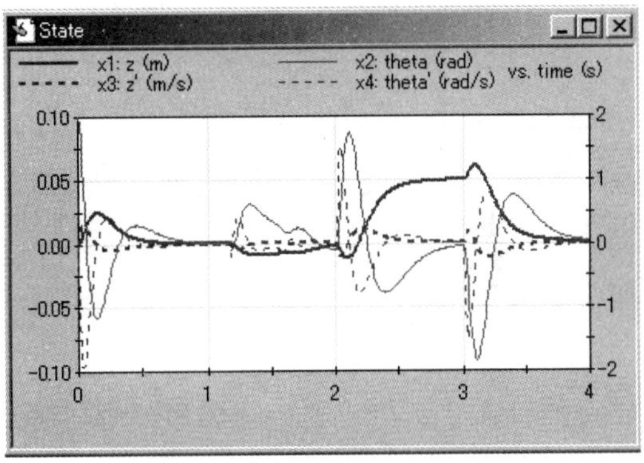

图5.81 基于反馈增益*k*的倒立摆仿真的时间响应

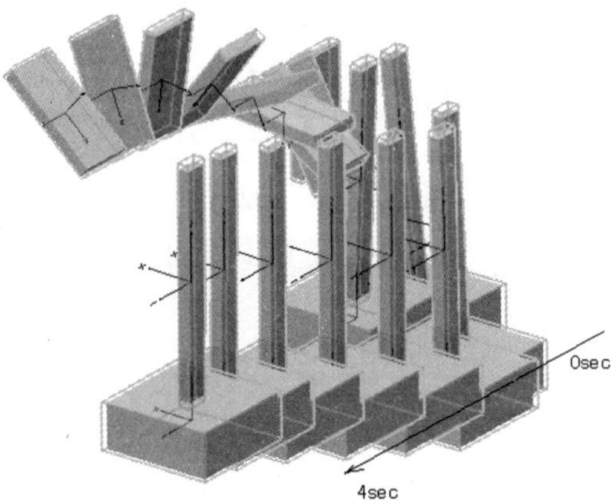

图5.82 基于反馈增益k_q的倒立摆仿真结果

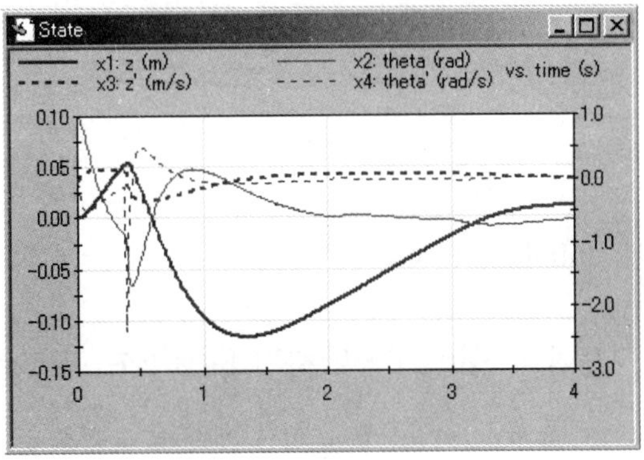

图5.83 基于反馈增益k_q的倒立摆仿真的时间响应

读者不要限于本例，通过极点配置可以理解响应特性和稳定性如何变化，请多多积累经验。另外，关于对应极点配置的响应特性等内容均在控制工程的书籍中有详述，请参考。

5.8 仿真与实际的区别

本章前面已经就MSC.visualNastran 4D与Simulink集成的使用方法，以使用技巧和仿真顺序为主进行了介绍，下面以人形机器人为例叙述仿真与实际机器的区别。

第一是关于摩擦，MSC.visualNastran 4D可以进行动摩擦分析，但不能进行静摩擦分析。因此仿真时，机器人步行中给地面施加力，多少会产生滑动，而如果在实际机器人脚掌粘贴橡胶，在施加小于静摩擦极限大小的力时不会滑动。

第二是关于结构材料的刚性，MSC.visualNastran 4D中连接关节与关节的结构材料不管什么形状都是刚体，没有变形。MSC.visualNastran 4D是除了具有机构分析解算器外，还有应力分析解算器的一种特殊软件，但是在机构分析时不能同时考虑变形的仿真。因此仿真时，结构材料完全是刚性，即使用单个支撑支持电机，也不会发生变形，但是在实际的机器中，如果不用两个支撑支持电机，就会由于自重发生变形。

第三是关于非线性，实际机器中存在干扰、延迟、饱和等非线性现象，MSC.visualNastran 4D要表示这些是相当困难的。而在Simulink的环境中却相当容易。

第四是关于噪声，实际的机器中存在电源噪声、放射噪声、静电噪声等各种各样的噪声，而在仿真中基本上没有噪声。如果考虑在Simulink模型中表达的话，可以当做传感器观测噪声。

第五是关于处理能力，在Simulink中可以构建复杂的控制模型，也可以确保良好的控制特性，在实际的机器中，如果没有机器人的CPU，就不可能具备这些控制能力。要提高CPU的特性，就要简化控制、提高处理能力，延迟采样时间，改变控制频域等。

5.9 基于PC串口的伺服电机实时控制

谁都想使用Simulink让机器人实时动作，而仅靠仿真却不能满足机器人爱好者的愿望。

这里使用MATLAB 6.5.1版本。要运行下面进行的内容，需要安装MATLAB，Simulink，Visual C++。

5.9.1 Simulink的实时动作

通常，Simulink上的计时器或计时模块表示的是仿真时间，不是实际时间。如果使用速度快的PC，简单的程序就会在“啊”的一瞬间结束。

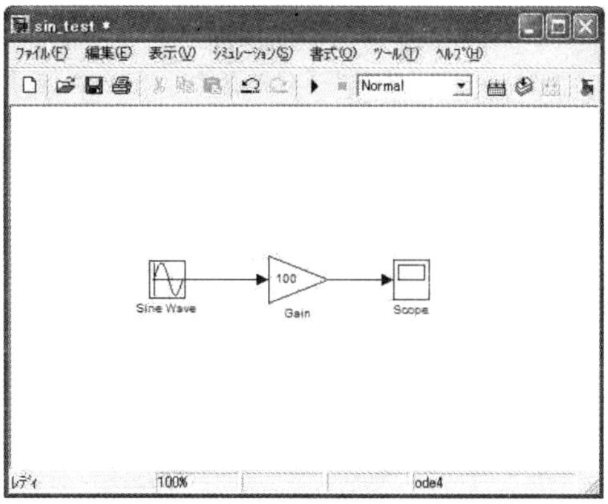

图5.84 放大正弦曲线输出的模型

例如，放大正弦曲线输出时，如图5.84所示模型。即使设定仿真时间为10s，在大家的PC中也只是一瞬间。

这就是为了计算仿真时间、不需实时计算的原因。若要仿真越快越好，就需要实时计算时间的实时模块。市面上，Soundparty公司出售把Windows作为Target产品的商品，这里就试着用C++ S-Function来制作。

看看MATLAB中帮助文件的S-Function选项，我们就会发现有一个叫做timestwo.c的范例程序。对这个程序进行改造，再使用C语言编程的话，就可以很容易地生成S-Function。

使用C语言的clock函数对时间进行计数，需要事先安装time.h文件。在进行程序5.7的处理之后，就是所规定的时间等待程序。这样，采样时间可以作为参数传递。

程序5.7 <S-Function timer_cv>

```
#ifdef __cplusplus
    extern "C" {
    #endif
#define S_FUNCTION_LEVEL 2
#define S_FUNCTION_NAME timer_cv
#include "simstruc.h"

#include <stdio.h>
#include <stdlib.h>
#include <time.h>
#include <windows.h>
clock_t tnow;  double p1,p2,tim;

#define IS_PARAM_DOUBLE(pVal) (mxIsNumeric(pVal) && !mxIsLogical(pVal) &&\
!mxIsEmpty(pVal) && !mxIsSparse(pVal) && !mxIsComplex(pVal) &&
mxIsDouble(pVal))
#define MDL_CHECK_PARAMETERS

#if defined(MDL_CHECK_PARAMETERS)  && defined(MATLAB_MEX_FILE)
static void mdlCheckParameters(SimStruct *S){
    const mxArray *pVal0 = ssGetSFcnParam(S,0);
    if ( !IS_PARAM_DOUBLE(pVal0)) {
```

```
        ssSetErrorStatus(S, "Parameter to S-Function must be a double scalar");
        return;
    }
}
#endif

static void mdlInitializeSizes(SimStruct *S)
{
    ssSetNumSFcnParams(S, 1);  /* Number of expected parameters */
#if defined(MATLAB_MEX_FILE)
    if (ssGetNumSFcnParams(S) == ssGetSFcnParamsCount(S)) {
        mdlCheckParameters(S);
        if (ssGetErrorStatus(S) != NULL) {
            return;
        }
    } else {
        return; /* Parameter mismatch will be reported by Simulink */
    }
#endif

    if (!ssSetNumOutputPorts(S,1)) return;
    ssSetOutputPortWidth(S, 0, DYNAMICALLY_SIZED);
    ssSetNumSampleTimes(S, 1);
    ssSetOptions(S, SS_OPTION_EXCEPTION_FREE_CODE);
    p1 = 0;tim=0;
    tnow = clock();
    p1 = (double)tnow / (double)CLOCKS_PER_SEC;
    printf("Start! \n");
}

static void mdlInitializeSampleTimes(SimStruct *S)
{
    ssSetSampleTime(S, 0, mxGetScalar(ssGetSFcnParam(S, 0)));
    ssSetOffsetTime(S, 0, 0.0);
}

static void mdlOutputs(SimStruct *S, int_T tid)
{
    real_T *y = ssGetOutputPortRealSignal(S,0);
    tnow = clock();tim=tim+mxGetScalar(ssGetSFcnParam(S, 0));
    p2 = ((double)tnow / (double)CLOCKS_PER_SEC)-p1;
```

```
    while ((tim-p2)>0){
        tnow = clock();
        p2 = ((double)tnow / (double)CLOCKS_PER_SEC)-p1;
    }
    y[0] = p2;
    //printf("times=%f timer_counter=%f\n",tim,y[0]);
}

static void mdlTerminate(SimStruct *S)
{
        printf("\n Finished \n");
}

/*===============================*
 * Required S-Function trailer *
 *===============================*/
    #ifdef  MATLAB_MEX_FILE /* Is this file being compiled as a MEX-file? */
    #include "simulink.c"    /* MEX-file interface mechanism */
    #else
    #include "cg_sfun.h"     /* Code generation registration function */
    #endif
    #ifdef __cplusplus
} // end of extern "C" scope
#endif
```

下面，介绍用这个程序将S-Function装入Simulink的方法。

■ 源代码的生成

在MATLAB的编辑器中生成源代码，保存为文件名是time_cv.cpp的文件。

■ 编　译

根据MATLAB的面板，以

```
>>MEX -setup
```

输入，可以设置编译环境。这里，使用Visual C++ Ver.6.0版本。

然后，输入

```
>>MEX  timer_cv.cpp
```

如果没有错误，就完成编译，并以文件名timer_cv.cpp存入当前目录即可。

■ 装入S-Function

根据Simulink Library Browser，把S-Function粘贴到sin_test模型中，如图5.85所示。

双击S-Function，输入S-Function名和参数（图5.86）。这里，S-Function的参数是采样时间，此时以0.05s间隔更新输出。

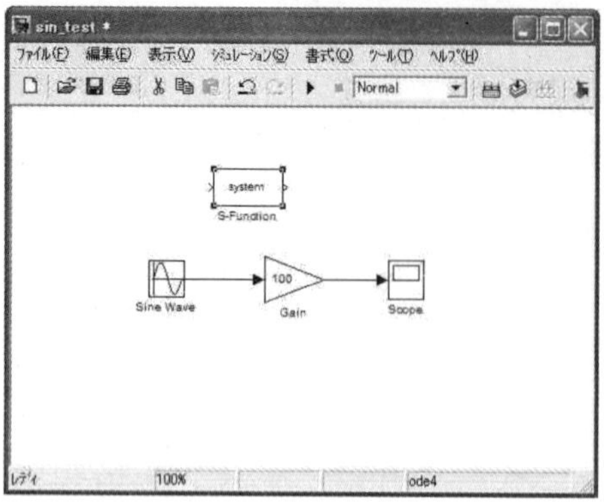

图5.85 粘贴S-Function模块到sin_test

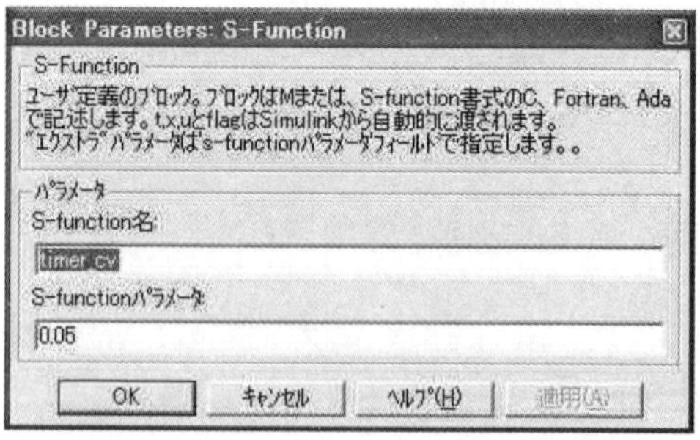

图5.86 设置S-Function函数名与参数

■ 运行sin_test模型

如图5.87所示，把示波器1装入S-Function timer_cv的输出中，开始仿真。这时，单击示波器和示波器1，就可以显示了。

要通过实时显示确认仿真结果就用示波器1（图5.88）。从Timer_cv输出的是根据PC的时钟计算的实际时间。如果这个时间与仿真时间（横轴）相同，它就是实际时间。

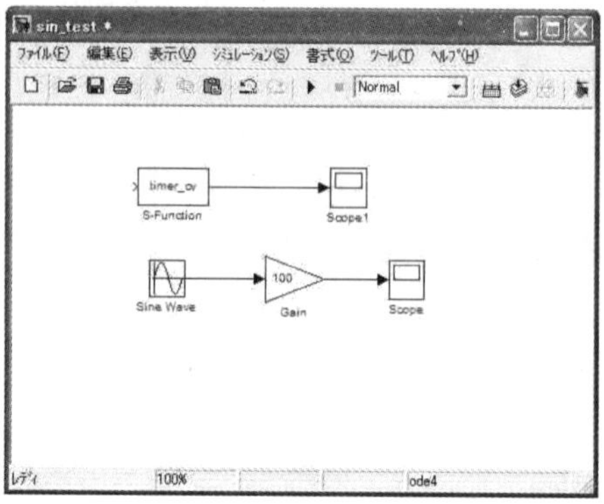

图5.87 把示波器1装入S-Function timer_cv

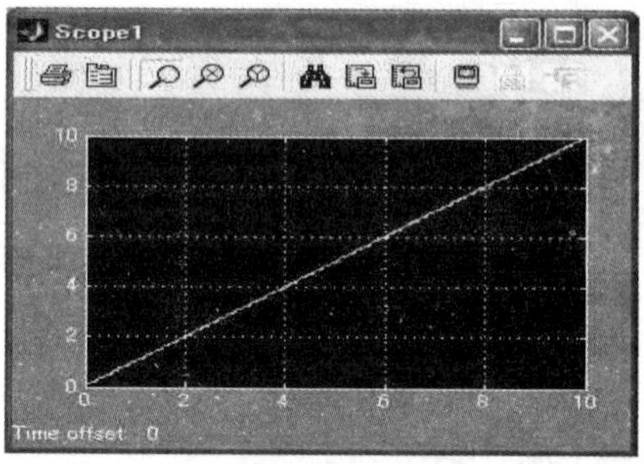

图5.88 仿真结果（示波器1）

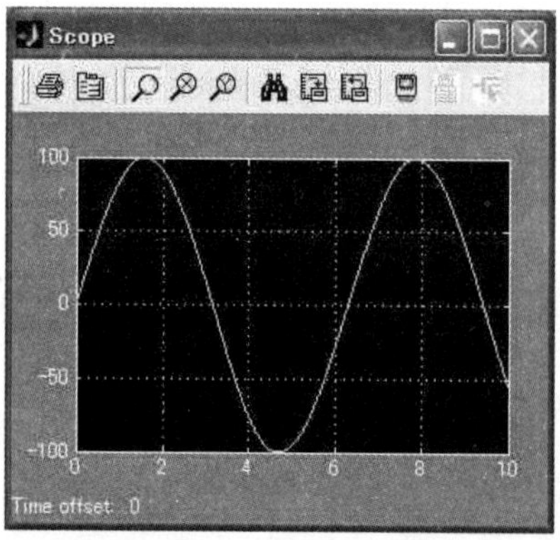

图5.89 Real-time Simulink timer完成时的正弦曲线

这样的处理很少存在问题，但是花在计算上的时间增多时，示波器1就不会是线性的，所以在这个情况下就不能使用。另一种方法是延迟S-Function的参数，通常最好事先检查一下示波器1。

示波器的正弦曲线可以显示到10s的话，就完成了Real-Time Simulink timer，如图5.89所示。

5.9.2 与机器人伺服电机的通信

以上进行了Simulink的实时化。可是同时，要使机器人在PC中动作还需要输入/输出。在4.5节中，我们希望有AD/DA转换器、脉冲输入，这里使用RS232串口。几乎所有的PC都装有这个接口，如果PC没有安装，最好使用USB串口转换器。

机器人伺服电机使用Best Technology（http://www.besttechnology.co.jp）出售的AI-Motor。

由于串口最多可以控制31个电机，所以可用于制作双足步行机器人。

程序5.8是把目标位置送入1个AI-Motor，根据AI-Motor，读取电机的电流和位置信息的C++ S-Function。

程序5.8 <S–Function aimotor_com>

```
#ifdef __cplusplus
    extern "C" {
    #endif
#define S_FUNCTION_LEVEL 2
#define S_FUNCTION_NAME aimotor_com
#include "simstruc.h"
#include <stdio.h>
#include <stdlib.h>
#include <time.h>

#include <windows.h>
typedef unsigned long    _LONG;
typedef unsigned short   _WORD;
typedef unsigned char    _BYTE;

HANDLE hComm;
DWORD size;
static void mdlInitializeSizes(SimStruct *S)
{
ssSetNumSFcnParams(S, 0);
    if (ssGetNumSFcnParams(S) != ssGetSFcnParamsCount(S)) {return;}
    if (!ssSetNumInputPorts(S, 1)) return;
     ssSetInputPortWidth(S, 0,1);/
     ssSetInputPortDirectFeedThrough(S, 0, 1);
    if (!ssSetNumOutputPorts(S,1)) return;
    ssSetOutputPortWidth(S, 0, 2);
    ssSetNumSampleTimes(S, 1);
    ssSetOptions(S, SS_OPTION_EXCEPTION_FREE_CODE);
        hComm = CreateFile(
```

```
                "COM1",
                GENERIC_READ | GENERIC_WRITE,
                0,
                0,
                OPEN_EXISTING,
                FILE_ATTRIBUTE_NORMAL,
                0
                );
                printf("Open COM1!\n");
        if( hComm == INVALID_HANDLE_VALUE ) {printf("Failed!\n");}
                printf("Connected! \n");
                DCB dcb;
                GetCommState(hComm, &dcb); /* DCB 的取得 */
                dcb.BaudRate = 57600;
                dcb.ByteSize = 8;
                dcb.Parity = NOPARITY;
                dcb.fParity = FALSE;
                dcb.StopBits = ONESTOPBIT;
                SetCommState(hComm, &dcb);  /* DCB 的设定 */
                printf("COM1 was setted!\n");
   }

static void mdlInitializeSampleTimes(SimStruct *S)
{
    ssSetSampleTime(S, 0, INHERITED_SAMPLE_TIME);
    ssSetOffsetTime(S, 0, 0.0);
}

void PositionSend(_BYTE ID,_BYTE Position){
  char sData[4];
  _BYTE a,b;
  a=0xff;
  b=1;
  sData[0]=a;
  sData[1]=(ID | b*32);
  sData[2]=Position;
  sData[3]=(sData[1] ^ sData[2]) & 0x7f;
  WriteFile(hComm,sData,strlen(sData), &size, NULL);
}

static void mdlOutputs(SimStruct *S, int_T tid)
```

```
{
    double j;
    _BYTE k;
    unsigned char buff[2];
    InputRealPtrsType uPtrs = ssGetInputPortRealSignalPtrs(S,0);
    real_T *y = ssGetOutputPortRealSignal(S,0);
    int_T width = ssGetOutputPortWidth(S,0);
    j=60.0*(*uPtrs[0]);
    k=(_BYTE)j+127;
    PositionSend(0,k);
    ReadFile(hComm, buff, 2, &size, NULL);
    y[0]=buff[0];
    y[1]=buff[1];
}

static void mdlTerminate(SimStruct *S){
    CloseHandle(hComm);
        printf("\nCOM1 was closed\n");
}
/*==============================*
 * Required S-Function trailer *
 *==============================*/
    #ifdef  MATLAB_MEX_FILE   /* Is this file being compiled as a MEX-file? */
    #include "simulink.c"     /* MEX-file interface mechanism */
    #else
    #include "cg_sfun.h"      /* Code generation registration function */
    #endif

    #ifdef __cplusplus
} // end of extern "C" scope
#endif
```

我们把AI-Motor的使用方法简单地记录在下面，具体使用时请详细地参考使用指南和手册。

那么，开始实际动作吧。用与timer_cv相同的方法生成S-Function aimotor_com。另外，更改Simulink的sin_test模型如图5.90所示。这时，S-Function aimotor_com输出两个数据，即伺服位置和电机的电流，在示波器中就会出现两个图形。

S-Function aimotor_com中没有使用S-Function 参数，如图5.91所示。另外，把Sin波形作为采样基础。如果按图5.92设置，每隔50ms就发送给AI-Motor位置数据一次，然后读取位置和电流数据。AI-Motor按周期为50ms×50，即2.5s的正弦曲线动作。

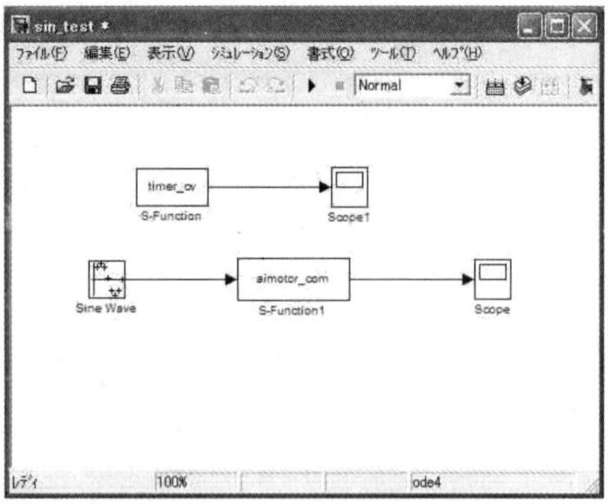

图5.90 sin_test模型的变更

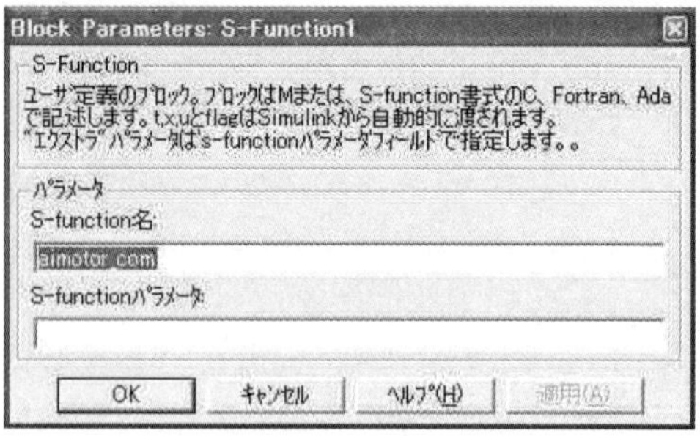

图5.91 S-Function aimotor_com中的参数设置

下面，准备好AI-Motor，但还不能开始仿真。如果S-Function aimotor_com没有处理错误，就一直等待从电机返回的数据。如果没有读取接收信号，可能是遇到了障碍。这种问题通过C语言，很快就能解决，这里省略。

图5.93所示，通过交互端口连接PC和AI-Motor。这时，设置AI-Motor1的ID=0，57600bps。在S-Function中设置主板侧COM1为57600bps。

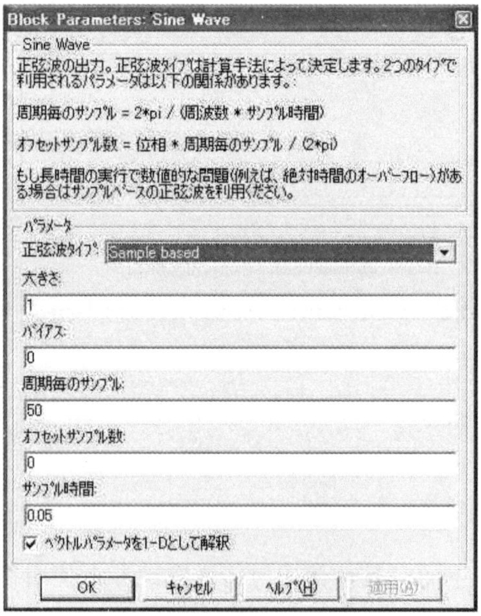

图5.92 Sine Wave的设置

图5.93 AI-Motor与交互板的连接

连接AI-Motor，打开电源显示示波器，开始仿真。AI-Motor描绘正弦曲线。图5.94中的示波器上面的曲线表示位置，下面的表示电流。可以看出，电机在减速或加速时，有大电流流过。

另外，如图5.95所示，在伺服电机的单方向设置挡块，试着施加负载，就看到电机的位置相对于目标正弦曲线发生偏离。

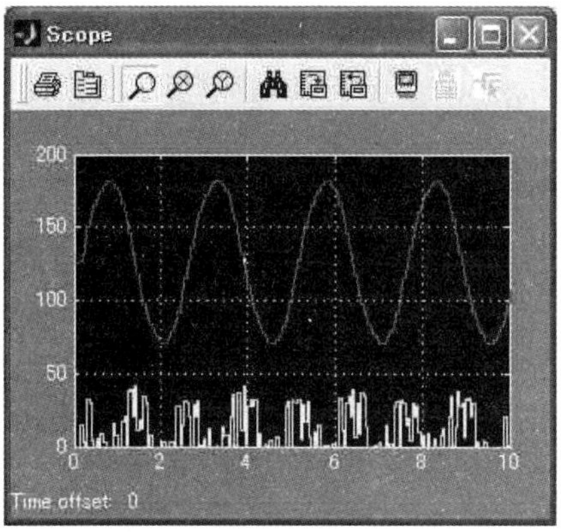

图5.94　仿真结果

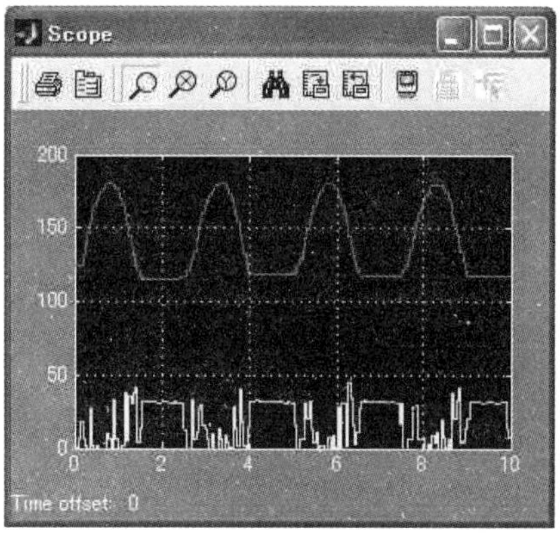

图5.95　伺服电机单方向施加负载的情形

AI–Motor的通信协议

要使AI-Motor移动到指定位置，就要发送Position Send命令。从AI-Motor中返回流入电机的电流和位置。下面是Position Send命令的发送步骤。

○ Position Send

- 动作内容：按照给定速度将指定电机输出轴移动到任意位置（表5.21）。

表5.21

<table>
<tr><td>1 byte</td><td colspan="8">2byte</td><td>3byte</td><td>4byte</td></tr>
<tr><td>Header</td><td colspan="8">Data1</td><td>Data2</td><td>CheckSum</td></tr>
<tr><td rowspan="2">0xff</td><td>7</td><td>6</td><td>5</td><td>4</td><td>3</td><td>2</td><td>1</td><td>0</td><td rowspan="2">0~254</td><td rowspan="2">(Data^Data2)&0x7f</td></tr>
<tr><td colspan="3">MODE=0~4</td><td colspan="5">ID=0~30</td></tr>
</table>

- Data1：模型0~4设置转矩，最大转矩为0。ID为0~30。
  例）Mode=3，ID=20中，转矩为0×74(二进制01110100)。
- Data2：可以设置电机输出轴的位置在0~254范围内。传感器的位置为127，且高分辨率时的动作范围是0~166.67°，低分辨率时与0~333.33°的范围一致。分辨率与位置的关系按照Resolution Set设置。
- Check Sum：Check Sum是2~3bit的异或(XOR)，在0×7F地址标出，为
  Check Sum=（Data1^Data2）& 0x7f
- 响应：参考表5.22，NowCurrent（电流值），NowPosition(位置)是接受信号命令时的值，通过AI 电机返回。

表5.22

1 byte	2 byte
NowCurrent	NooPosition

根据这些信息判断是否顺利处理，理解伺服电机的负载状态，可以用于各种控制系统中。根据这些知识，通过Simulink的灵活运用，一定会生成有趣的机器人程序。

5.9.3 机器人步行

如果能够使一个AI-Motor动作，那么即使有10个电机也同样可以动作。那就让Best Technology的双足步行机器人Freedom Jr.（图5.96）步行吧。

简单步行的Simulink模型（FreedomJ_walking）如图5.97所示。

图5.96 机器人Freedom Jr.

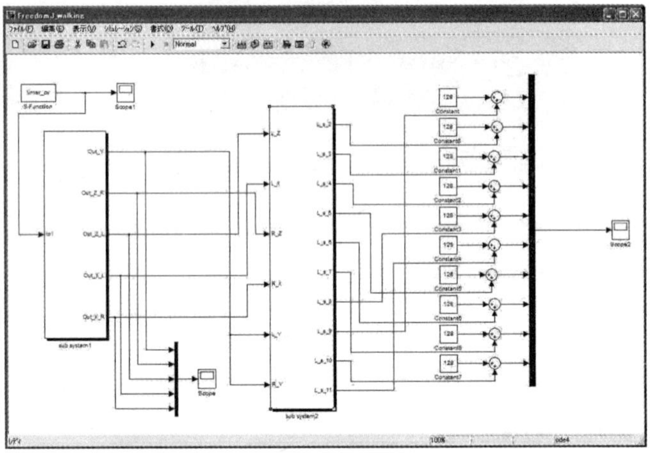

图5.97 步行模型（Freedom J_walking）

首先，第1个模块（sub system1）生成步行模式，然后第2个模块（sub system2）计算逆运动学。这些计算也是模型化的过程，可以参考《双足步行机器人制作指南》。

图5.98表示sub system1的模型，输出随时间变化的步行模式。

sub system2（图5.99）根据步行模式，生成腿关于*X-Y-Z*轴坐标系的逆运动学，变换各关节的角度。

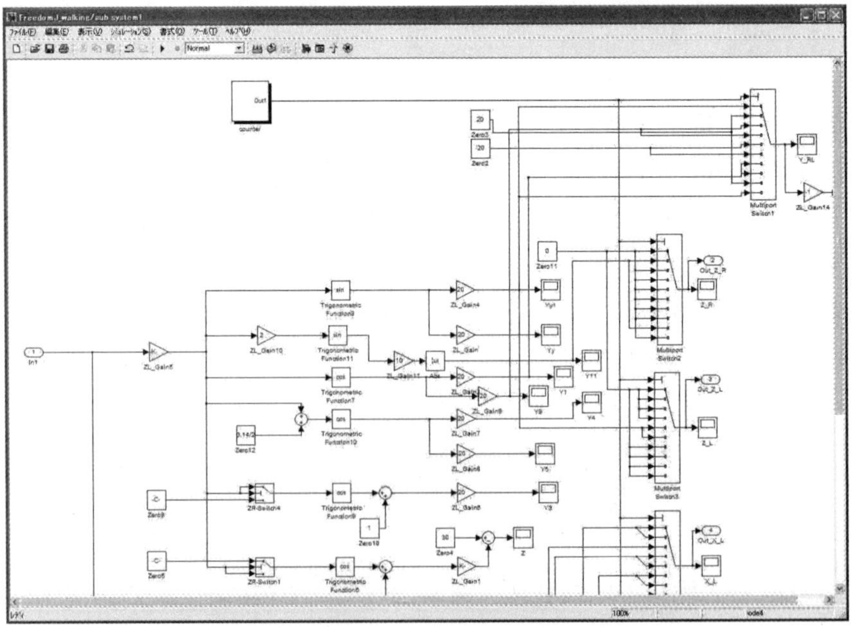

图5.98 sub system1的模型

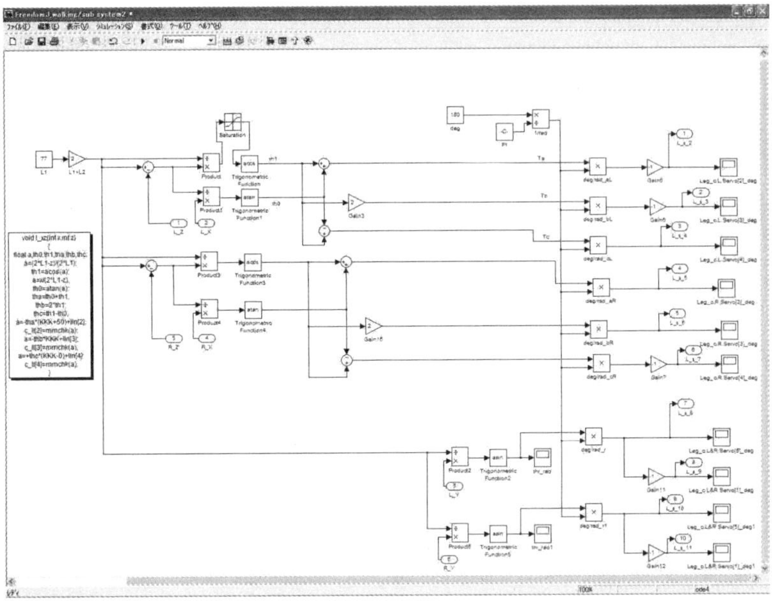

图5.99　sub system2的模型

这里，是控制Freedom Jr.的腿的10个轴的程序。要连接机器人使其动作，首先需要设置机器人的初始状态。其次，需要检查各关节的动作方向。这时，各关节的ID必须按照Freedom Jr.的菜单确定。再者，AI-Motor与主控制器通信的波特率是57600bps。图5.100是根据sub system1生成的步行模式。

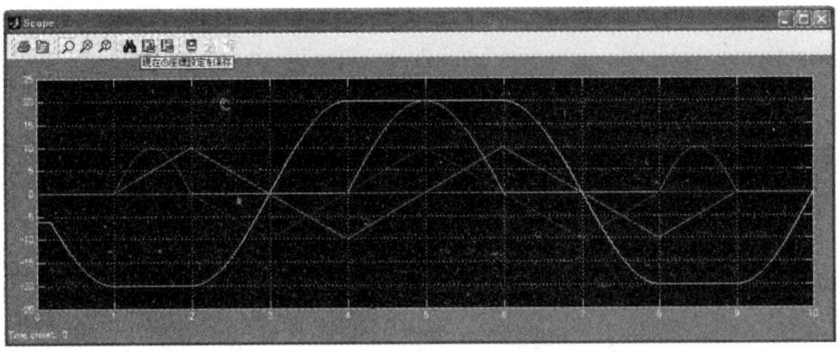

图5.100　由sub system1生成的步行模式

实际上，如果执行这个程序，机器人步行3步就停止。图5.101是从sub system2生成的各关节的角度。

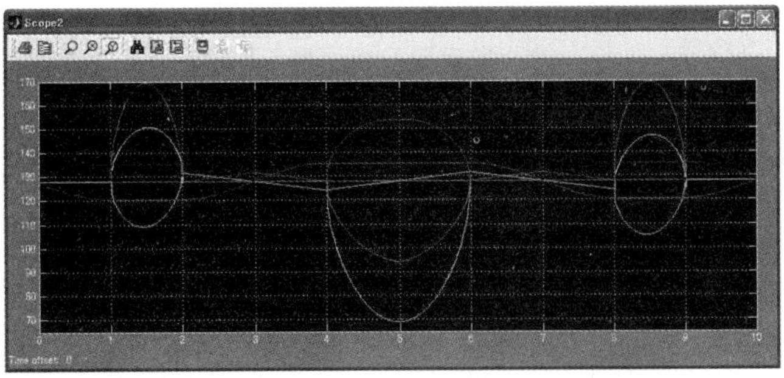

图5.101　由sub system2生成的各关节角度

在Freedom J_walking模型中，伺服位置的初值均设置为128，需要把其值变更为机器人站立状态的值。

下面，为了创建与10个AI-Motor通信的S-Function，只需把前述的S-Function aimotor_com更改为程序5.9。

程序5.9 <S-Function aimotor_c10>

```
#ifdef __cplusplus
    extern "C" {
    #endif
#define S_FUNCTION_LEVEL 2
#define S_FUNCTION_NAME aimotor_c10
#include "simstruc.h"
#include <stdio.h>
#include <stdlib.h>
#include <time.h>

#include <windows.h>
typedef unsigned long    _LONG;
typedef unsigned short   _WORD;
typedef unsigned char    _BYTE;

HANDLE hComm;
DWORD size;
static void mdlInitializeSizes(SimStruct *S)
{
ssSetNumSFcnParams(S, 0);
    if (ssGetNumSFcnParams(S) != ssGetSFcnParamsCount(S)) {return;}
    if (!ssSetNumInputPorts(S, 1)) return;
     ssSetInputPortWidth(S, 0,10);
     ssSetInputPortDirectFeedThrough(S, 0, 1);
    if (!ssSetNumOutputPorts(S,1)) return;
    ssSetOutputPortWidth(S, 0, 20);
    ssSetNumSampleTimes(S, 1);
    ssSetOptions(S, SS_OPTION_EXCEPTION_FREE_CODE);
        hComm = CreateFile(
                "COM1",
                GENERIC_READ | GENERIC_WRITE,
                0,
                0,
                OPEN_EXISTING,
```

```
                FILE_ATTRIBUTE_NORMAL,
                0
                );
                printf("Open COM1!\n");
        if( hComm == INVALID_HANDLE_VALUE ) {printf("Failed!\n");}
                printf("Connected! \n");
                DCB dcb;
                GetCommState(hComm, &dcb); /* DCB的取得 */
                dcb.BaudRate = 57600;
                dcb.ByteSize = 8;
                dcb.Parity = NOPARITY;
                dcb.fParity = FALSE;
                dcb.StopBits = ONESTOPBIT;
                SetCommState(hComm, &dcb);  /* DCB的设定 */
                printf("COM1 was setted!\n");
    }
static void mdlInitializeSampleTimes(SimStruct *S)
{
    ssSetSampleTime(S, 0, INHERITED_SAMPLE_TIME);
    ssSetOffsetTime(S, 0, 0.0);
}

void PositionSend(_BYTE ID,_BYTE Position){
  char sData[4];
  _BYTE a,b;
  a=0xff;
  b=1;
  sData[0]=a;
  sData[1]=(ID | b*32);
  sData[2]=Position;
  sData[3]=(sData[1] ^ sData[2]) & 0x7f;
  WriteFile(hComm,sData,strlen(sData), &size, NULL);
}

static void mdlOutputs(SimStruct *S, int_T tid)
{
    int_T i;
    double j;
    _BYTE k;
    unsigned char buff[2];
    InputRealPtrsType uPtrs = ssGetInputPortRealSignalPtrs(S,0);
```

```
    real_T *y = ssGetOutputPortRealSignal(S,0);
//     int_T width = ssGetOutputPortWidth(S,0);
    for (i=0;i<10;i++){
        j=60.0*(*uPtrs[i]);
        k=(_BYTE)j+127;
        PositionSend(0,k);
        ReadFile(hComm, buff, 2, &size, NULL);
        y[2*i]=buff[0];
        y[2*1+1]=buff[1];
    }
}

static void mdlTerminate(SimStruct *S){
    CloseHandle(hComm);
        printf("\nCOM1 was closed\n");
}
/*==============================*
 * Required S-Function trailer *
 *==============================*/
     #ifdef  MATLAB_MEX_FILE  /* Is this file being compiled as a MEX-
file? */
    #include "simulink.c"    /* MEX-file interface mechanism */
    #else
    #include "cg_sfun.h"     /* Code generation registration function */
    #endif

    #ifdef __cplusplus
} // end of extern "C" scope
#endif
```

在Freedom J_walking中装入S-Function aimotor_c10，把RS232电缆连接到Freedom Jr.，让其动作吧。图5.102是S-Function aimotor_c10装入后的状态。

首先，预备伺服电机的初值，进行数据读取的设置。以后需要微调。接着，把从AI-Motor读入的数据作为已知计算顺运动学，求出ZMP等，可以考虑应用于各种控制系统中。最好利用这些技术实际参加一下ROBO-ONE on PC比赛。

5.9.4 在Dynamixel中的使用

Best Technology出售的伺服电机同样可以使用Dynamixel。Dynamixel采用的是RS485，因此需要使用USB-RS485转换器。而PC中使用RS232C的115kb/s是有限制的，所以，希望通过USB或PCI变换为RS485。

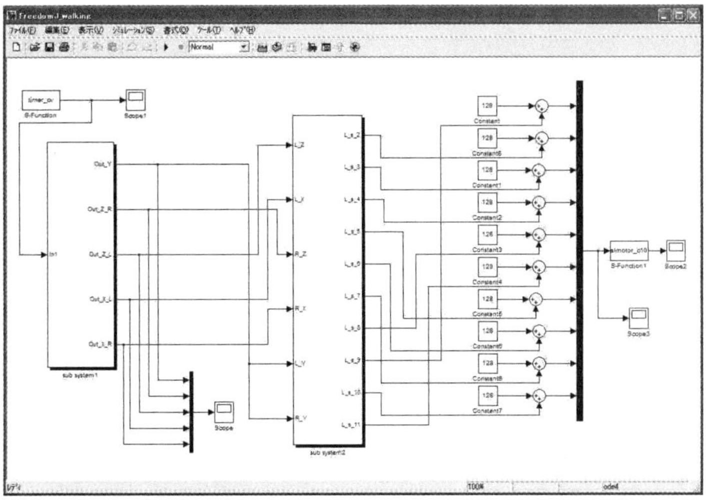

图5.102 把S-Function aimotor_c10装入Freedom J_walking中

BestTechnology出售的USB-RS485转换电缆可以达到2Mb/s，最适合Dynamixel使用（图5.103）。

把前述的AI-Motor通信用的S-Function更改为RS485通信用的S-Function，如程序5.10所示。这里，以轴的数目作为参数进行数据交换。在本例中对14个轴进行数据交换。

图5.103 基于RS485与机器人的连接

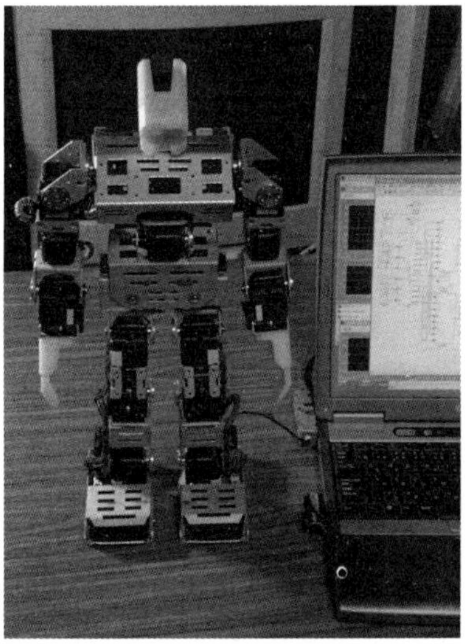

图5.104 Freedom III

程序5.10 <S-Function dyl_com_m>

```
#ifdef __cplusplus
    extern "C" {
    #endif
#define S_FUNCTION_LEVEL 2
#define S_FUNCTION_NAME dyl_com_m
#include "simstruc.h"
```

```
#include <stdio.h>
#include <stdlib.h>
#include <time.h>

#include <windows.h>
typedef unsigned long   _LONG;
typedef unsigned short  _WORD;
typedef unsigned char   _BYTE;
typedef union {
  _WORD     WORD;
  struct {
    _BYTE   L;
    _BYTE   H;
  }        BYTE;
} __WORD;

HANDLE hComm;
DWORD size;
static void mdlInitializeSizes(SimStruct *S)
{
ssSetNumSFcnParams(S, 1);
    if (ssGetNumSFcnParams(S) != ssGetSFcnParamsCount(S)) {return;}
    if (!ssSetNumInputPorts(S, 1)) return;
     ssSetInputPortWidth(S, 0,14);//DYNAMICALLY_SIZED);
     ssSetInputPortDirectFeedThrough(S, 0, 1);
    if (!ssSetNumOutputPorts(S,1)) return;
    ssSetOutputPortWidth(S, 0, 4);//DYNAMICALLY_SIZED);
    ssSetNumSampleTimes(S, 1);
    ssSetOptions(S, SS_OPTION_EXCEPTION_FREE_CODE);
        hComm = CreateFile(
                "¥¥¥¥.¥¥COM9",
                GENERIC_READ | GENERIC_WRITE,
                0,
                0,
                OPEN_EXISTING,
                FILE_ATTRIBUTE_NORMAL,
                0
                );
                printf("Open COM9!\n");
        if( hComm == INVALID_HANDLE_VALUE ) {printf("Failed!\n");}
                printf("Connected! \n");
```

```
                DCB dcb;
                GetCommState(hComm, &dcb);
                dcb.BaudRate = 1000000;
                dcb.ByteSize = 8;
                dcb.Parity = NOPARITY;
                dcb.fParity = FALSE;
                dcb.StopBits = ONESTOPBIT;
                SetCommState(hComm, &dcb);  /* DCB的设定 */
                printf("COM9 was setted!\n");
    }

static void mdlInitializeSampleTimes(SimStruct *S)
{
    ssSetSampleTime(S, 0, INHERITED_SAMPLE_TIME);
    ssSetOffsetTime(S, 0, 0.0);
}

void PositionSend(_BYTE ID,_WORD Position){
  char sData[11];
  _BYTE a;
  __WORD w;
  a=0xff;
  sData[0]=a;
  sData[1]=a;
  sData[2]=ID;
  sData[3]=7;
  sData[4]=3;
  sData[5]=0x1e;
  w.WORD=Position;
  sData[6]=w.BYTE.L;
  sData[7]=w.BYTE.H;
  sData[8]=0;
  sData[9]=0;
  sData[10]=~(sData[2]+sData[3]+sData[4]+sData[5]+sData[6]+sData[7]+
  sData[8]+sData[9]);
  WriteFile(hComm,sData,11, &size, NULL);
}

void PositionGet(_BYTE ID){
  char sData[8];
  _BYTE a;
```

```
  a=0xff;
  sData[0]=a;
  sData[1]=a;
  sData[2]=ID;
  sData[3]=4;
  sData[4]=2;
  sData[5]=0x28;
  sData[6]=2;
  sData[7]=~(sData[2]+sData[3]+sData[4]+sData[5]+sData[6]);
  WriteFile(hComm,sData,8, &size, NULL);
}

static void mdlOutputs(SimStruct *S, int_T tid)
{
    int i,j;
    _WORD k;
    unsigned char buff[8];
    InputRealPtrsType uPtrs = ssGetInputPortRealSignalPtrs(S,0);
    real_T *y = ssGetOutputPortRealSignal(S,0);
    int_T width = ssGetOutputPortWidth(S,0);
    for (i=0;i<mxGetScalar(ssGetSFcnParam(S, 0));i++){
        j=(*uPtrs[i]);
        k=(_WORD)j;
        PositionSend(i,k);
    }
    PositionGet(4);
    ReadFile(hComm, buff, 8, &size, NULL);
    i = (buff[5] | (buff[6] << 8));
    if (i & 0x400) j = -(i & 0x3ff); else j = i;
    y[0]=j; //前+
    PositionGet(5);
    ReadFile(hComm, buff, 8, &size, NULL);
    i = (buff[5] | (buff[6] << 8));
    if (i & 0x400) j = -(i & 0x3ff); else j = i;
    y[1]=j; //内+
    PositionGet(10);
    ReadFile(hComm, buff, 8, &size, NULL);
    i = (buff[5] | (buff[6] << 8));
    if (i & 0x400) j = -(i & 0x3ff); else j = i;
    y[2]=j; //前-
    PositionGet(11);
```

```
    ReadFile(hComm, buff, 8, &size, NULL);
    i = (buff[5] | (buff[6] << 8));
    if (i & 0x400) j = -(i & 0x3ff); else j = i;
    y[3]=j; //内-
}

static void mdlTerminate(SimStruct *S){
    CloseHandle(hComm);
        printf("\nCOM9 was closed\n");
}
/*=============================*
 * Required S-Function trailer *
 *=============================*/
     #ifdef  MATLAB_MEX_FILE     /* Is this file being compiled as a MEX-
file? */
    #include "simulink.c"      /* MEX-file interface mechanism */
    #else
     #include "cg_sfun.h"       /* Code generation registration function
*/
    #endif

    #ifdef __cplusplus
} // end of extern "C" scope
#endif
```

这里，根据S-Function，输出左右脚踝伺服电机的负载，前后和左右方向，一共输出4个数据。图5.102中模型的S-Function aimotor_c10更改为程序5.10运行，图5.105显示其结果输出。

看一看步行与所产生负载的关系，可以简单地理解如何更好地控制机器人。

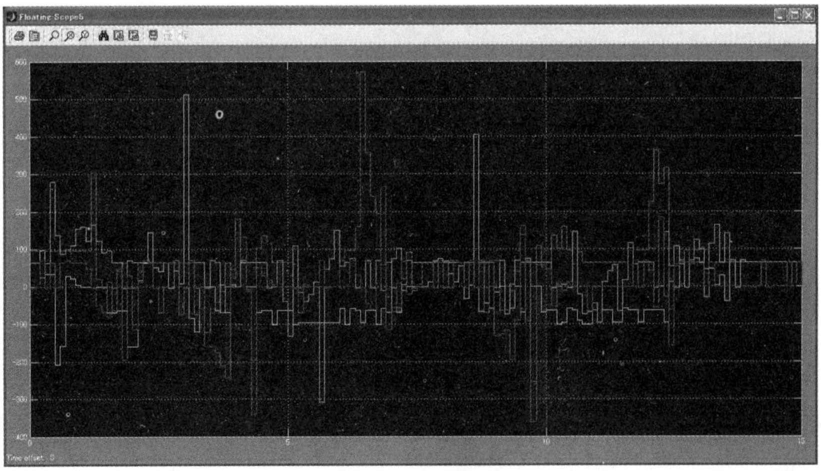

图5.105 S-Function dyl_com_m的输出结果

5.9.5 Real-Time Workshop的使用

Simulink中的动作是解释性动作，所以不能期望速度。另外，PC程序工作时不能保证整体实时性。

于是，要进一步提高速度，最好使用Real-Time Workshop。因此，需要安装MATLAB、Simulink、Real-Time Workshop。

在Freedom Jr.的步行模型画面（FreedomJ_walking）运行Real-Time Workshop，然后进行编译，生成EXE文件。这时，设置仿真参数如图5.106，图5.107。

图5.106 FreedomJ_walking的仿真参数设置（解算器）

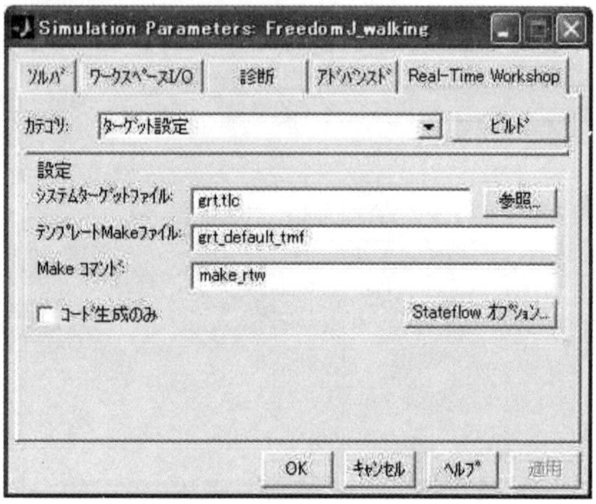

图5.107 FreedomJ_walking的仿真参数设置（Real-Time Workshop）

如果从命令提示画面运行这个文件，与Freedom Jr.相同，机器人就步行。另外，从MATLAB画面输入下面的命令进行动作。

```
>>! FreedomJ_walking
```

这时，由于没有对应示波器的正弦曲线，卸下装有输出模块的文件，此后用MATLAB的Plot命令进行确认。

5.10 使用xPC Target的机器人开发

5.10.1 xPC Target的开发环境

可以安装在机器人上的实际工具是xPC Target，就是把PC当成目标。这时，采用图5.108所示连接。

为此，使用下面的环境。在主PC中安装MATLAB、Simulink、Real-time Workshop、xPC Taeget、xPC Target option等软件。另外，为了便于下载程序，需要配备RS232C或TCP/IP。

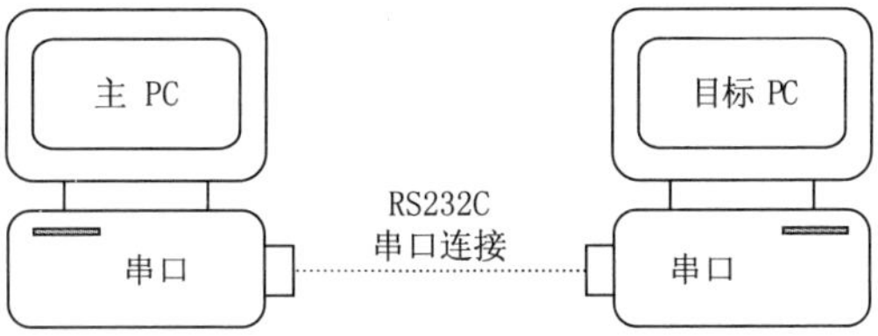

图5.108 使用xPC Target的硬件环境

目标PC是IBM兼容PC，最好事先配备磁盘、键盘、显示器、光盘（CF卡等均可）等硬件。

早期使用过的Windows PC也可以吧。可是，这些PC不能安装在机器人上。这样看来，实际上只能是体积小的主板。

这里采用ADAVANTEC（http://www.adavantech.co.jp/epc/SBC/pc_104/pcm3350.html）生产的PCM-3350，其性能参数见表5.23。如图5.109所示，其尺寸稍稍有点大，但也可以装在机器人机体上。使用它是因为它有足够的CPU能力和较高的开发效率。

表5.23 PCM-3350的性能指标

扩展BUS		PC/104
芯片组		AMD CX5530A
L1高速缓冲存储器		16KB
实装CPU		低耗电，2.0V
BIOS		BIOS AWARD256 KB Flash
SSD		CF卡槽
电 池		锂3V/196（mA・h）
系统内存	最大容量	256MB
	内存类型	SDRAM
	槽 数	144PIN SODIMM×1
显示能力	控制器	NS CX5530A
	VGA	1024×768@16bpp（CRT）
		1024×768@18bpp（TFT LCD）
	LCD	18 bit TFT LCD
	ViDiO 内存	通用内存（1~4MB）
串 口	控制器	16C550UART互换
	COM1	RS232C
	COM2	RS232C
并 口		对应1-port SPP/EPP/ECP
E-IDE		1-port （PIO Mode 3/4,Ultra DMA 33）
FDD		1-port
Network		Intel 82559 ER, 10/100Base-T
IrDA		1×115kb/s SIR，IrDA1.0（备）
USB		USB 2×USB HID（备）
PS/2鼠标		1-port
键 盘		键盘与PS/2鼠标同时使用
电 源		APM 1.2
看门狗定时器		1.6s（可指定间隔）
耗 电	标 准	+5V@1.04A
	最 大	-5V@1.35A
使用环境		温度：0~60°C，湿度：0~90%，RH，无露
外形尺寸		96mm×90mm

CPU板（图5.110）的优势是价格低廉，仅是伺服电机价格的4倍。单个板看来，也可以安装Windows，与PC具有同等的能力。但是，没有外围设备。因此可以把速度变慢、不再使用的PC进行分解，配备为外围设备。

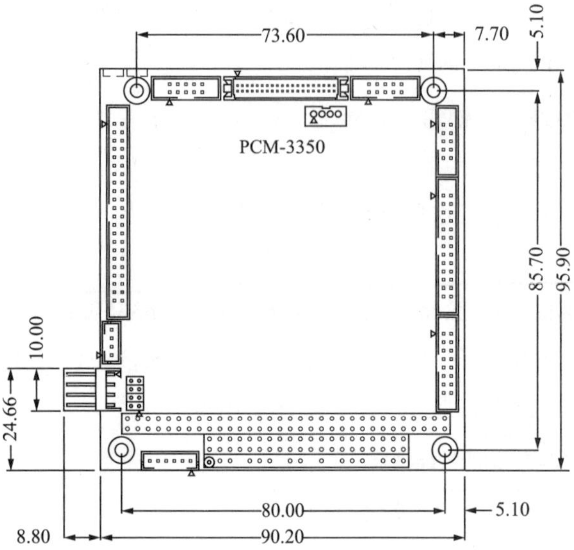

图5.109 PCM-3350的尺寸

图5.110 PCM-3350

图5.111是开发环境，笔记本电脑用作主PC。

虽然考虑简单地采用CF卡，但是实际上存在安装问题。首先，需要更改图5.112所示BIOS的设置等，还需要显示器和键盘。另外，为了生成启动盘，还需要软盘。这的确就是PC了。如果完成所有的设置，仅从CF卡通过CPU板就可以启动了。

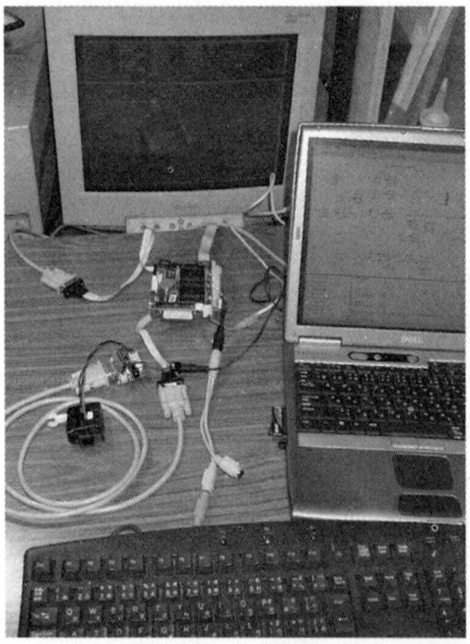

图5.111 开发环境

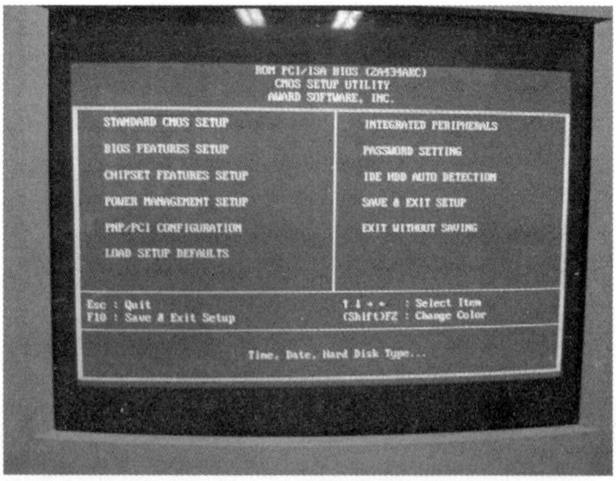

图5.112 BIOS设置画面

5.10.2 Target PC的安装

首先创建启动盘。在主PC上需要磁盘驱动器。从MATLAB画面，输入

```
>>xpcsetup
```

创建启动盘。这里在已经导入xPC Target Embedded Option后，设置“TargetBoot”为“DosLoader”，创建启动盘（如图5.113所示，如果没有导入xPC Target Embedded Option，只有从磁盘启动）。

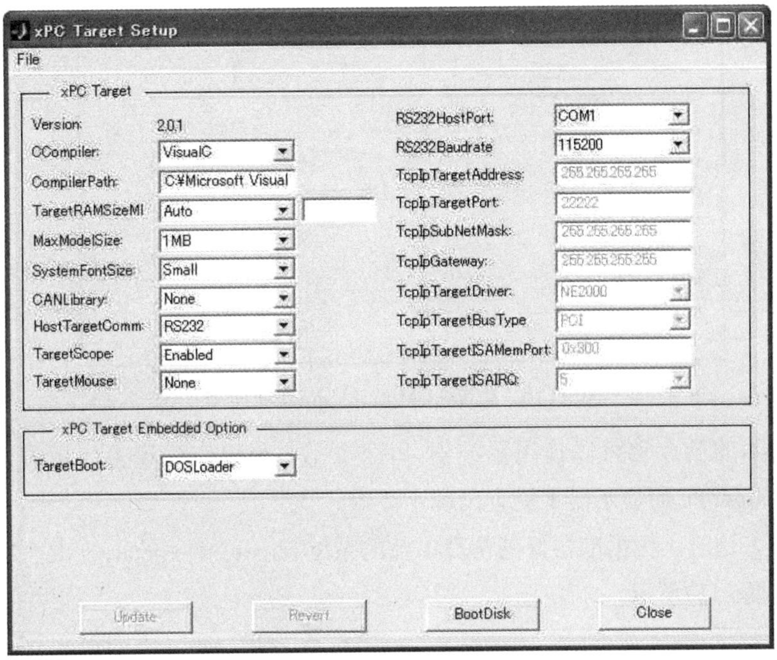

图5.113 安装xPC Target

如果把创建的磁盘内容复制到CF卡驱动器，就可以从CF卡驱动器启动Target PC。并不一定要把磁盘装在机器人上，这样只会增加质量。

下面，安装MS-DOS。现在已经难以找到MS-DOS系统了，如果有老的PC启动盘，就可以安装MS-DOS。如果有Windows95启动盘，就更好了。

从Target PC的磁盘驱动器启动MS-DOS，对CF卡驱动器进行格式化，装入MS-DOS。只要把创建的启动盘内容复制到CF卡驱动器就可以了。在BIOS中，事先设置启动驱动器为CF卡驱动器，再次启动Target PC，如图5.114所示。

图5.114 Target PC的画面

5.10.3 在主PC中生成Simulink模型

试着把前述AI-Motor的通信程序移植到xPC Target中。图5.115是控制1个AI-Motor的

Simulink模型。这里把与AI-Motor的通信处理也用Simulink进行表述。Simulink对二进制也能进行简单处理。

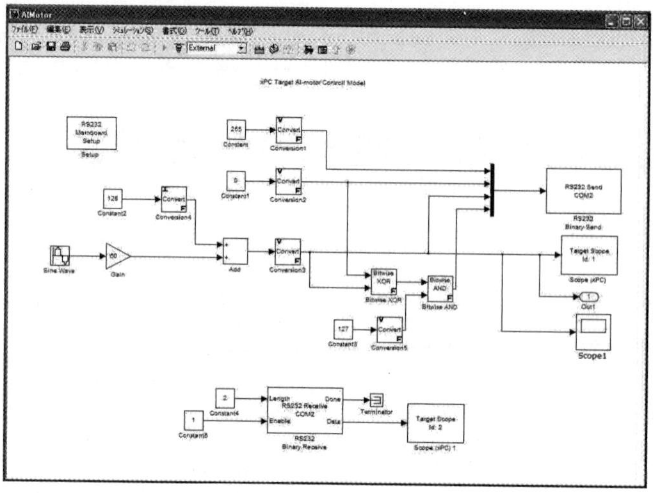

图5.115 控制AI-Motor的Simulink模型

xPC Target的场合也可以使用示波器，图5.116中如果事先设置“示波器类型”为“Target”，Target PC的显示器上就会出现示波器。

开始仿真。这时，根据准备好的仿真参数的系统Target文件xpctarget.tlc，在PC上生成动作代码，如图5.117所示。

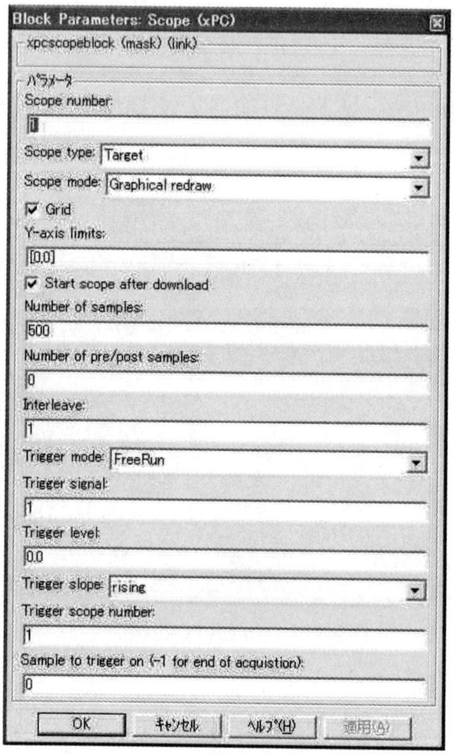

图5.116 块参数的设置

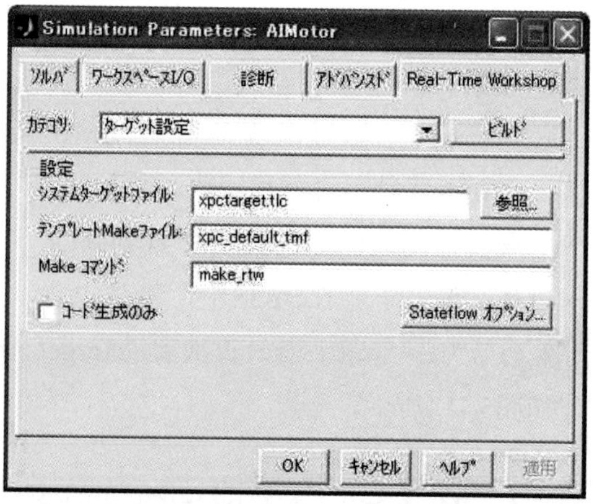

图5.117 AI-Motor仿真参数的设置（Real-Time Workshop）

5.10.4 Target PC中模型的动作

用RS232C电缆连接主PC与Target PC来确认动作。在AI-Motor画面设置“仿真”为“external”。接着，从“工具”菜单选择“Real-Time Workshop”，执行模型制作器（Builder）。此后，自动发送到Target PC，就出现图5.118的画面。

这里，从AI-Motor模型画面的“仿真”的“Target”中选择连接，继续选择实时仿真的开始。这样，AI-Motor按正弦曲线动作的同时，Target PC上的显示器中就显示出图5.119那样的示波器画面。

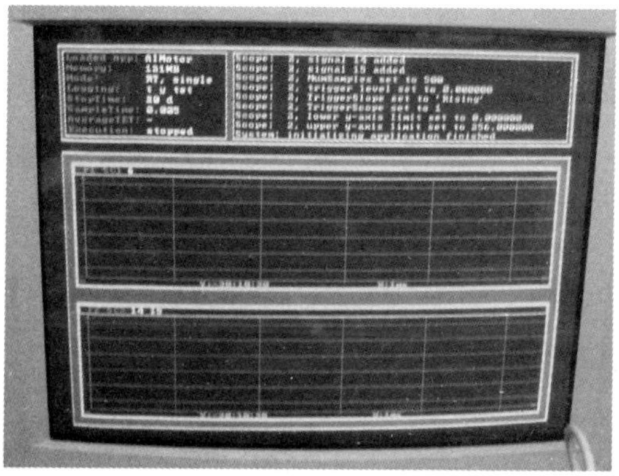

图5.118 Target PC画面

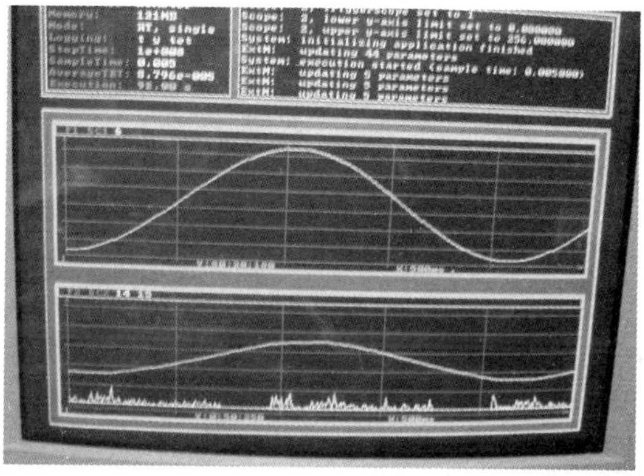

图5.119 Target PC画面所显示的示波器

如果Target处于连接状态，在AI-Motor模型画面上就可以修改参数。例如，单击Sin曲线模块，可以改变周期。在图5.120中，如果提高频率，AI-Motor就开始快速转动，如图5.121所示示波器的结果，就可以看出跟踪没有中断。

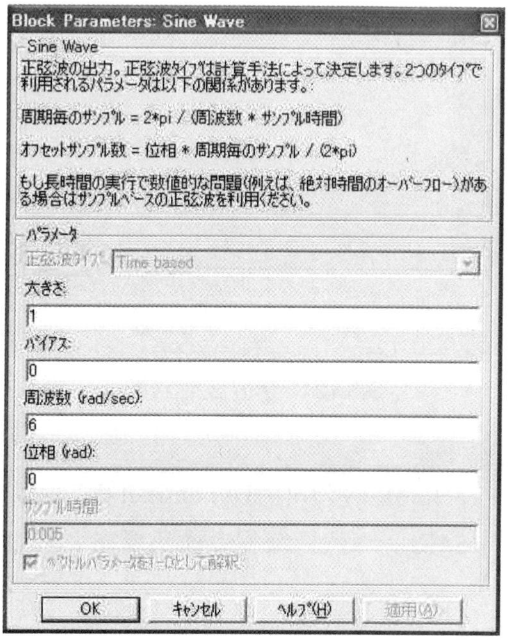

图5.120 块参数（正弦波）的更改

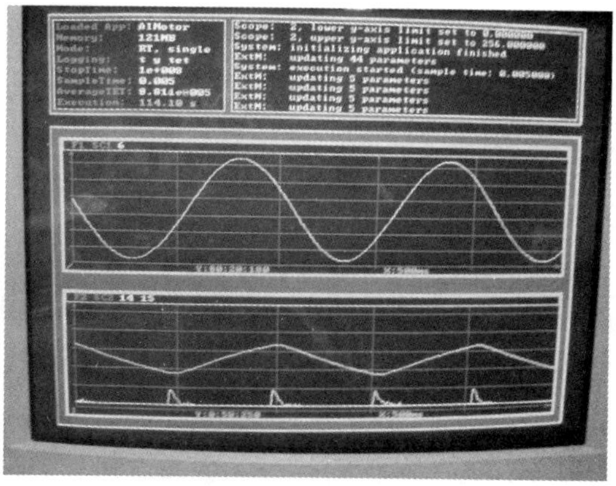

图5.121 示波器结果

就这样，在让xPC Target动作的同时，可以进行参数调整。而在修改模型时，需要关掉Target PC。

至此，就已经把CPU板装在机器人上了。关掉Target PC显示器，示波器就显示在主PC上。 单击AI-Motor模型画面的Target示波器，在主PC上设置示波器形式如图5.122所示。

再次运行模型制作器，一旦完成加载，机器人就在MATLAB画面运行。

```
>>xpcscope
```

这时，PC上出现示波器。如果运行仿真命令，就在如图5.123、图5.124的示波器上显示数据。

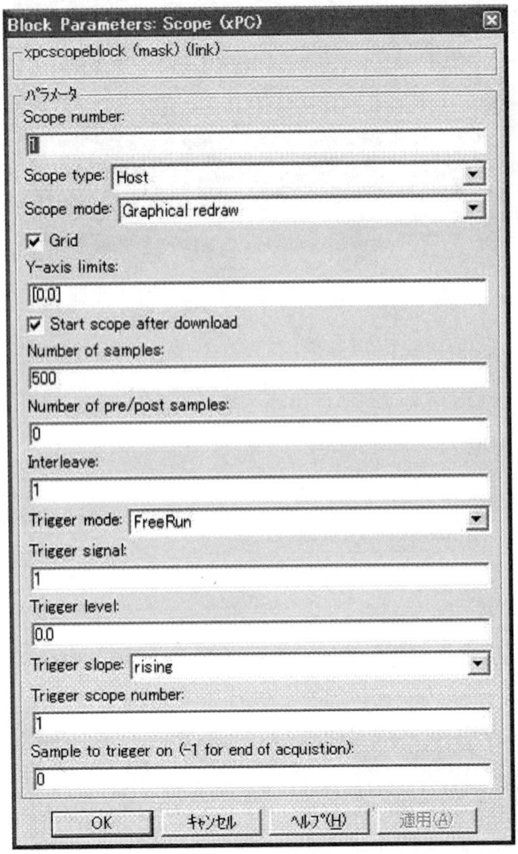

图5.122 块参数(示波器)的设置

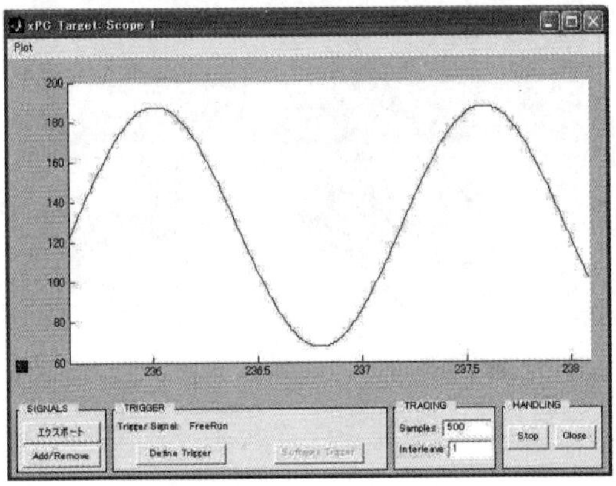

图5.123 示波器1的结果

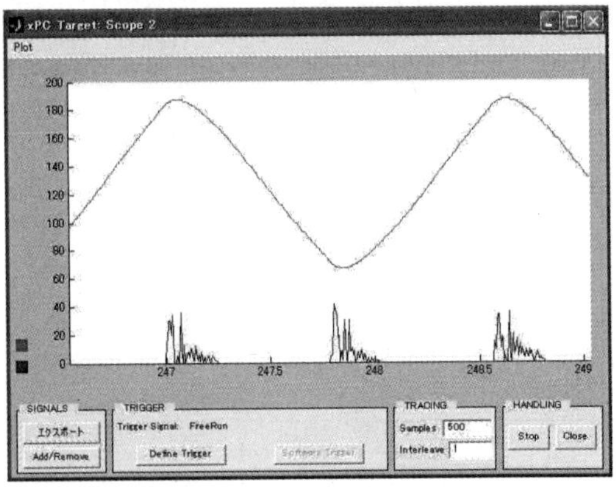

图5.124 示波器2的结果

以上，学习了使用xPC Target简单的开发环境。

另外，与前述相同，可以简单地使用Best Technology公司的Dynamixel等产品。PCM-3350不仅对应RS232C，也对应RS485或RS422。当然，编程方面还要靠大家的实力了。

参考文献

[1] ロボコンマガジン No. 20（オーム社），初心者のための二足歩行ロボットの作り方，西山一郎
[2] ROBO-ONE のための二足歩行ロボット製作ガイド（オーム社），第7章「剛王丸の製作」，津藤智
[3] 第2回 Technical Conference センサーセッション，西村輝一，http://www.robo-one.com/
[4] 倒立振子を利用した現代制御入門，川谷亮治，http://feedback.mech.fukui-u.ac.jp/

第6章

应用案例

<6.1节>

西村　辉一　ROBO-ONE委员会代表。

<6.2节>

下笹　洋一　生于1968年，毕业于千叶大学电气工程系。曾在综合警备保障株式会社从事警备机器人的研发，主要承担与软件相关的工作。现在已很少从事程序设计工作了。

<6.3节>

津藤　智　一名立志拥有自己制作的机器人的公司职员，主页URL：http://www.geocities.co.jp/Technopolis/7050。

<6.4节>

福沢　彰宏　原名范堰源，1962年生于中国上海，1989年迁居日本，2000年创立软件技研株式会社。电子邮箱：fukuzawa@soft-giken.co.jp。主页URL:http://www.soft-giken.co.jp。

<6.5节>

坂本　元　1967年生于和歌山县，1989年毕业于上智大学工学系，同年进入川崎重工株式会社。2000年离职，2002年创立开拓者研究所有限公司，进行机器人开发和销售工作。

<6.6节>

杉浦　登　在庆应义塾大学吉田研究室从事过神经、GA研究。结业后就职于电机制造厂，从事系统设计工作。主页URL：http://www1.seaple.icc.ne.jp/sugi/index.html。

6.1 ROBO-ONE on PC

6.1.1 ROBO-ONE

双足步行机器人竞赛ROBO-ONE是广大机器人爱好者实现梦想的比赛。ROBO-ONE在提升机器人格斗技术的同时，也推进了各项相关技术的发展。如图6.1中开门的ROBO-ONE door，图6.2中正在爬台阶的ROBO-ONE stairs等，距离步行机器人进入我们家庭的时刻已经不远了。

图6.1 开门机器人

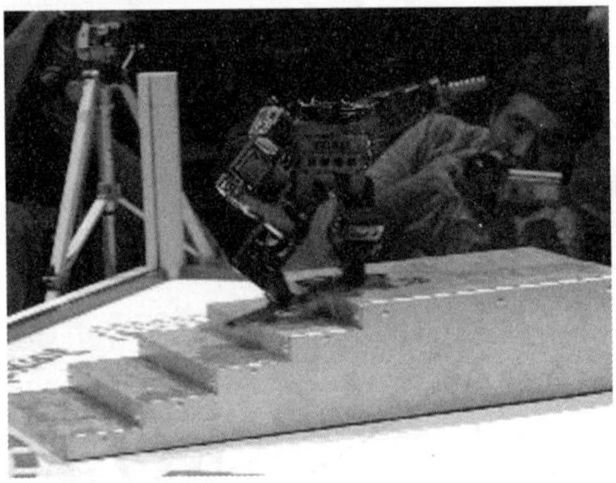

图6.2 爬台阶机器人

进一步，ROBO-ONE委员会正在考虑在2010年举行ROBO-ONE宇宙大会。第1届宇宙大会的主旨是在月球表面进行。现在看来这也许是梦，但是这意味着人们已经开始实施面向梦想的行动了。仅仅等待是难以推进机器人发展的。因此，ROBO-ONE委员会将举行ROBO-ONE on PC这样的在PC上称霸月球表面的仿真大会。

6.1.2 ROBO-ONE on PC的内容

ROBO-ONE on PC的目标是在尝试根据双足步行机器人仿真进行分析，提高性能的同时，开发能在将来参与宇宙空间中举办机器人大会的机器人。机器人控制算法的开发、轻量化及强度最优化等将首先在月球表面动作的机器人仿真方面进行。

■ 在月球上生存—Mission1 (2003)

第1届宇宙大会的主旨是进行月球表面对决，首先在PC上进行生存仿真比赛（Mission1），完成若干任务后，才能举行宇宙大会，这的确是非常有趣的事情。

仿真大赛的故事背景如下：

“为了第1届宇宙大会在月球表面进行对决，ROBO-ONE战士乘坐宇宙飞船，在月球表面（平静的海）着陆。ROBO-ONE战士站立在月球表面的瞬间，机器人从宇宙飞船爬上台阶，跳到月球表面上。由于在月球上的重力是地球的1/6，并且是在崎岖不平的地面着陆，宇宙飞船就会不停地摇摆。”

大赛就是在这样的背景下由PC模拟实现的。大赛将对机器人的设计、步行、爬台阶的美观程度，以及控制方法、机构、强度设计的正确与否进行评价。图6.3将这个题目转换为仿真的场景。大赛旨在激起参赛者创作的梦想。在此基础上，大赛还设置了摇摆的台阶和凹凸不平的着地区域。

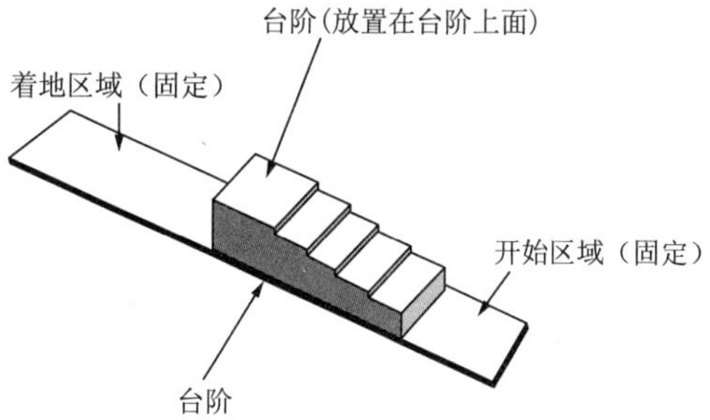

图6.3　仿真场地

■ 在月球上生存—Mission2 (2004)

第2届ROBO-ONE on PC按照下面的故事进行：

“下降到月面的机器人战士们，从这个战场开始移动到某一‘平静的海’。可是，面前是两个深而窄的裂缝，机器人战士们必须飞过这个裂缝。而这两个裂缝的间隔很狭窄，只能单腿着地。并且为了便于跑动，在单腿着地的前后，有两腿腾空的瞬间。同时，大赛设定重力是地球表面的1/6。”

■ PC上机器人的规格

机器人的规格与在地面上的ROBO-ONE相同。

（1）使用下述3个软件：

- Autodesk Inventor；
- MATLAB/Simulink，Stateflow；
- MSC.VisualNastran 4D。

（2）使用材料就是MSC.VisualNastran 4D标准库中提供的材料，强度允许到屈服强度的屈服点。

（3）使用与市面上出售的具有相同形状、质量的伺服电机。

（4）不考虑控制板或导线的质量和圈数。

（5）采用能够用于控制的与市面上信息相同的传感器。

（6）电池的质量按机器人质量的5%考虑。

软件采用由Cybernet System公司提供的MATLAB/Simulink，机器人控制部分的软件环境为Stateflow，特别是用于摇摆台阶的控制、跳跃及着地控制等。大赛将提前从多个企业使用的软件中决定采用合适的软件。

6.1.3 参赛机器人

■ 第1届ROBO-ONE on PC的结果

第1届ROBO-ONE on PC大赛的参赛选手有16名（组），最终提交分析结果资料的选手有8名。选手在半年期间使用3个软件进行仿真，即使对有兴趣进行仿真的人来讲也的确很困难。可是当选手看到仿真结果时，是一件多么令人感动的事情啊！比赛结果见表6.1。

表6.1 第1届的比赛结果

	选 手	机器人名称
优 胜	No.9	刚王丸
准优胜	No.3	FZ-2
第3名	No.6	开拓者4号

从提交的资料中选出参赛者的机器人图像，就可以简单捕捉机器人仿真的情景，详细请看下节关于参赛者的解说。

图6.4、图6.5、图6.6是优胜机器人“刚王丸”。当采用MAILAB、Simulink进行驱动时，就可看到它非常漂亮的动作。

图6.4 步行的刚王丸

图6.5 爬台阶

图6.6 跳跃

图6.7是准优胜者FZ-2，图6.8是实物。机器人实物也做得非常棒。

图6.7 爬台阶的FZ-2

图6.8 完成的FZ-2

图6.9、图6.10、图6.11是第3名开拓者4号。机器人实物是ROBO-ONE“Bandai”杯的优胜者。

图6.9 开拓者4号

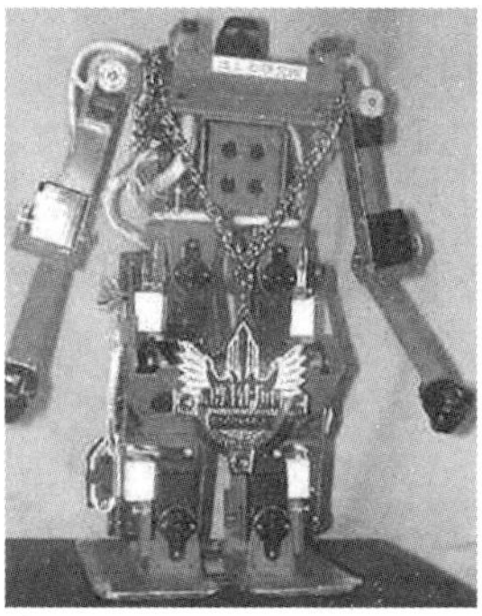

图6.10 开拓者4号实物

图6.11 爬台阶的开拓者

另外，图6.12是正在进行的各种各样的机器人设计，还没有达到充分地仿真，将来的比赛会是更有趣的(详细结果可参考http://www.robo-one.com)。

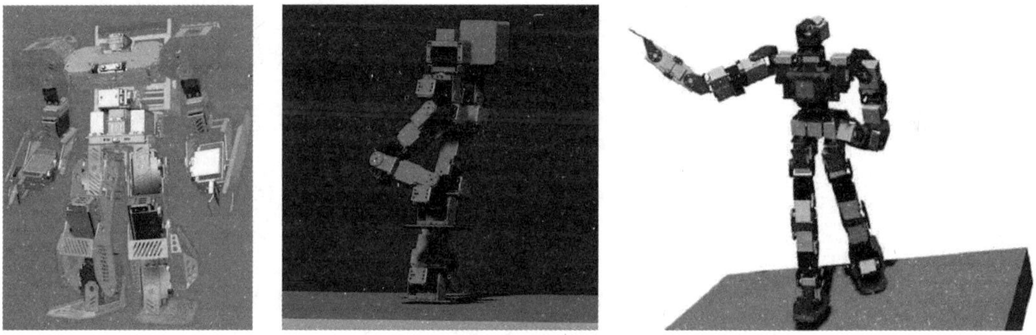

图6.12 机器人的设计

■ 第2届ROBO-ONE on PC的结果

第2届ROBO-ONE on PC的结果如表6.2所示

表6.2 第2届的比赛结果

	选 手	机器人名称
优 胜	No.25	bode
准优胜	No.1	刚王丸S
第3名	No.6	JOE

ROBO-ONE大赛正在变得越来越有趣，对于提高仿真技术的意义也越来越明显。详细请看ROBO-ONE的主页。

6.1.4 仿真概述

仿真主要按照图6.13所示流程进行。通过Inventor在三维空间中进行机器人设计，然后传送到MSC.visualNastran 4D中。在这里设置进行机构分析的约束，根据Simulink生成控制算法，并与MSC.visualNastran 4D协同控制机器人的动作。

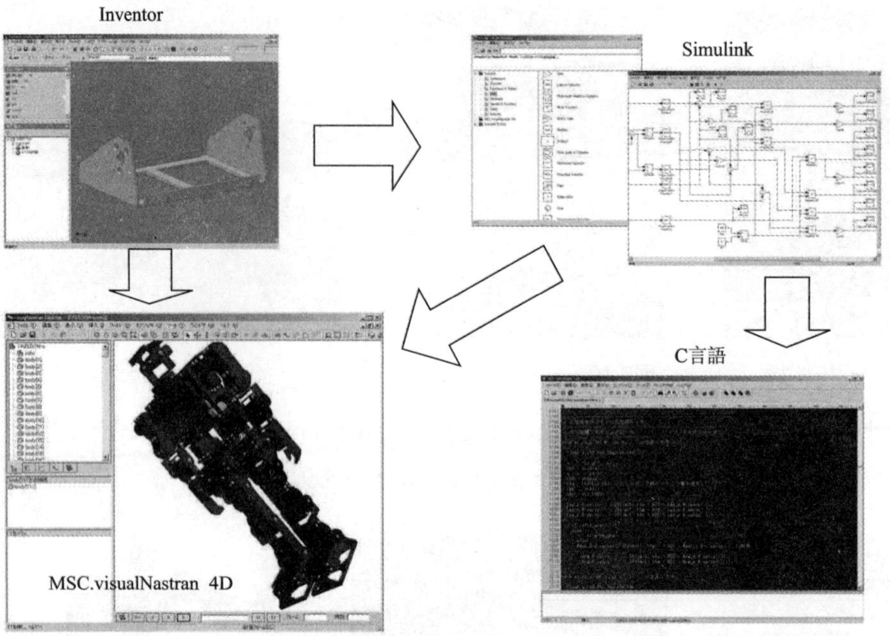

图6.13 仿真的流程

图6.14给出了基于Simulink与MSC.visualNastran 4D进行数据传递的过程。像这样概括软件间的数据交互是很重要的。

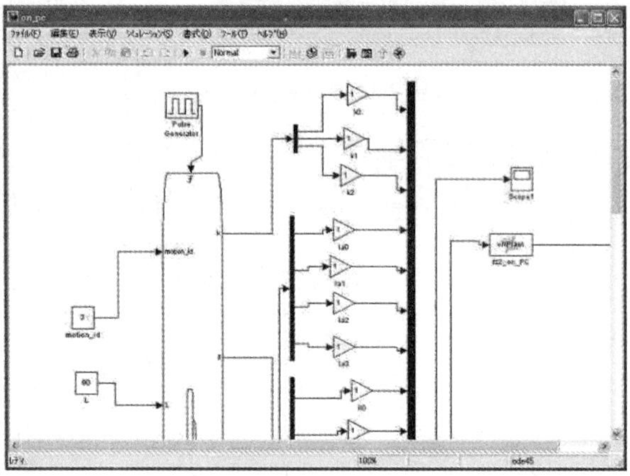

图6.14 基于Simulink与MSC.VisualNastran 4D数据传递

软件不是万能的。专业人员使用高精度仿真软件固然可以解决精度问题。但专业之间的差异很大。因此，最核心最重要的是数据的交换和自由协同。也就是说，集成软件并不是完美的，集成软件的使用只能提升效率。

双足步行机器人是在组合各种各样技术的基础上完成的。因此，如果组合便于使用、精度良好的仿真软件，就可以简单地进行更高级的仿真。

6.1.5 实现仿真之梦

日本的仿真工程师们持有难以忘却的梦想和感动。在PC上可以通过仿真进行简单的试验。

在PC上可以进行简单的月球表面仿真，如果考虑在月球表面上行走，实际上也很容易。这样简便的仿真运用，对他们目标的实现是不可或缺的。

6.2 U-knight

6.2.1 U-knight简介

“我想让自己设计的机器人动起来”，“想通过仿真进行实际机器人的运动”，这两个是促使笔者参加ROBO-ONE on PC的动机。

笔者参加了第1届、第2届ROBO-ONE大会A-Do组的程序制作。在第2届大会上，笔者制作了与A-Do几乎相同的另一个机器人，图6.15所示的U-knight 1号即参加比赛的机器人。

大会上有着各种各样设计的机器人，使我非常振奋。特别是吉村先生的R-Blue、森永先生的钢铁战士，在设计上和动作上都相当完美，堪称理想的机器人。

笔者原创的机器人U-knight 2号在第3届参加了比赛，见图6.16。坦率地讲，这个机器人并没有成为非常好的设计，因为它使用了市面上的伺服底座，笔者只完成了其中一半的设计。

图6.15 U-knight 1号

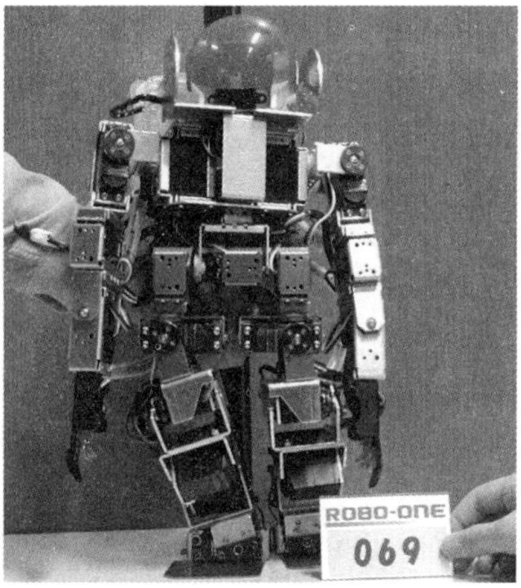

图6.16 U-knight 2号

即使用伺服底座，也有人能将其做得非常好。可是，笔者这个组装方法仅仅是构想，在实际中很难把想象的用手工制作出来，以至于很多人在反复尝试中放弃了。尽管如此，通过CAD在PC上反复修改，还是非常方便的。那时，ROBO-ONE on PC就可以举行了。

决定了参加ROBO-ONE on PC，就达到了第1个目标，即“我想让自己设计的机器人动起来”。作出使自己满意的机器人设计、按照所设计的进行制作，就可以参加第4

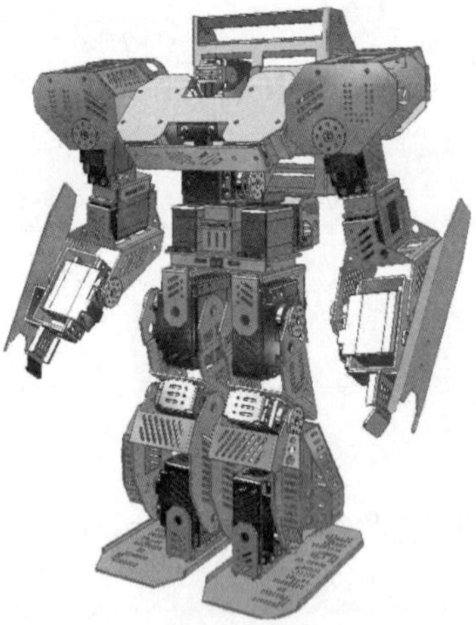
图6.17 基于Inventor的U-knight的设计

届ROBO-ONE了。遗憾的是，第2个目标——“想通过仿真进行实际机器人的运动”没有达成，但是在第1届ROBO-ONE on PC上仍然获得了设计奖（图6.17）。

想制作机器人，却不知道如何是好……自己一点设计感都没有……也就自己一个人。对于从事程序设计的我来讲，从没有接触过CAD，该怎么构想外观，进行设计呢？真是左右为难啊。

这次把我在机器人设计、制作、仿真中的一些技巧介绍给大家。如果能为机器人制作爱好者提供参考，我将倍感荣幸。

6.2.2 外 观

■ 概 念

制作机器人时，不能马上入手进行设计和制作。设计机器人时，需要预先确定制作什么样的机器人。我在设计机器人时，主要考虑以下两个方面：

- 非常好的外形设计；
- 实际也能动作的设计。

机器人应该有好的外形。为第3届大赛制作的机器人，还不能说是具有好的外形设计。不管花了多少时间进行设计，总是觉得外形设计不够好，发誓下次一定要做一个完美的机器人。

但是，如果光是外形好，在ROBO-ONE中是没有意义的。当时第4届大会快到了，我将在Inventor下设计的机器人的目标定在能够在第4届大会上出场。可是，ROBO-ONE on PC定于2010年召开ROBO-ONE宇宙大会，以月球表面对决的仿真作为主题。这就意味着，就仿真而言，需要创建设计实际机器的模型。

■ 设计方针

为了追求拥有良好外形，并且真正能够步行的机器人，引出了下面的设计方针。

首先，确定了下半身能行走并易于仿真的设计。参考步行机器人的结构，来决定腿的长度等。

在上半身的设计中优先考虑外观，动画、游戏中的机器人是良好外观设计的宝库。由于在动画、游戏中胸部、肩膀等有特点的机器人造型很多，因而我们也要考虑机器人胸部、肩膀等的设计。另外，要其动态地完成动作，腰部前后与左右每个方向都要有自由度。

另外，考虑制作时的维护等问题，提出以下方针：

- 使用市面上的伺服电机，无需进行改造；
- 简单设计，不使用皮带传动等；
- 机体基本上按铝材质钣金结构考虑；
- 使用市面上已有的控制器。

■ 构 思

在开始具体设计之前，先在大脑中想象一下要制作的机器人的大小、形状、自由度等。无论如何，不会很快就出现具体的设计。对我来讲，主要是参考其他的机器人，并在其中加入自己的创新点。在进行设计时，把对机器人大致的印象写在本子上，一边在Inventor中设计，一边反复尝试决定各部分的形状。一旦确定了粗略的框架，接着就是考虑构成机器人所需要结构体的材质、电机、控制单元(CPU)、电池、传感器及无线单元等。此外，由于使用的是市面上的电机，所以，机器人大体尺寸、质量就确定了。

选定机器人的组成见表6.3及图6.18~图6.20。

表6.3 机器人规格

高 度	约35cm
质 量	约2.5kg
自由度	腿：6×2 臂：4×2 腰：2 头：1 计：23
机体的材料	铝A5052，板厚：1.5mm
控 制	分散控制方式
	UNICON（main 1，sub 5）
电 池	锂电池
传感器	光电距离传感器 GP2D12×1
无 线	无线控制方式，FM 40MHz

图6.18 ROBO UNICON

图6.19 伺服电机与舵盘

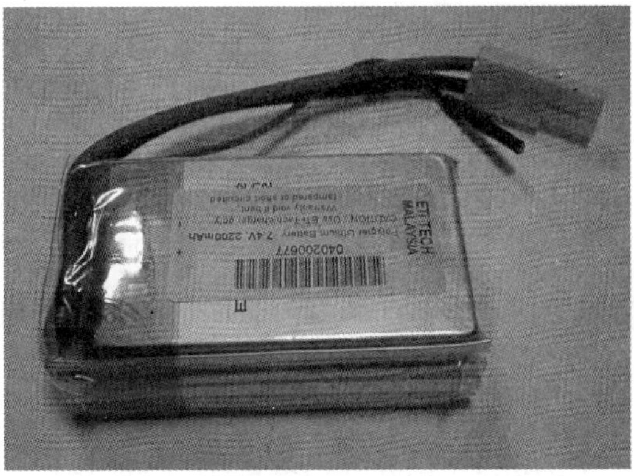

图6.20 锂电池

关于组成机器人的部件的选择理由这里不特别涉及，《双足步行机器人制作指南》中记载着各种各样的信息，请参考。

6.2.3 设　计

■ 下半身

由于下半身是进行步行并且便于仿真的结构，设计条件按以下决定：

- 大腿部与小腿部分长度相同；
- 踝关节与髋关节采用正交轴。

以上都是为便于仿真而设定的条件。当考虑蹲下的动作时，如果大腿与小腿长度相同，在俯仰方向大腿、膝盖和踝关节就会弯曲成1∶2∶1的角度，重心在前后方向不动，因此仿真计算并不复杂。详细的说明在第2章中已经介绍过了。

那么，就取大腿和小腿的长度为80mm（图6.21）。这是参考其他的几个机器人后确定的值。

简单地说明踝关节与髋关节的俯仰轴和滚转轴正交的理由。计算仿真中的各关节的位置时，如果正交，则这个位置与任何轴都在同一位置，因此计算就变简单了（图6.22）。这个计算在PC上应该没有问题。可是，通过安装在机器人上的微处理器进行计算时，可能会出现计算量大的问题。

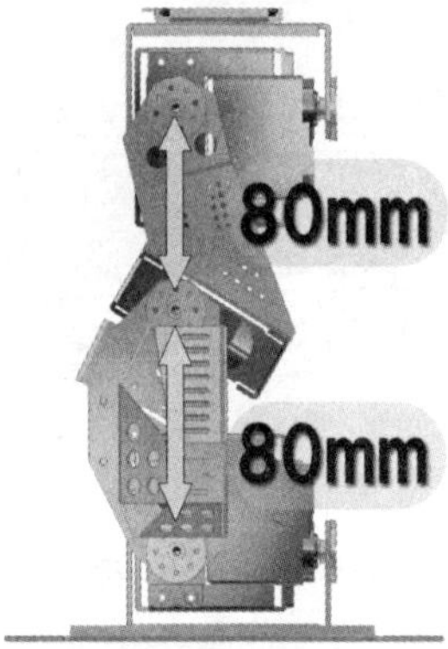

图6.21　大腿与小腿的长度

图6.22　正交轴

■ 上半身

上半身考虑了动画或游戏中外形设计好的机器人。按照出现在动画或游戏中的机器人的印象，主要考虑的就是胸部和肩部。夸张地突出胸部、加宽肩部，把这两点融入外观设计中后，胸部就变为斜面，再把伺服电机也设计成这个结构。肩部也不要过分地大，具有一定威慑感就行（图6.23）。

关于腰部周围，由于进行了动态设计，因此就决定了前后和左右的动作。到后来，一直头疼前后方向的伺服电机该怎么布置，结论是也可以不安装电机。在实际中，上半身非常重，伺服电机的安装位置也不是很好，伺服电机负载又非常重，动不了几次就被

图6.23 胸部与肩部的设计

损坏了。当时没有安装伺服电机，只有结构框架。

关于机器人的头部，不只是玩具娃娃的脸面，机器人的脸也是非常重要的。脸部没有想到安装伺服电机，因此看上去简单、耐看，就是现在的设计。

踝关节也是参考其他机器人设计的。只要从外观上多下工夫，就会有创新。

在机器人中作为外观设计的颜色也是很重要的。Inventor的配色可以更改，所以在实物上色之前，可以先在PC机上按某种程度的图像进行调整确认（图6.24）。

图6.24 基于颜色更改的图像的确认

6.2.4 基于Inventor的设计

■ 机器人的作图顺序

前面给出了外观设计的方针和设计结果，本节讲述使用Inventor进行设计的过程。当看到自己的想象出现在PC上时，心里也会有些许感动。

由于这是我第一次使用三维CAD，在开始制图时，还不是太明白作图的具体顺序该如何呢。这里，只讲述我的作图顺序。Inventor的使用方法已经详细地介绍过了，因此这里不做详细的说明。我仅概括地介绍设计机器人的作图顺序。

作为机器人制作，就使用市面上的部件或控制板（图6.25）。如果购进这些部件，就能尽快入手。不能入手的是结构件，如果设计好结构件再制作的话，就可以做出机器人。从结论上看，设计机器人就是设计结构件，并装配各部件。

Inventor中设计机器人时的步骤如下：

（1）按各部件数据进行绘图；

（2）部件的布置；

（3）结构件的设计；

（4）部件与结构件的约束；

（5）重复（2）~（4）或（3）~（4）。

■ 按零部件数据作图

首先，对伺服电机、舵盘、CPU、电池等，创建所有大小已确定的零部件数据。通过卡尺反复测量各部件的尺寸，尽可能获得准确的数据（图6.26）。

图6.25 选定的部件

图6.26 伺服电机与舵盘的数据

伺服电机采用近藤科学的PDS-2344FET。这个伺服电机的数据由以生产R-Blue系列著名的吉村公司提供，大大缩短了制作的时间，借这个机会对近藤科学表示感谢。

有些厂家在主页上公开伺服电机的数据，上传的数据大部分都是DXF文件，利用这些数据生成Inventor数据也是有效的方法。实际上，厂家的数据与实物还有一些差别，因此，最好自己亲自测量一下实际的尺寸。

CPU和电池还要考虑布线或接头的布放空间。在知道这些大体尺寸后，就可以按长方体生成合适的数据。

换句话说，我自己是个地地道道的初学者，对三维CAD中的用语也不是非常清楚，所以废话可能多一些，也没有抓住核心内容。我只是把我自己理解的用语在这里稍加叙述。

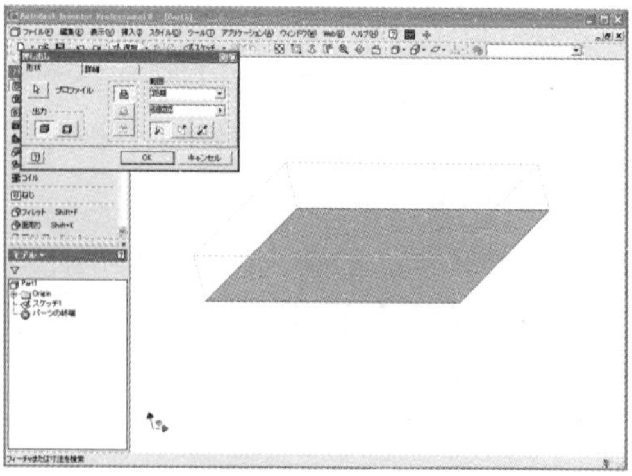

图6.27 拉伸特征

“特征”是制作零件实体时拉出立体、或切出立体就可以作出零件形状的作业。把这个拉出或切出的操作叫做特征。那么，这个特征如果不绘图，就不能运行。拉出、切出什么样的形状都需要绘图。也就是说，在绘图之后，进行特征操作（图6.27）。

“几何投影”就是从自身零件或其他零件，投出点、线等的绘图。实际上这是非常重要、便利的功能，但初学者往往不太注意，就会非常辛苦。建议一定要积极使用，具体的使用方法将在后面讲述。

■ 正交支架的设计

基于Inventor的设计有很重要的功能。感到特别方便的是“约束”与“几何投影”。

下面以正交支架为例讲解这些功能的使用方法。

（1）布置两个伺服电机和舵盘，分别进行约束。

（2）约束伺服电机轴线使其正交，按这个约束的最终布置方式如图6.28所示。

（3）创建支架（图6.29）。由于是用钣金制作，这里按钣金特征创建。

图6.28　约束使RC伺服电机正交

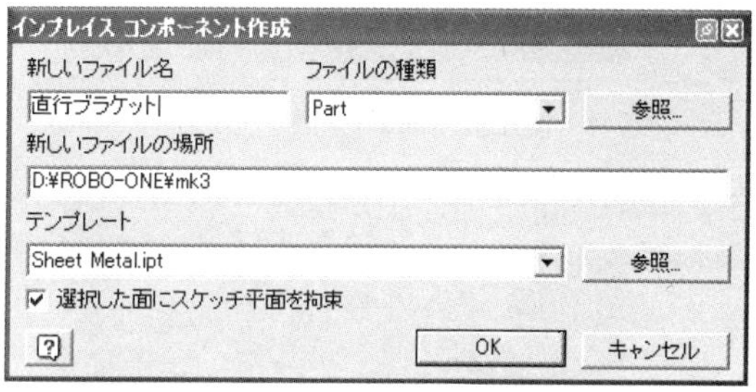

图6.29　零件的生成

（4）确定作为基准的平面，开始进行零件绘图（图6.30）。这里以用螺钉固定的伺服电机平面为基准。

（5）绘出大小合适的长方形，然后确定钣金形式（图6.31）。此后，创建基准面（图6.32）。

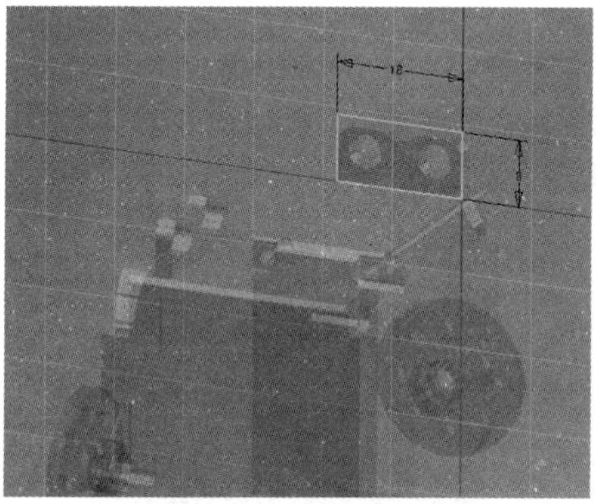

图6.30　绘图开始

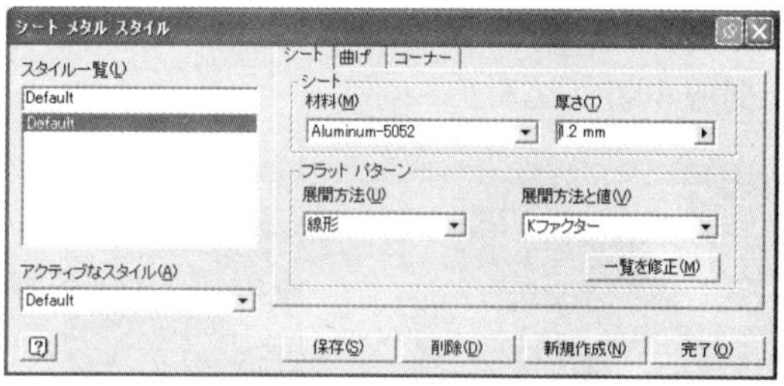

图6.31　钣金设置

（6）接下来创建螺纹孔。首先创建绘图，这里选取“几何投影”，选择伺服电机的螺纹孔（图6.33）。这样，不需要标记螺纹孔的位置尺寸，就能够确定螺纹孔的位置。然后，打中心孔“点，孔中心”（图6.34）。绘图结束，通过孔特征创建螺纹孔（图6.35）。

（7）用凸缘创建平面。这个凸缘不需要绘图，指定上升的边缘与距离就可以了。

（8）作出固定伺服电机另一侧的平面，制作凸缘，扩大刚才的面，准备重新绘图，按照“几何投影”向要固定伺服电机的面投影（图6.36）。

（9）使用投影线进行适当的绘图，创建平面。

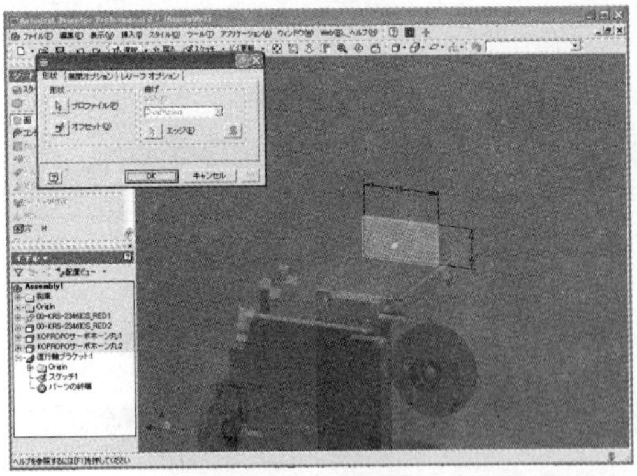

图6.32 面的生成

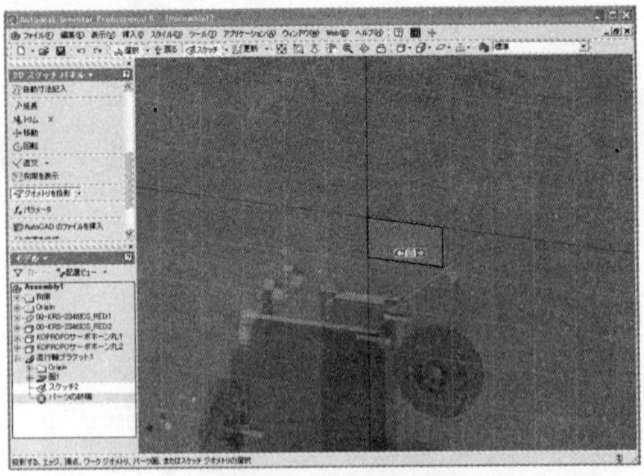

图6.33 几何投影

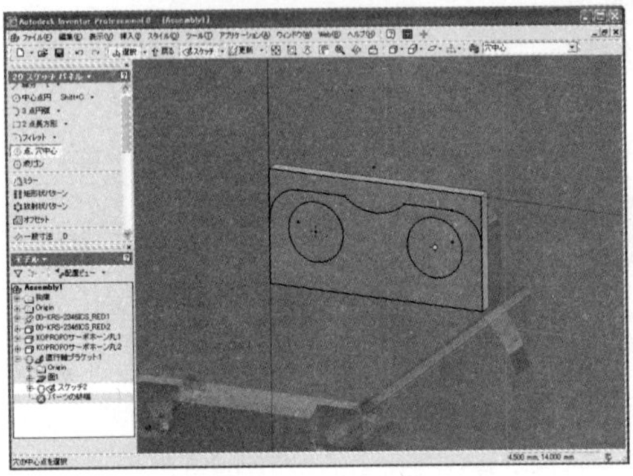

图6.34 点、孔中心

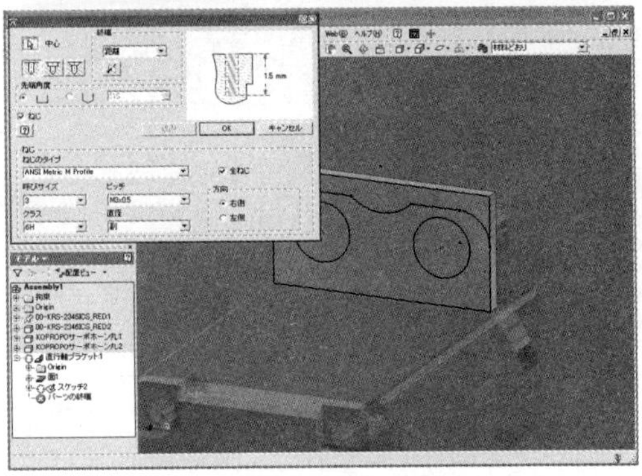

图6.35 螺纹孔的创建

（10）跟刚才一样，创建螺纹孔。

（11）重复创建凸缘、面及螺纹孔，创建零件。

（12）最后，释放用（2）固定的伺服电机之间的约束，再约束刚刚创建的零件和两个伺服电机（图6.37）。

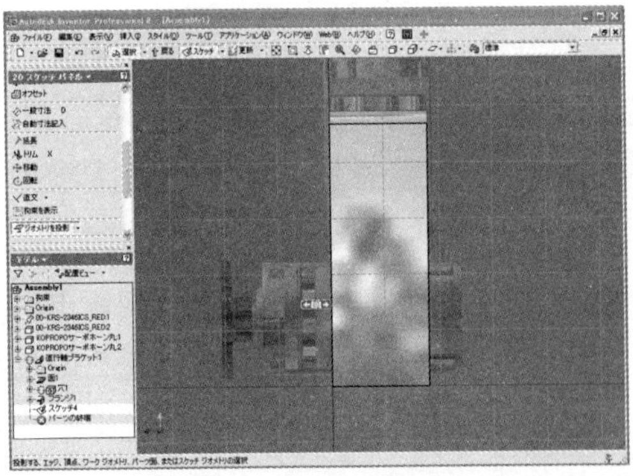

图6.36 投影几何到面

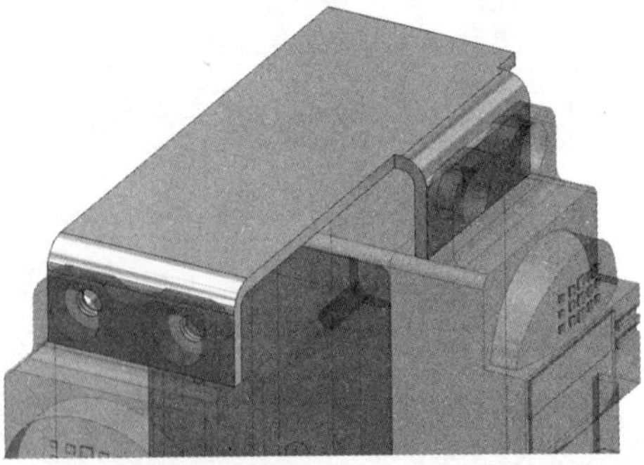

图6.37 制作中的正交轴支架

注意：在此过程中几乎没有输入任何尺寸，仅通过熟练地使用“几何投影”，可以省去尺寸的输入或画图时划线的工作。并且，由于使用投影，实际制作时孔的位置也不会有偏差。

■ 下肢零件的设计

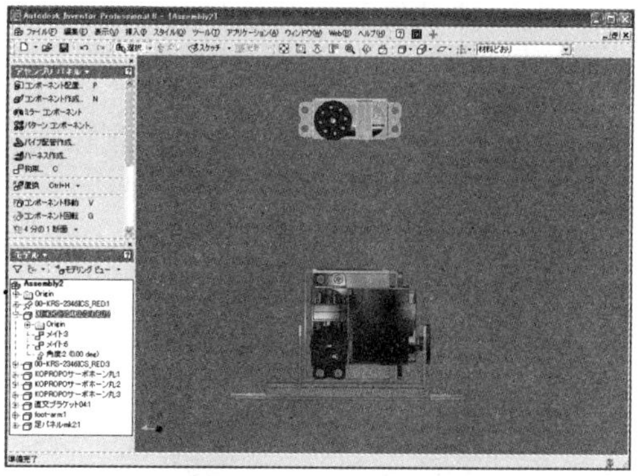

图6.38 零件的布置

除了手和脚尖的结构外，通常的结构件必须由两个零件连接，如上面的支架固定两个伺服电机。下面讲述下肢零件踝关节的俯仰轴与膝盖伺服电机连接。

在这个零件的设计中有效地使用了“约束”和“几何投影”。

（1）以与腿正交为目的，布置膝盖伺服电机（图6.38）。

（2）这里，约束至踝关节与膝盖伺服电机之间的距离为80mm。为了简化，对图3.39所示的假想零件进行约束。约束伺服电机，使伺服电机也垂直排列（图6.40）。

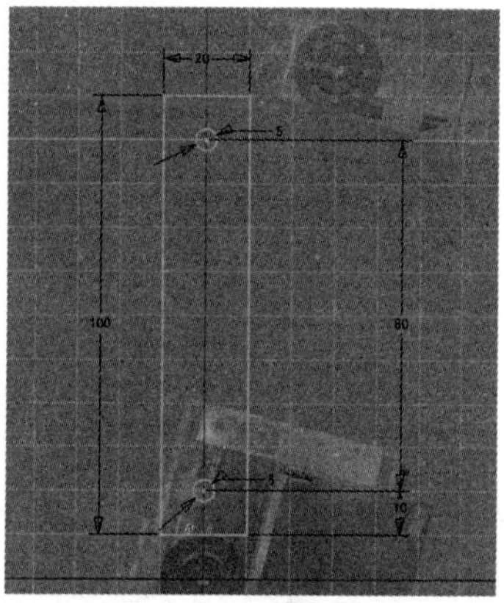

图6.39 假想零件的创建

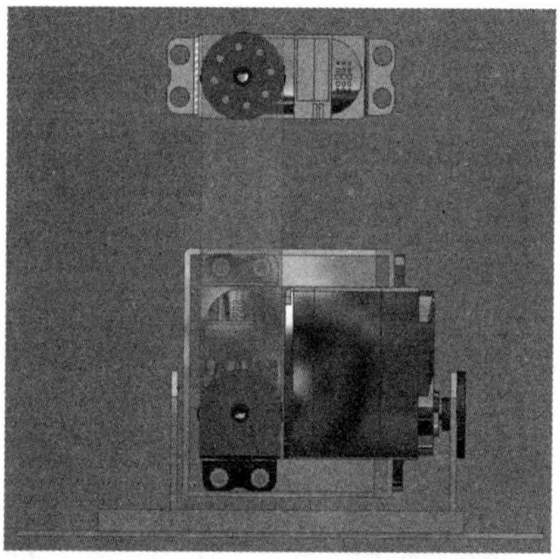

图6.40 基于假想零件的伺服电机的固定

（3）又一次创建新零件，首先从横向确定外观。这时，对舵盘投影、打孔（图6.41）。

（4）创建钣金面。

（5）创建凸缘（图6.42）。

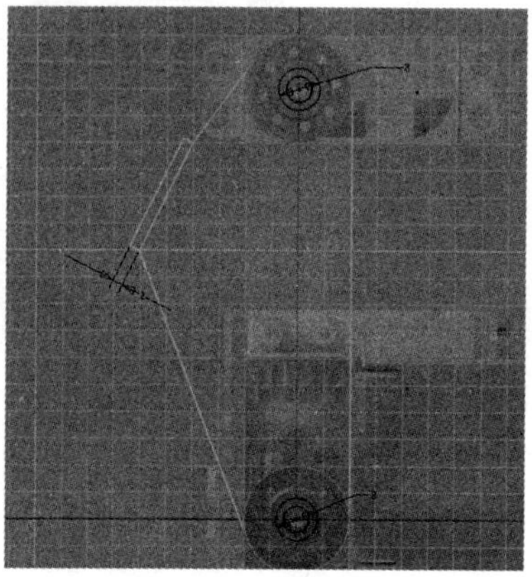

图6.41 下肢面的生成

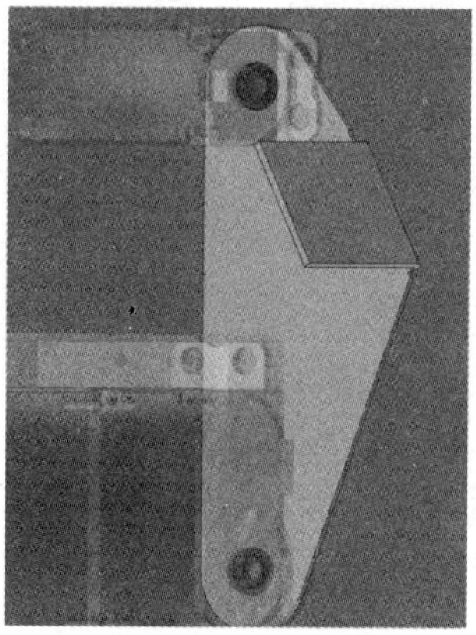

图6.42 凸缘的创建

（6）将凸缘的前面设置成新的外观面，把对面的几何体进行投影，创建内表面（图6.43）。打孔。

（7）对各个舵盘施加约束，删除假想零件（图6.44）。

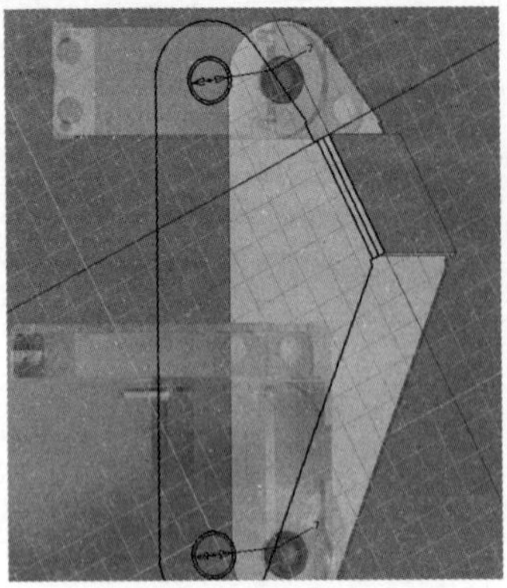

图6.43 几何投影

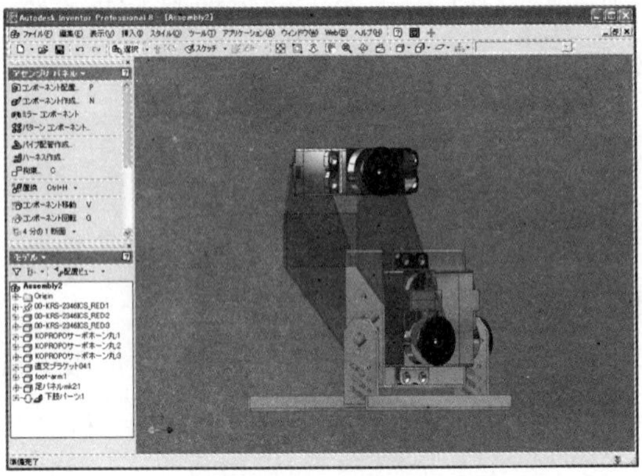

图6.44 下肢零件

以上，根据一个接一个的零件连接，创建结构，可以进行无干涉设计。

■ 干涉检查

在完成制作结构件之后，可以通过Inventor简单检查这个结构件能否动作？与其他结构件是否存在干涉？干涉检查有两种方法。

在根据图6.45的“工具”中进行“干涉分析”的方法中，可以选择多个零件检查干涉。

另外，通过图6.46的约束驱动也可以进行干涉检查。这个方法可以对所有零件进行干涉检查，非常方便。设计时，事先没有想到的地方可能存在干涉，所以，最好通过约束驱动检查干涉。

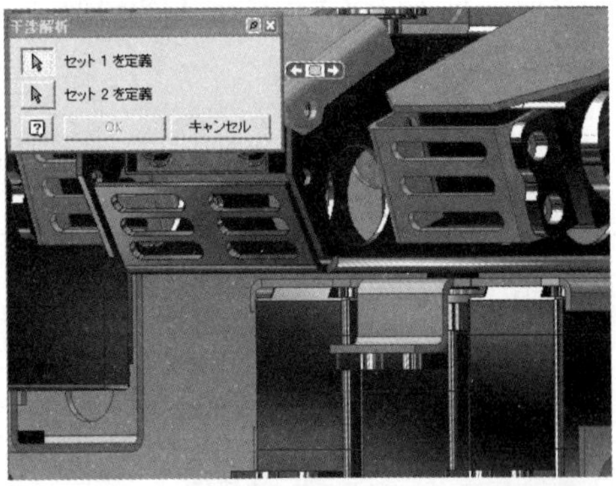

图6.45 干涉分析

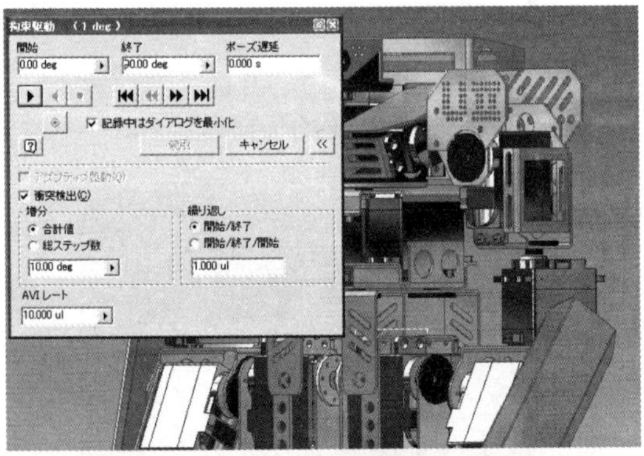

图6.46 基于约束驱动的干涉检查

■ 结构分析

通过与MSC.visualNastran 4D的组合，可以进行结构分析。图6.47是进行大腿零件分析的情形。固定下端，给左右钣金上面的孔上施加力，可以看出左边钣金比右边钣金的变形大。由于右边的钣金是由凸缘制作的，强度很大。

除此之外，把施加力的方向更改为扭曲方向，可以分析结构的薄弱部分。如果知道了强度弱的地方，就可以通过Inventor设计达到提高强度的目的。

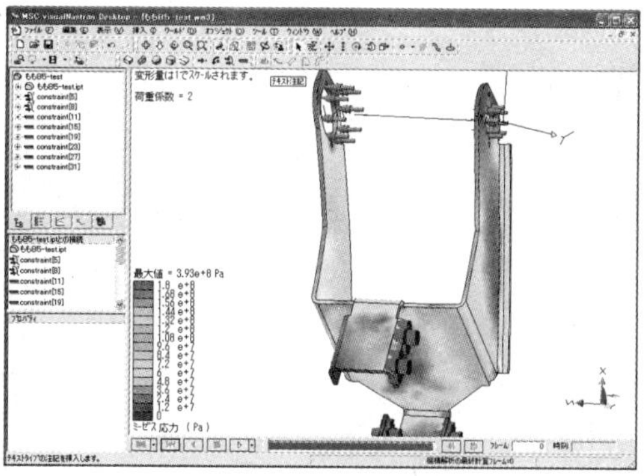

图6.47 结构分析

6.2.5 创建制作图纸

钣金的制作图纸在Inventor制作部件表或制作图纸需要的图纸上可以简单地生成（图6.48）。

图6.49是制作钣金用的图纸。除了三视图外，还可以生成从各个角度投影的图纸。并且，也可以生成钣金展开图。

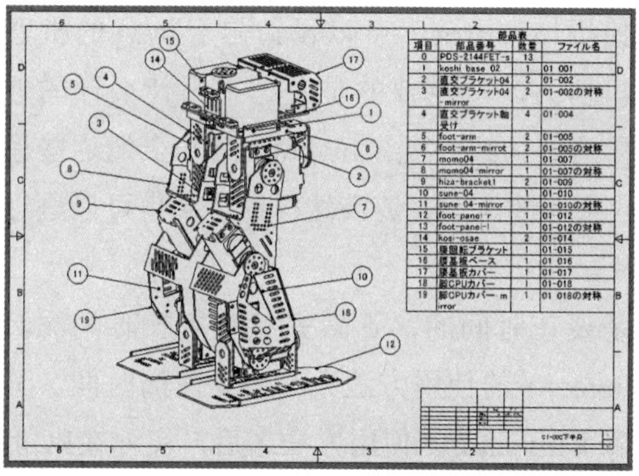

图6.48 下半身的零件列表

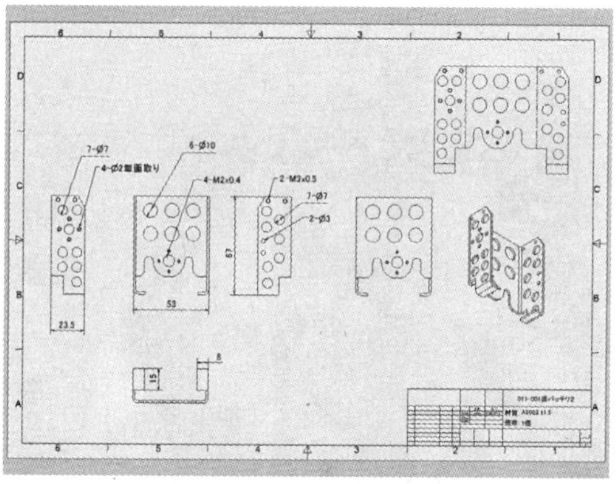

图6.49 制作图纸

6.2.6 制 作

我将钣金加工委托给从事钣金加工的城南通信机株式会社。加工好的产品具有非常好的精度，与手工制作相比，可以大幅缩短加工周期。实际加工出的零件如图6.50所示。

钣金加工完成后，剩下的就是零部件的装配。无需过多修改就以可组装起来。

容易出现的错误大概有两点：一点是设计后的几何投影可能有错误。几何投影非常方便，但是需要特别注意不要把投影图弄错。另外一点，就是忘记螺钉头，这一部分也需要加工。如果能装上螺钉，将会避免这样的错误。

在这次的钣金加工中，有几个不合理的零件，的确给城南通信机株式会社的同仁们增加了不少麻烦。所以设计时，也需要考虑加工工艺方面的问题（图6.51）。

其实自己也能加工钣金件，听说第5届ROBO-ONE的优胜者九州大学Humanoid项目组的各位竭尽全力制作了支架。如果要自己制作的话，请参阅《双足步行机器人制作指南》第5章的A-Do制作案例。

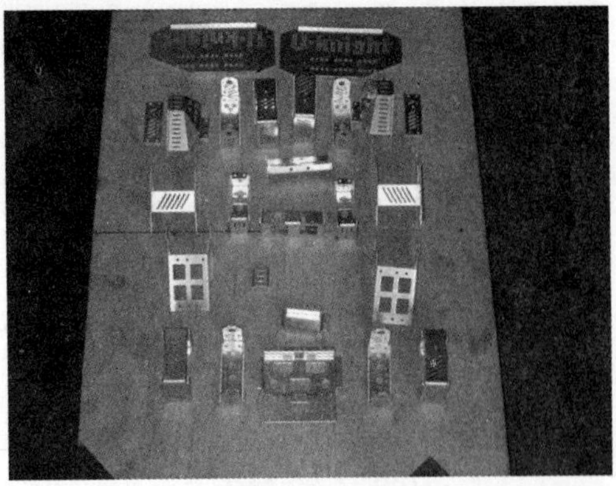

图6.50 钣金件

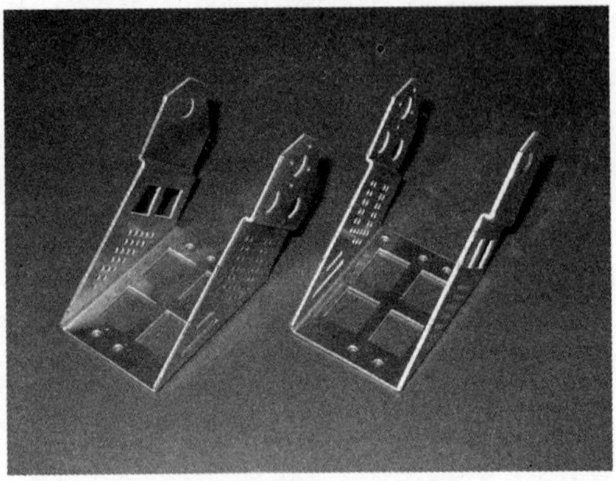

图6.51 大腿零件

6.2.7 三维CAD的优点

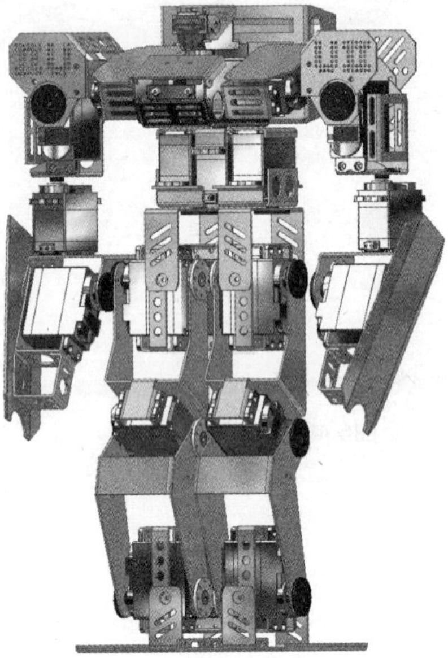

图6.52 U-knight mk2

通过使用Inventor，可以设计自己满意的机器人。设计机器人时，重要的是考虑采用什么样的理念，怎么样的结构或外观。Inventor是一个把这些思想具体化的很棒的工具，连我这样的生手也可以进行机器人设计。

设计是要花时间的，那么究竟花多长时间呢？一般学习Inventor的使用方法大约需要两周时间。其中，在理解了Inventor的使用方法之后，实际在PC上的设计时间一定是惊人的少，基本上跟在绘图本上边绘图、边思考的时间差不多。

比如，在图6.52的U-knight mk2（mark2）的设计中，已经设计完所有的零件后，下半身没用多长时间就完成了。Inventor试用一个月就够了，请大家一定要来体验了不起的三维CAD。

6.3 刚王丸

6.3.1 目　标

我平常只要有时间就会准备ROBO-ONE的出场，并了解ROBO-ONE on PC的举办情况。一想到要对现代控制进行挑战，就下决心参战。

Mission1的主要课题如下：

- 适应由于左右摇摆台阶的干扰；

- 跳跃过程中的姿态稳定；
- 着地时吸收下落的能量。

对应这些课题，通过下列控制对策来决定胜负：

- 从仿真看没有观测噪声，根据传感器信息进行摇摆台阶和空中姿态的控制；
- 通过力矩控制吸收下落能量。

6.3.2 刚王丸模型

由于刚王丸最早是用三维CAD设计的，三维数据的资料尚存。于是，利用具有三维数据特点的数据转换器，将三维数据读入Inventor中，重新组成装配体如图6.53所示。组装装配体时，为了便于管理，需要同时对装配体和约束进行分层。另外，要把这个模型的数据传递给MSC.visualNastran 4D，就要把舵盘或螺钉等从这个结构中分离出来，以便节省多余的时间。

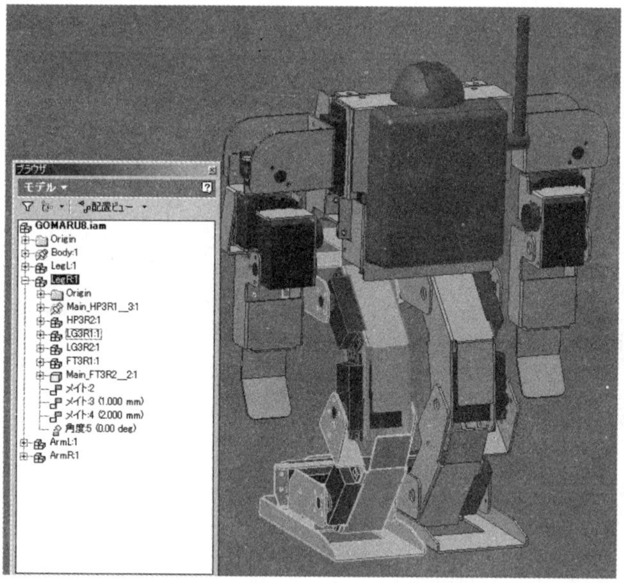

图6.53 Inventor 刚王丸模型

Inventor能够按照装配体单元计算转动惯量和重心位置。刚王丸的重心位置如图6.54所示，在髋关节附近。

仅把Inventor中的三维数据集成到MSC.visualNastran 4D中还不够，还需要重新定义电机约束。因此，需要删除所有的约束，重新定义固定约束和电机约束。

另外，进行仿真时，由于动摩擦的影响容易发生滑动。因此，要试着改变脚掌的各种状态。如图6.55所示，在刚王丸的脚掌增加衬垫（线性弹簧/阻尼器），并安装若干个球。步行动作时，确保与地面低刚性接触；跳跃动作时，如图6.56那样把球挂在跳跃台上以提高刚性。接着，模仿姿态控制用的速度陀螺传感器，定义测量以便观测头部零件的旋转角速度。最后，就是分配刚王丸的自由度，如图6.57所示。

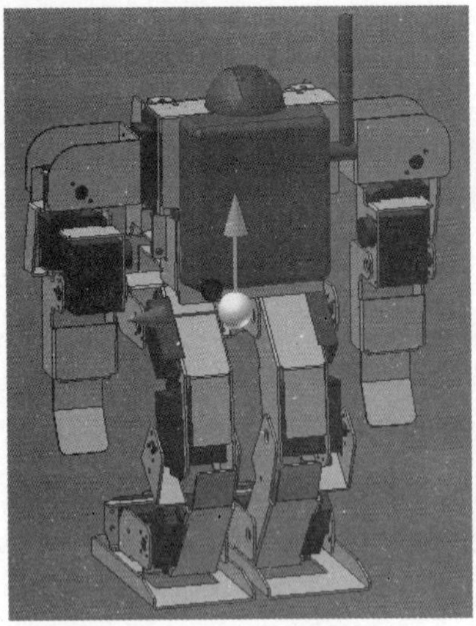

图6.54 刚王丸模型的重心位置

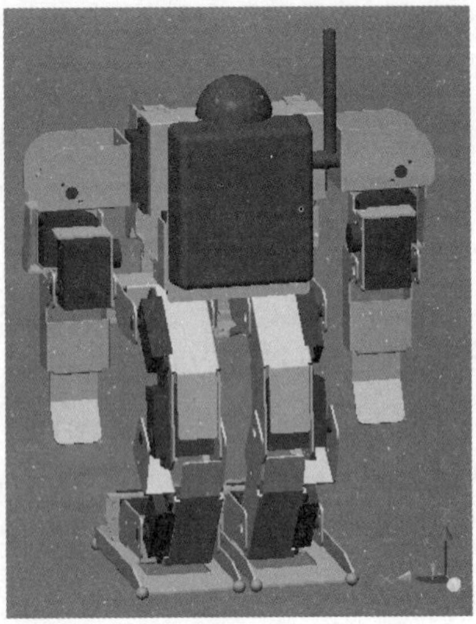

图6.55 MSC.visualNastran 4D刚王丸模型

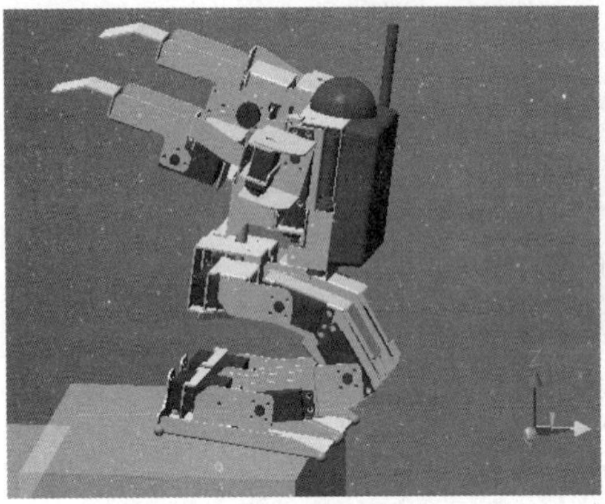

图6.56 刚王丸的跳跃动作

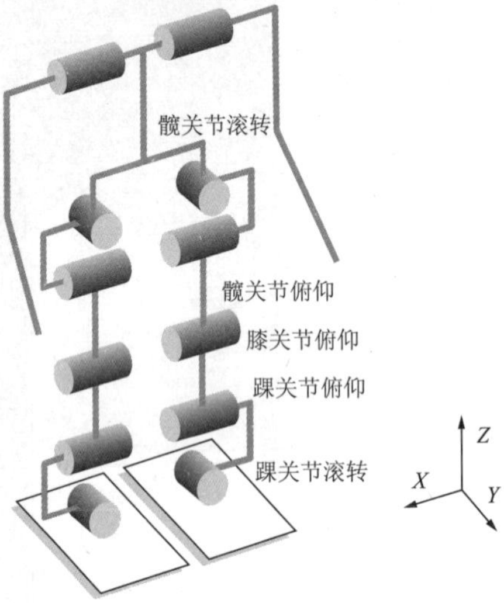

图6.57 刚王丸的自由度分配

6.3.3 刚王丸的控制

创建运动，登录到WorkSpace，以“Form Workspace”命令作为播放方式。以往都是根据Stateflow进行姿态的任务控制。由于构成Stateflow的结构没有余度，所以就用M-File创建姿态数据（脚尖位置、踝的位置）的时序系列连续数据，程序6.1是跳跃用姿态数据的M-File。跳跃是左右对称的动作，备有左右脚尖位置及肩关节的列向量，左右带入相同值。另外，可以在MATLAB的WorkSpace中，双击由运动矩阵数据存储的一个Walkmotion，确认矩阵的组成。表6.4是Jump_motion的部分执行结果，表示全身在跳跃开始后800个计数中的情形。关于创建步行姿态数据的M-File，请参考5.5.4节程序5.5的walking1.m。

表6.4 运行结果Walkmotion的一部分内容

Array Editor: Walkmotion
ファイル(F) 編集(E) 表示(V) Web(B) ウィンドウ(W) ヘルプ(H)
フォーマット: short サイズ: 1000 x 10

	1	2	3	4	5	6	7	8	9	10
801	1.6000	0.0700	0.0700	0	0	180.0000	180.0000	0	0	0
802	1.6020	0.0700	0.0700	-0.0000	-0.0000	180.0083	180.0083	0	0	0
803	1.6040	0.0700	0.0700	-0.0000	-0.0000	180.0333	180.0333	0	0	0
804	1.6060	0.0700	0.0700	-0.0000	-0.0000	180.0749	180.0749	0	0	0
805	1.6080	0.0700	0.0700	-0.0000	-0.0000	180.1332	180.1332	0	0	0
806	1.6100	0.0700	0.0700	-0.0000	-0.0000	180.2082	180.2082	0	0	0
807	1.6120	0.0700	0.0700	-0.0000	-0.0000	180.2997	180.2997	0	0	0
808	1.6140	0.0700	0.0700	-0.0000	-0.0000	180.4079	180.4079	0	0	0
809	1.6160	0.0700	0.0700	-0.0000	-0.0000	180.5328	180.5328	0	0	0
810	1.6180	0.0700	0.0700	-0.0000	-0.0000	180.6742	180.6742	0	0	0
811	1.6200	0.0701	0.0701	-0.0001	-0.0001	180.8323	180.8323	0	0	0
812	1.6220	0.0701	0.0701	-0.0001	-0.0001	181.0070	181.0070	0	0	0
813	1.6240	0.0701	0.0701	-0.0001	-0.0001	181.1983	181.1983	0	0	0
814	1.6260	0.0701	0.0701	-0.0001	-0.0001	181.4061	181.4061	0	0	0
815	1.6280	0.0701	0.0701	-0.0001	-0.0001	181.6305	181.6305	0	0	0
816	1.6300	0.0701	0.0701	-0.0001	-0.0001	181.8715	181.8715	0	0	0
817	1.6320	0.0702	0.0702	-0.0002	-0.0002	182.1290	182.1290	0	0	0
818	1.6340	0.0702	0.0702	-0.0002	-0.0002	182.4031	182.4031	0	0	0
819	1.6360	0.0702	0.0702	-0.0002	-0.0002	182.6936	182.6936	0	0	0
820	1.6380	0.0702	0.0702	-0.0002	-0.0002	183.0006	183.0006	0	0	0
821	1.6400	0.0702	0.0702	-0.0002	-0.0002	183.3241	183.3241	0	0	0
822	1.6420	0.0703	0.0703	-0.0003	-0.0003	183.6641	183.6641	0	0	0
823	1.6440	0.0703	0.0703	-0.0003	-0.0003	184.0205	184.0205	0	0	0
824	1.6460	0.0703	0.0703	-0.0003	-0.0003	184.3933	184.3933	0	0	0
825	1.6480	0.0704	0.0704	-0.0004	-0.0004	184.7824	184.7824	0	0	0

这个方法的优点是，即使不进行MSC.visualNastran 4D和Simulik的协同仿真，只执行M-File，也可以验证姿态数据。验证数据时，要注意连续性。在使用旋转角度电机的仿真中有时候存在不连续的旋转数据会产生过大的力，导致模型崩溃。在5.4.1节中，如果使用Rate Limiter，可以预防模型崩溃，因此，认真核实数据非常重要。

图6.58是在刚王丸所用控制模型的Simulink框图。如前所述，刚王丸通过WorkSpace，顺序播放事先登录的全体姿态数据，基本上是动画控制。这里，为了抑制摇摆的台阶或基

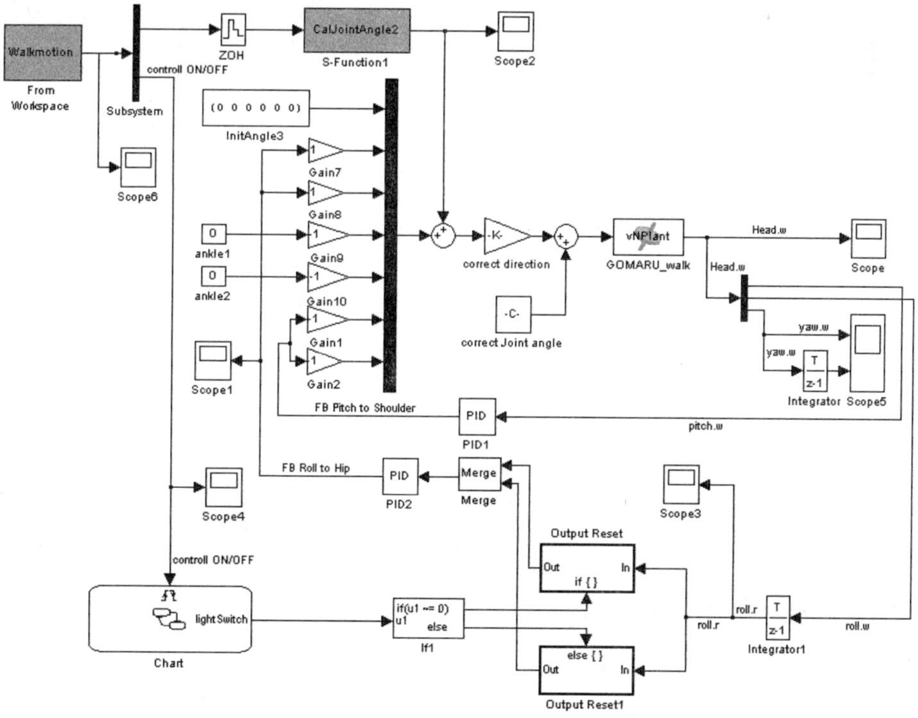

图6.58 刚王丸的Simulink的框图

于俯仰轴的摇摆，建立能够反馈头部旋转速度传感器ω_x，ω_y及其积分值的模型。

另外，脚尖等的姿态数据使用CalJointAngle2.m的M-File S-Function，在几何意义上计算出各关节角度。具体与程序5.2的CalJointAngle.m相同，这里不再赘述，只是增加了肩关节驱动参数CalJointAngle。

MSC.visualNastran 4D是离散系统的输入/输出，在图6.58中，将Simulink也看作离散系统。即使不太注意，MATLAB也会切自动换解算器。与此相关的，MSC.visualNastran 4D的仿真时间为8ms，Simulink的采样周期为2ms。

程序6.1 <Jump_motion.m> (跳跃用的姿态数据)

```
%创建跳跃姿态的M-File  jump_motion.m
clear;
close all;

H1 = 0.140 * cos(20/180 * pi);       %脚尖高度位置
H2 = 0.070;
H3 = 0.090;

F1 = 0.0;                            %脚尖前后方向位置
F2 = 0.0;
F3 = -0.02;

S1 = 0;                              %肩关节旋转角度[deg]
S2 = 180;
S3 = 450;

smpt = 0.002;                        %采样周期

%等待脚与地面接触
N0 = 50;                             %等待大约0.1s
for i = 1:N0
    FTz(i) = H1;                     %脚尖高度位置
    FTy(i) = F1;                     %脚尖前后方向位置
    Srd(i) = 0;                      %肩关节旋转角度
    FTx(i) = 0;                      %脚尖左右方向位置跳跃通常为0
    SC(i) = 0;                       %反馈控制ON/OFF 标志
end
Waitm = [FTz', FTz', FTy', FTy', Srd', Srd', FTx', FTx', SC'];
                                     %转置，姿态数据矩阵化
NT = N0;                                                          %累加计数
clear  FTz;  clear  FTy;  clear  Srd;  clear  FTx;  clear  SC;    %变量清零
```

```
%蹲下姿态的生成
N0 = 500;
for i = 1:N0
    FTz(i) = (H2-H1)/2*(1-cos(pi*(i-1)/N0))+H1;
    FTy(i) = (F2-F1)/2*(1-cos(pi*(i-1)/N0))+F1;
    Srd(i) = 0;
    FTx(i) = 0;
    SC(i) = 0;
end
Setm = [FTz', FTz', FTy', FTy', Srd', Srd', FTx', FTx', SC'];
NT = NT+N0;                                                    %累加计数
clear FTz; clear FTy; clear Srd; clear FTx; clear SC;

%旋转臂部，反向动作，身体向前，把脚尖球挂到跳跃台上N0 = 250;
for i = 1:N0
    FTz(i) = H2;
    FTy(i) = F2;
    Srd(i) = (S2-S1)/2*(1-cos(pi*(i-1)/N0))+S1;
    FTx(i) = 0;
    SC(i) = 0;
end
HoldUpm = [FTz', FTz', FTy', FTy', Srd', Srd', FTx', FTx', SC'];
NT = NT+N0;
clear FTz; clear FTy; clear Srd; clear FTx; clear SC;

%使用全身跳跃
N0 = 200;
for i = 1:N0
    FTz(i) = (H2-H3)*(cos(pi/2*(i-1)/N0))+H3;
    FTy(i) = (F2-F3)*(cos(pi/2*(i-1)/N0))+F3;
    Srd(i) = (S2-S3)*(cos(pi/2*(i-1)/N0))+S3;
    FTx(i) = 0;
    SC(i) = 0;
end
StandUpm = [FTz', FTz', FTy', FTy', Srd', Srd', FTx', FTx', SC'];
NT = NT+N0;
clear FTz; clear FTy; clear Srd; clear FTx; clear SC;

%最后，连接组合各运动矩阵，把时间轴连接到第1列
%得到Walkmotion时间系列姿态数据
Walkmotion = [[0:smpt:smpt*(NT-1)]',[Waitm;Setm;HoldUpm;StandUpm]];
```

6.3.4 刚王丸存在的问题

Mission1首次通过MSC.visualNastran 4D和Simulink的协同进行了机构控制仿真，但是遇到了许多麻烦。当时以为是软件问题，事后经过分析讨论，发现在建模时存在诸多不合理的情况，这里加以说明。

■ 动摩擦引起滑动

要构筑不易滑动的脚掌面需要花时间。前述使用线性弹簧/阻尼器持续接触状态，摩擦系数达10^7，没有获得应有的效果。

再者，使用球与其接触，正是这个理由，让我想到不管沿哪个方向都可以接触，球是最合适的，但是，球是点接触，易于滚动。

通过进一步了解可知，由于存在几个方形面片，因此或许是在FEM分析中几个地方的网格数出现了问题。PC上表示的物体全部都是离散状态。比如，在PC上表示圆，把它表示为多边形，边数不够多，只能表示近似圆，边数越多精度越高。因此，将球也表示为多边形，就成了点接触。

于是，可以改变方形面片的个数。如果增大个数，就能提高形状精度。可是，一试才知道要花很多时间，计算量大幅增加。而且，一旦增大方形面片的个数，就无法还原。因此，改变方形面片个数时，需要一边备份，一边操作。

所以，简单的长方体作为防止脚掌滑动的对策就实现了。如果是长方体，方形面片的个数是6。

■ 踩地雷

当MSC.visualNastran 4D的仿真奇妙地进行时，下一个瞬间，却好像踩到了地雷一样，突然出现模型离开地面飞出去的现象。这个现象的发生是由于在仿真设置中缩短了动画单帧的播放时间，导致仿真恶化。可是，不知道什么时候会出现这个现象，如果在仿真的最后出现，危害更大。

然而，如果将接触状态设置成“不允许贯通方形面片”，就不会出现此现象。默认设置是“允许贯通方形面片”，略去MSC.visualNastran 4D的接触判定条件，设定加快仿真时间。

但是，一旦贯通方形面片，要消除这个现象，估计会产生过大的力。因此，通过“不允许贯通方形面”，仿真时间会延长，但踩地雷的现象基本上没有了。

再者，如果方形面片大，就易于贯通。Mission1的摇摆台阶中由于连接旋转电机的长方体有一个空心圆柱，因此，如图6.59所示，方形面片的个数达到了55。在这个板上布置球的刚王丸只要一着地，就会出现踩地雷现象。其应对策略是返回到Inventor中，消除unit1的圆柱孔使方形面片的数目为6，或更换地面模型。

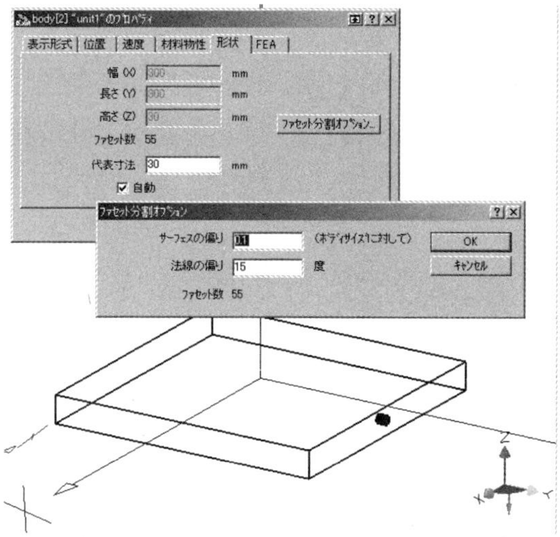

图6.59 Mission1的unit1的方形面的数目

■ 角度数据的相位突变

当模型在空中和下落到地面时，角度数据会出现不连续的现象。如果配置相对于整体坐标系的角度测量，传感器输出就如图6.60所示。如果存在这样的状态，就说明模型在空中不能进行姿态控制。

因此要特别注意，刚王丸三维模型各个零件局部坐标系的朝向与MSC.visualNastran 4D整体坐标系的朝向不同。Inventor也一样，三维CAD初始画面按PC显视器画面的方向作为*X-Y*坐标系。可是，MSC.visualNastran 4D的*X-Y*平面如图6.61所示，在初次装入刚王丸模型时，刚王丸相对于地面就是横向放置的。要修改这个朝向是很困难的，MSC. visualNastran 4D也有装配体功能，按照装配体整体修改旋转和位置就可以对应。

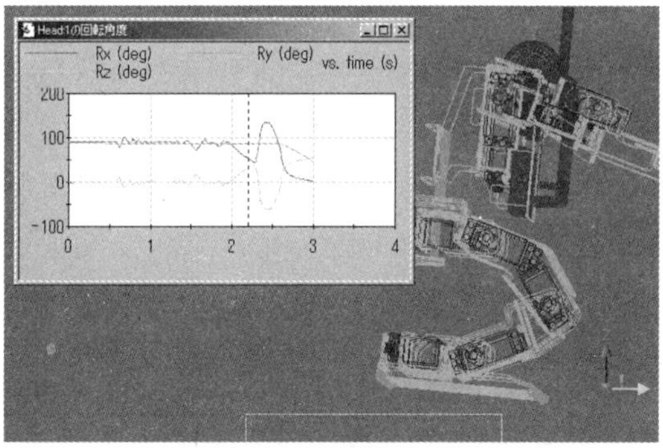

图6.60 角度数据的崩溃

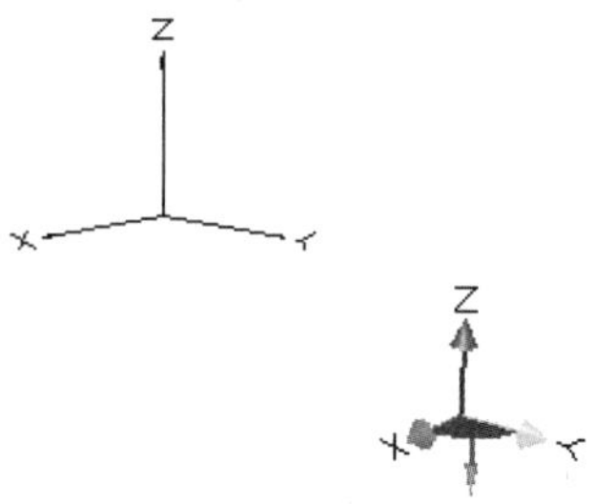

图6.61 MSC.visualNastran 4D中初始坐标方向

在三维CAD中创建模型后，装入MSC.visualNastran 4D时考虑从三维创建点开始取Z轴方向为整体坐标轴的方向。另外，对5.5节创建的人形简易模型按各个零件的局部坐标系与整体坐标系一致原则创建模型。而且，在布置坐标点时，取坐标点的局部坐标系也与整体坐标系方向一致，就不会有相位改变的现象发生，如图5.63所示。

■ 不能控制转矩

在开始进行刚王丸的仿真之前，要构建基于转矩控制的伺服电机模型。可是，那时构建的模型不能完成高增益的转矩控制，因而怀疑是软件的问题。实际上，是可以进行转矩控制的，在5.2及5.3节中已有叙述，软件没有问题。之所以不能控制，是因为：

- 惯性太小，提高不了反馈增益；
- 没有与反电动势相当的速度抑制力，过太多地施加了转矩。

图6.62 减轻布置在脚掌的球的下落速度

可是那时这个问题的答案还没有着落，转矩控制就停留在旋转角度的电机控制阶段。因此，各关节的电机都成了超高增益的电机，就不能期待其吸收冲击。

跳起后着地、稳定是Mission 1的主要课题。着地吸收冲击，将回弹系数置为0，如图6.62所示，把小腿和脚掌球挂在跳跃台上，通过动摩擦缓和下落速度，按照这个方法可以达到着地的目标。

6.3.5 刚王丸的改进

“动摩擦引起滑动”与“踩地雷”的对策是处理方形面片，已经在5.5.1节中叙述过了。但是，如果：

- 设置不允许贯通方形面片；
- 不增大方形面片的个数。

就可以大幅地改善接触状态。与刚王丸实际步行仿真进行比较，图6.63显示了脚掌的状态。左边Mission1采用球模型，右边是按照方形面片处理的长方体模型。从仿真结果看，整体轴旋转的转动量如图6.64所示。球布置模型最大16°，长方体布置模型最大3°，可以确定方形面片的处理是有效的。

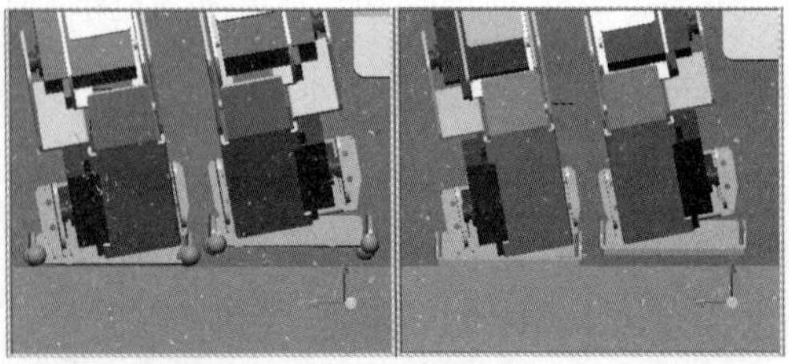

图6.63 脚掌模型的差别

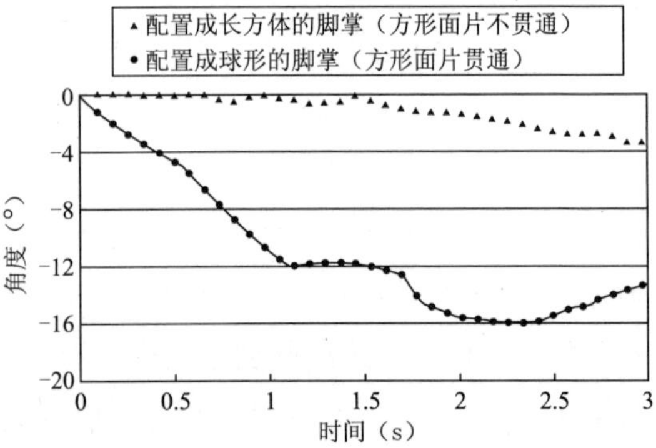

图6.64 脚掌模型不同的仿真结果

另外，进行方形面片处理模型的仿真设置，动画的每帧时间为80ms，积分时间为40ms。与此相比，Mission1的球布置模型为8ms，4ms，很显然，球模型可以大幅缩短仿真时间。

ROBO-ONE on PC的Mission1对参加者和计划者都是第一次，肯定会碰到各种各样的麻烦。由于明确了各种问题的应对方法，因此，就在PC上以控制为中心展开仿真。接下来，Misson2的主题是行走、进行姿态的稳定控制与吸收着地冲击力控制。

6.4 FZ-2

下面介绍使用FZ-2在ROBO-ONE on PC的比赛中进行Mission1仿真的方法、遇到的问题及其解决方法。FZ-2的仿真是通过下面三个阶段进行的。由于软件的说明和使用方法已在第2章~第5章中介绍过了，这里只具体讲述FZ-2的一些技巧，特别是对基于Stateflow的逆运动学的实现方法。

6.4.1 模型的准备

使用Inventor设计FZ-2（图6.65），是用Roland DG公司的面向爱好者的三维简化模型MDX-20制作的新一代骨架机器人。这样的机器人零件种类和数目都很多，在MSC.visualNastran 4D下动作需要下点工夫。

图6.65 FZ-2

笔者的CPU采用处理器Pentium4 1.8GHz，内存768MB的笔记本电脑，平常使用时感觉非常快，但是用于仿真时稍有些力不从心。

在MSC.visualNastran 4D中要快捷地进行仿真，需要减少模型的数目，或者使零件形状简单化。如果想与实物更加接近，就要尽量减少零件数目。

其方法就是把在Inventor中创建的装配模型的不可动部分归结为一个零件。在Inventor的固有功能中，不能把装配体转换为零件。因此，作为一种方法，首先把装配体转换为IGES文件。然后，把IGES文件作为Inventor的零件文件进行输入。这里需要注意的是，IGES文件不包含材料信息，因此，在新的零件模型中，必须设置材料信息。在某种程度上，需要把各零件再次进行装配。

6.4.2 MSC.visualNastran 4D的设置

模型数据传递给MSC.visualNastran 4D后，要想尽快进行仿真有更好的方法，就是在结构分析以外的场合，解除除了电机约束的所有其他固定约束。另外，把不能使用的电机也转换为固定约束。如果保留插入等约束，计算这部分就会增加CPU的负担。如果旋转轴有多余约束（插入等），就随时有施加力的可能。于是，在仿真期间，模型会在空间分散。

FZ-2的驱动器采用RC伺服电机。由于Mission1按月球表面的重力条件进行仿真，因此伺服电机的旋转转矩足够。电机类型采取旋转角度型。当然，是否足够，最好在仿真中设置转矩测量进行观察。

在MSC.visualNastran 4D中进行仿真时，需要确定若干个设置。下面是用在FZ-2仿真中的设置。

○ 积分关系

（1）每帧时间：0.02s。

（2）帧数：50/s。

（3）积分时间增量：0.01。

（4）每帧的增加数：2。

（5）积分方法：高精度。

○ 力学关系

（1）重力：160cm/s^2。

（2）回弹系数：0.5。

（3）摩擦系数：0.5。

6.4.3 程序框架

MATLAB中配置有各种各样的交互界面。FZ-2的仿真通过Simulink生成模块，并按照Stateflow把所有的程序集成到一起。利用帮助文件可以理解采用Stateflow的理由，从而完成了使模型动作所需要的功能设置。

图6.66所示为FZ-2的Simulink框图。在Stateflow的输入侧可以设置若干个参数，并且，从Pulse Generator给定产生Stateflow事件的信号。这个Pulse Generator有插入功能，FZ-2按照20ms的周期产生脉冲。也就是说，每隔20ms进行一次控制，在这个模块的所有关节控制信号输出中插入增益。这样做的目的：不改变程序，仅仅改变增益就可以变更电机约束或设置反向旋转。本次不进行反馈控制，只在vNplant的输出中添加Terminalator。

前面也叙述过，FZ-2的程序都是插入Stateflow的。因此，我们介绍实际中怎么处理运动学，以及怎样进行编程。

图6.67是详细的基于Stateflow的程序，具体的内容在后面介绍。当然，Stateflow也与其他程序一样，可以方便地使用函数。

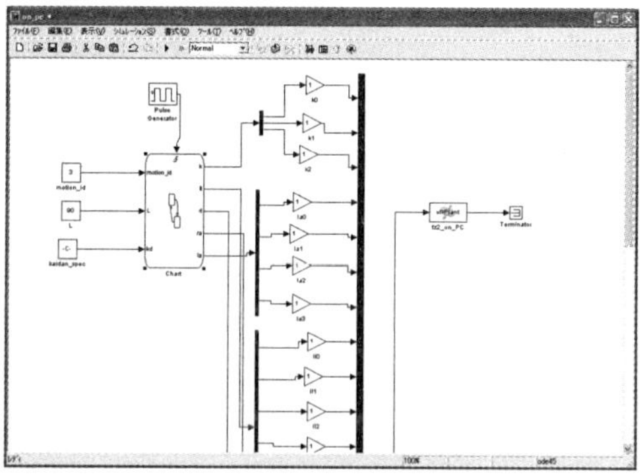

图6.66 FZ-2框图

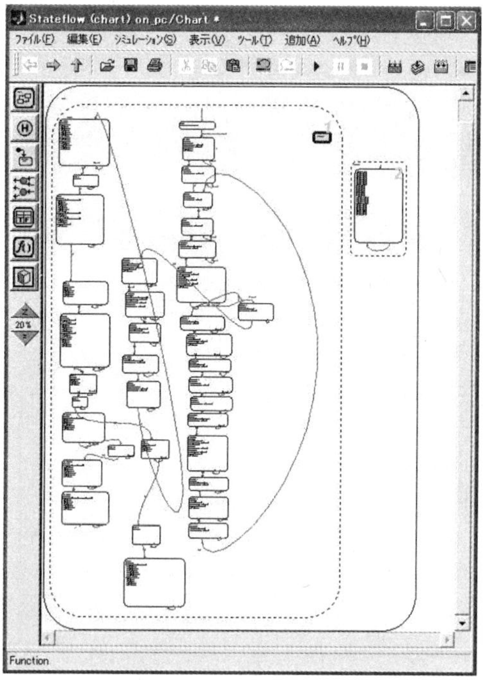

图6.67 Stateflow 中的程序

6.4.4 编程步骤

FZ-2按照以下的步骤进行编程。

（1）双击配置在Simulink下Stateflow的框图，就出现Stateflow画面。如图6.68所示，配置一个“状态”，设置标识为“main”、选择配置“状态”。单击右键，从显示的菜单选择“构造”，再从子菜单中选择“与运算”。

（2）在“main”中添加两个状态，把各标识设置为“motion”和“set_thr”。确认已经添加的两个状态由虚线框包围（图6.69）。因此，对应一个事件，可以同时执行两个状态。如果没有出现虚线框，再一次选择（1）的“构造”和“与运算”。

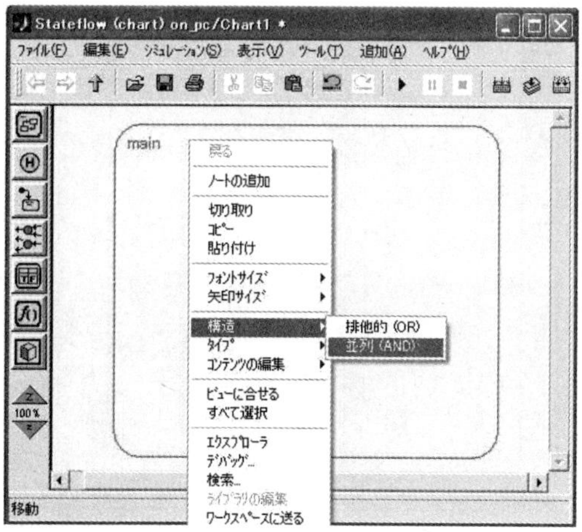

图6.68 选择“main”的“构造”中的“状态”

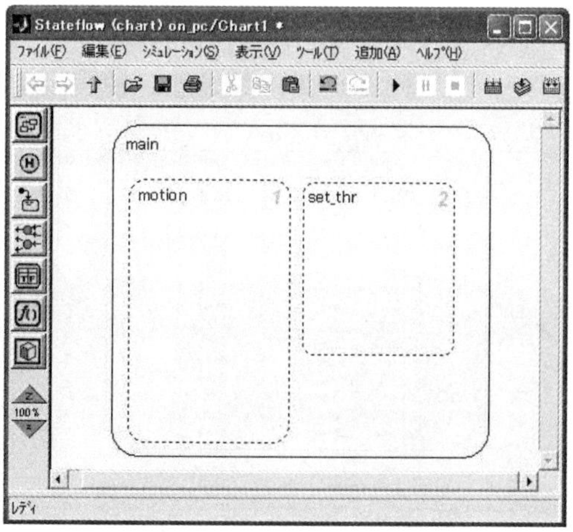

图6.69 创建“motion”与“set_thr”状态

（3）如图6.70，在标识“motion”的状态中，进一步添加“function”和“start”两个状态。

（4）选择带“function”的状态，单击右键菜单中“编辑内容”的“子流程化”（图6.71）。

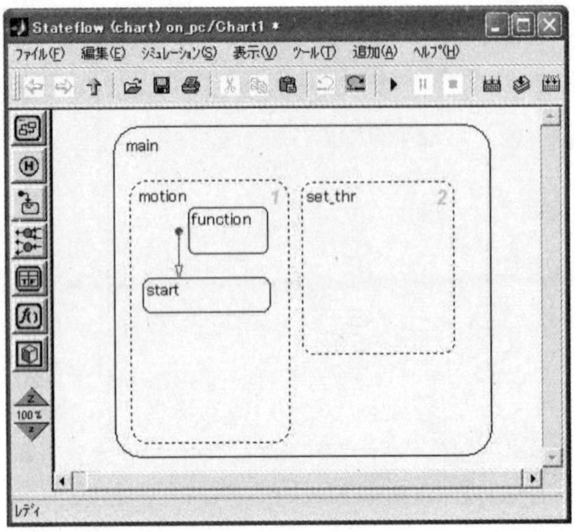

图6.70 添加状态

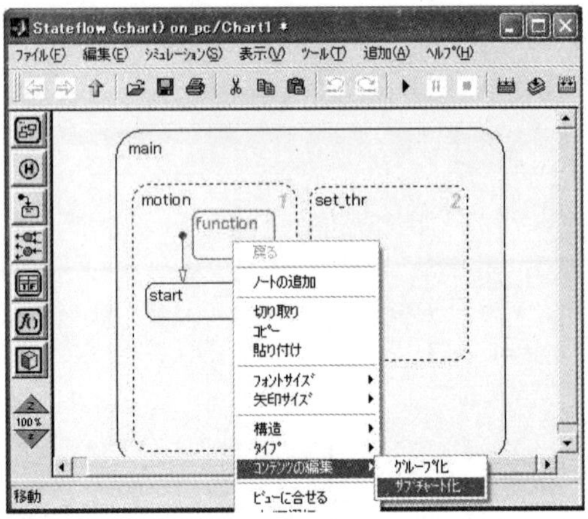

图6.71 选择“编辑内容”中的“子流程化”

（5）定义编程时需要的变量、常数。单击Stateflow的“添加”菜单。将Simulink中的事件、输入数据及Stateflow的内部数据，全部添加到Simulink的输出数据中。为了便于确认，选择“工具”菜单的“浏览”。如图6.72所示，确认添加到左侧状态的列表及其构造，右侧显示的事件或数据列表。

（6）在“set_thr”状态中，进一步添加“set_thr_sub”状态。其中，记录（5）中定义的数据。左侧的数据是Simulink的输出角度数据，右侧是Stateflow的局部数据。这个状态按每个事件的进行，更新输出数据（图6.73）。

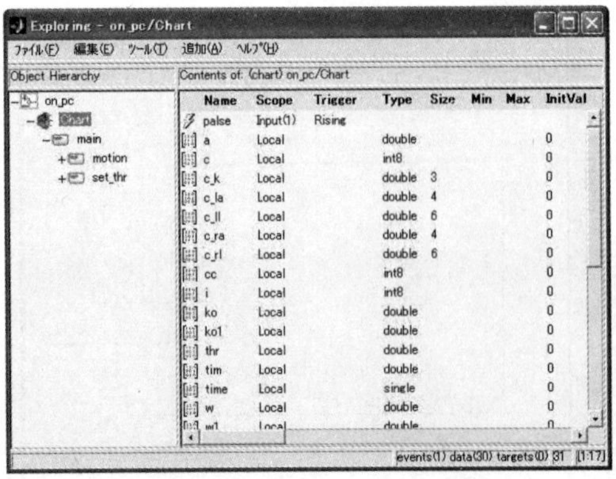

图6.72 确认变量、常数

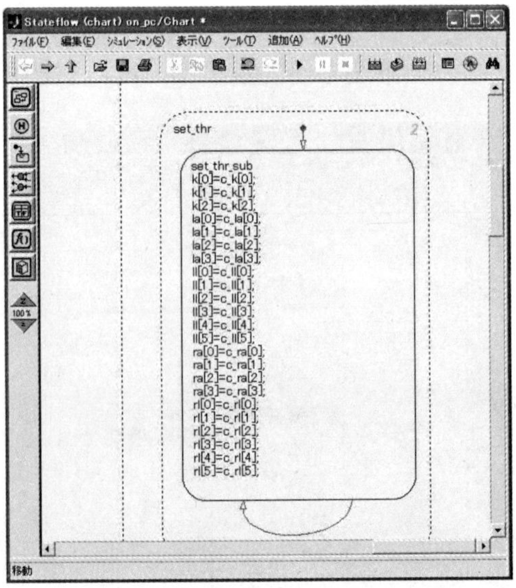

图6.73 添加“set_thr_sub”

（7）双击子函数“function”，进入“funciton”。如图6.74所示布置3个函数。这些是根据从“motion”传递的x、y、z的值，计算各个伺服电机的角度，并把结果返回的函数。

（8）如图6.75所示，从（3）中布置的“start”状态继续，编写全部程序的流程。Stateflow中常数、变量值设置的中途可以在状态之间、或从状态到状态进行传递。另外，传递前，也可以进行条件判断。FZ-2在“start”状态设置各常数，然后，在传递到下一个状态途中，再一次设置正确的常数。这些常数通过实际的仿真边调整边确定。

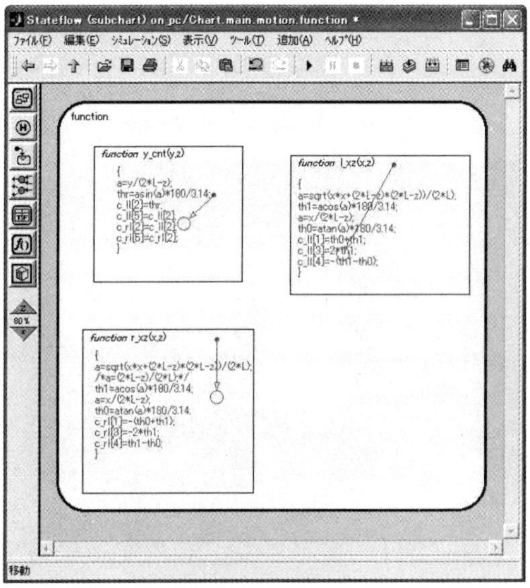

图6.74　配置“function”函数

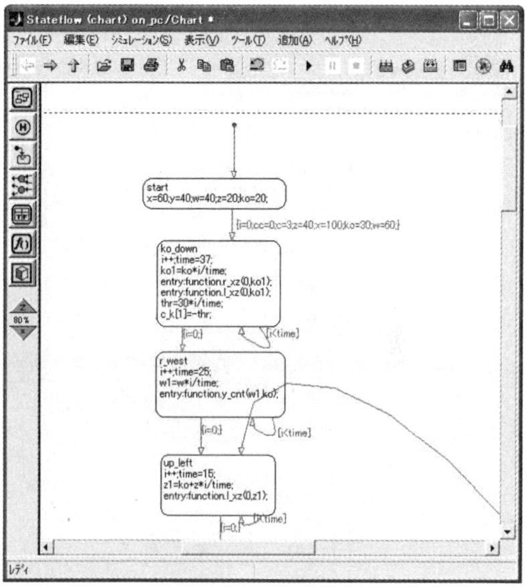

图6.75　程序流程1

FZ-2没有安装脚趾关节，所以为了让其步行，首先必须弯腰，这就是“ko_down”状态。那么，重复这个状态直到所设定的次数，随着时间的推移，这个状态缓慢变化，最终到达设定的位置。

要执行在上述（7）中配置的函数，Stateflow使用“entry”命令。这里，只有在状态中才可以使用“entry”命令，传递过程中不能使用。这个函数是在状态转移过程中使用的函数，所以不能从函数进入函数。

FZ-2的动作中没有计算逆运动学。根据需要，也有直接给定电机角度的情况。如下所示，要使重心稍稍前移，设置腰关节电机旋转30°。

```
thr =30*i/time;
c_k(1)=-thr;
```

然后，使其重心移到右脚，左脚保持在上一台阶。接着，重心移到左脚，右脚上一个台阶。进行同样的交替，就是爬台阶的动作（图6.76）。

一开始并没有编写FZ-2突然爬上台阶的程序，先编写的是在平地上的步行程序。与前述的方法基本相同，这里加以省略。

如果试着实际动作，就会出现一个问题。由于MSC.visualNastran 4D没有配备静摩擦模型，FZ-2不能前行。脚掌与地面接触时，就会出现滑动。由于转动惯量的存在，单侧腿前进时，整体后退，重心向左移动时，脚向右滑动。当然，也有降低速度的方法。如此就不要希望它在按照Mission1所决定的时间内完成使命了。于是，在考虑各种各样的方法后，又冒出了一个想法，就是在FZ-2脚掌附着物块，如图6.77所示。图6.78是FZ-2进行实际仿真的图像。

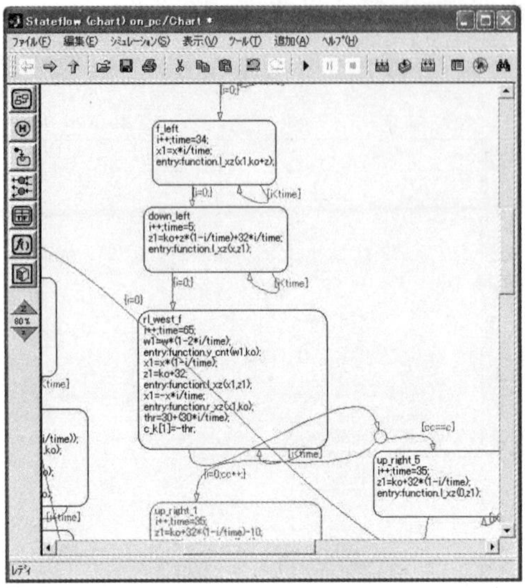

图6.76 程序流程2

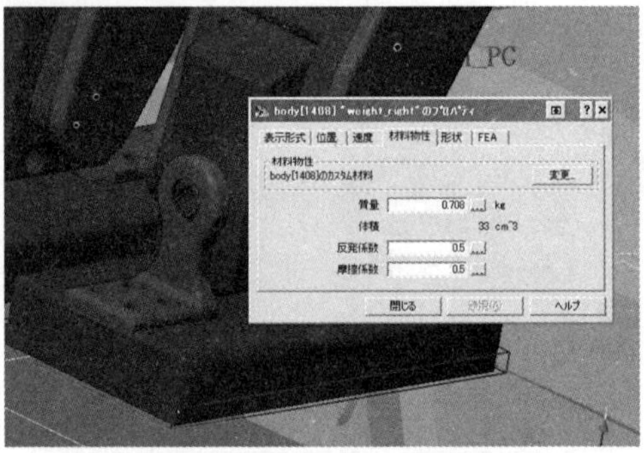

图6.77 在FZ-2脚掌装上物块

如果用Mission1爬5个台阶的楼梯，跳起降落到月球表面，站立，并且不允许编辑记录这个仿真的动画，因此仿真必须一气呵成。这个仿真全部耗时5h左右，因此，笔者几乎每天睡觉前开始仿真，早上起来后看结果。失败的时候，就分析这个动画，进行参数调整，再进行仿真。最难的事情是跳跃降落，然后站立。图6.79是跳起时的图像。

图6.78 FZ-2仿真图像1

图6.79 FZ-2仿真图像2

6.4.5 仿真结果与反思

这回通过在脚掌安装物块后，给ROBO-ONE on PC提交了完成的作品Mission1。可是，这个任务的最初目的是为了结构合理、轻量化，在脚掌附加物块可以解决这个问题但不是好办法。那么，如果将来人类真要在月球上生活时，为了便于行走，有可能需要穿厚重的鞋子。同时，这次的仿真忽略了电机转矩的控制，与实际动作的差别增大，我想以后采用转矩型电机进行仿真就不会有问题。所以，要便于使用、更真实地进行仿真，只有期待软件的进一步完善。

6.5 开拓者4号

6.5.1 仿真环境

下面讲述关于双足步行类人机器人“开拓者”的仿真。在制作实机的同时生成仿真程序，尝试起步和抬起等的动作。然后，把重力按1/6考虑到月球表面的仿真（ROBO-ONE on PC）中。

我以因兴趣进行类人机器人的仿真及如何把仿真应用到实机的设计理由，参加了ROBO-ONE on PC。

如果学习仿真方法，即使对具有复杂关节结构的类人机器人仿真，如果熟练地组合各种仿真工具，就知道仿真其实并不是很难。即使不建立复杂的运动方程式进行求解，暂且也可以进行仿真。使用下面的工具进行机器人仿真。另外，用于仿真的PC的规格见表6.5。

表6.5 用于仿真的PC规格

名 称	DELL Dimension 8250
CPU	Pentium4 2.4 GHz
内 存	1GB
硬 盘	80GB
显 卡	NVIDIA GeForce MX-420*
操作系统	Windows XP Home Edition

（1）机器人的外观：Inventor（三维CAD软件）。

（2）机器人的机械模型：MSC.visualNastran 4D（机构分析、结构分析软件）。

（3）机器人控制程序： MATLAB/Simulink（控制系统设计软件）。

这里，就怎么样灵活运用这些工具，编写机器人的仿真程序，进行仿真的过程进行讲述。

6.5.2 开拓者4号的配置

由于类人机器人的仿真是第一次，因此把所有的动作在开拓者4号上进行仿真，这是考虑为了能够对仿真机器人与实际机器人进行比较。开拓者4号的外形如图6.80所示，其性能见表6.6，是一个整体高41cm、重3kg、19自由度的双足步行机器人。

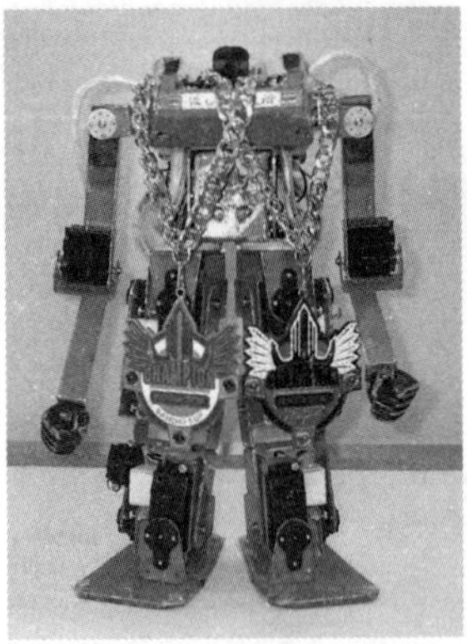

图6.80 开拓者4号

表6.6 开拓者4号的配置

整体高度	41cm
整体宽度	26cm
前　后	17cm
质　量	约3kg
自由度	19（腿部：6×2；臀部：1；臂部：3×2）
传感器	陀螺2，加速度传感器2，距离传感器1
操　纵	无线遥控
电　池	7.2V，6V
动作时间	15min

6.5.3 机器人的设计

机器人模型是在三维CAD软件Inventor中创建的。开拓者4号的结构（机体）、驱动器及电池等主要部件是用Inventor的三维零件画出的，实际机器的主要组成零件见表6.7。把这些三维零件在三维CAD上组装，生成用于仿真的机器人模型。图6.81是仿真用的开拓者4号。各零件的颜色、材质和质量等必要数据也可以在Inventor中定义。软件中零件的数据外观与实际多少有点不同，如果零件数目增多，就会使向MSC.visualNastran 4D的转换或仿真的计算时间增加，因此需要进行简化。

表6.7 开拓者4号主要的组成零件

结构件（机体）	铝(A5052)
驱动器	RC伺服电机S5050(双叶电子工业)： 转矩19kgf•cm，速度0.2s/60°
	RC伺服电机 PDS-2144FET(近藤科学)： 转矩13 kgf•cm，速度0.13s/60°
微处理器	AP-SH2F-4A(alphaproject)，SH2/7046
电　池	镍镉电池7.2V，1100mA•h(组件) 镍氢电池6V，300mA•h(组件)
陀螺仪	PG-03（GWS）
加速度传感器	ADXL202(模拟元件)

(a) 前面　　(b) 后面

图6.81 开拓者4号（仿真用）

6.5.4 机器人的机械模型

在机构分析、结构分析软件MSC.visualNastran 4D中创建机器人的机械模型。在Inventor菜单中，可以把数据转换到MSC.visualNastran 4D中，在MSC.visualNastran 4D中把用Inventor生成的零件与零件约束(配合)中的驱动部分置换成电机。除此之外，进行坐标设置、与地面碰撞的设置、驱动器及传感器等用于Simulink数据传递等的设置。仿真用的参数，实际上是在仿真时设定的，需要调整时间间隔和积分精度。如果不经过一定时间的仿真，就得不到合理的仿真参数。因此，经过努力，才可以取得最好的数值。

6.5.5 机器人的控制程序

机器人的控制程序通过控制系统设计软件Simulink创建。这个部分相当于实际微处理器中的程序。微处理器中的程序用C语言编写，所以最好原封不动地移植。仿真程序如Simulink的框图、Stateflow、C语言等，各种表达方法都有其特长，按下述方法分开使用。

■ 数值计算部分

进行逆运动学等的数值计算部分使用Simulink的MEX文件S-Function并用C语言编写。通过S-Function Builder自动生成输出等结构，接着解码生成的C文件(×.c，×_wrapper.c，×.tlc)，最后把机器人的微处理器程序装入文件。图6.82显示用逆运动学计算的S-Function编写的程序，它是普通的C语言文件。如果用C语言编写时，也可利用微处理器的C语言程序。但是生成的函数需要事先编译，以便从Simulink中调用（mex××.c）。

```
void calc_kine_Outputs_wrapper(const real_T *u0,real_T *y0)
{
/* %%%-SFUNWIZ_wrapper_Outputs_Changes_BEGIN --- EDIT HERE TO _END */
/* This sample sets the output equal to the input
          y0[0] = u0[0];
 For complex signals use: y0[0].re = u0[0].re;
                          y0[0].im = u0[0].im;
                          y1[0].re = u1[0].re;
                          y1[0].im = u1[0].im;*/

    tp_xv_k xv_k;

    double  _sinx;
    double  _cosx;
    double  w1, w2;

//  input data
//  x        =   u0[0];
//. y        =   u0[1];
//  z        =   u0[2];
//  roll     =   u0[3];

    //  leg yaw
    _sinx       =   sin( deg2rad(u0[3]) );
    _cosx       =   cos( deg2rad(u0[3]) );
    xv_k.x[3]   =    u0[0] * _cosx + u0[1] * _sinx;
    xv_k.y[3]   =   -u0[0] * _sinx + u0[1] * _cosx;
    xv_k.z[3]   =   u0[2];

(··略)

/* %%%-SFUNWIZ_wrapper_Outputs_Changes_END --- EDIT HERE TO _BEGIN */
}
```

图6.82 逆运动学计算用的S-Function

■ 顺序部分

进行机器人模式切换或运动状态等的转移时，要顺序地把微处理器的C语言再次用Stateflow表达。图6.83、图6.84显示使用Stateflow编写的程序。如果用Stateflow表达，在仿真中可以实时显示哪个状态被激活，因此，调整或检查程序就变得容易了。

■ 整体及其他部分

程序的组成或经常变更的仿真等部分采用Simulink框图表示，这样从视觉上易于理解。

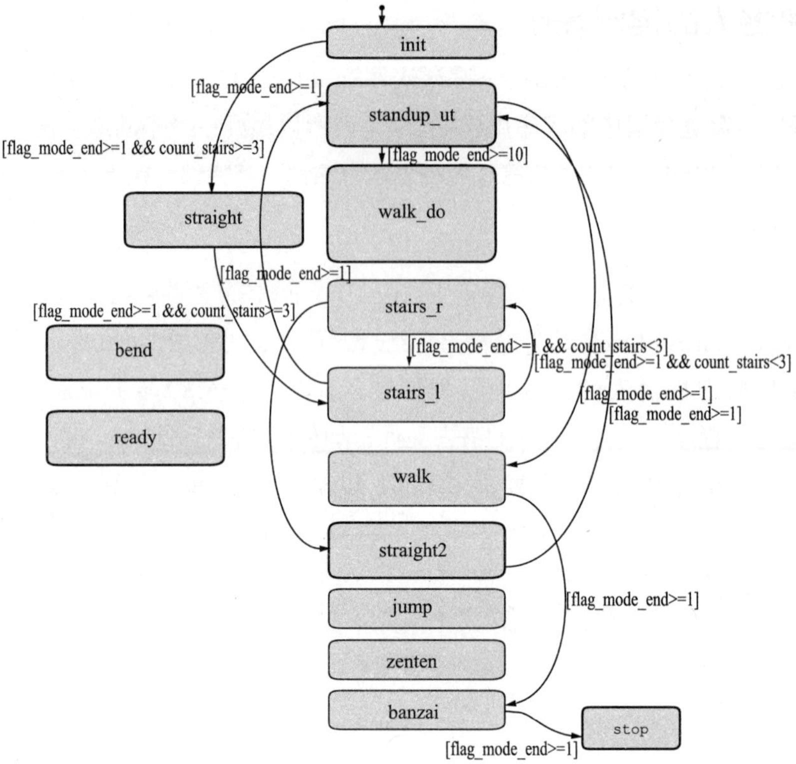

图6.83 Stateflow（上层）

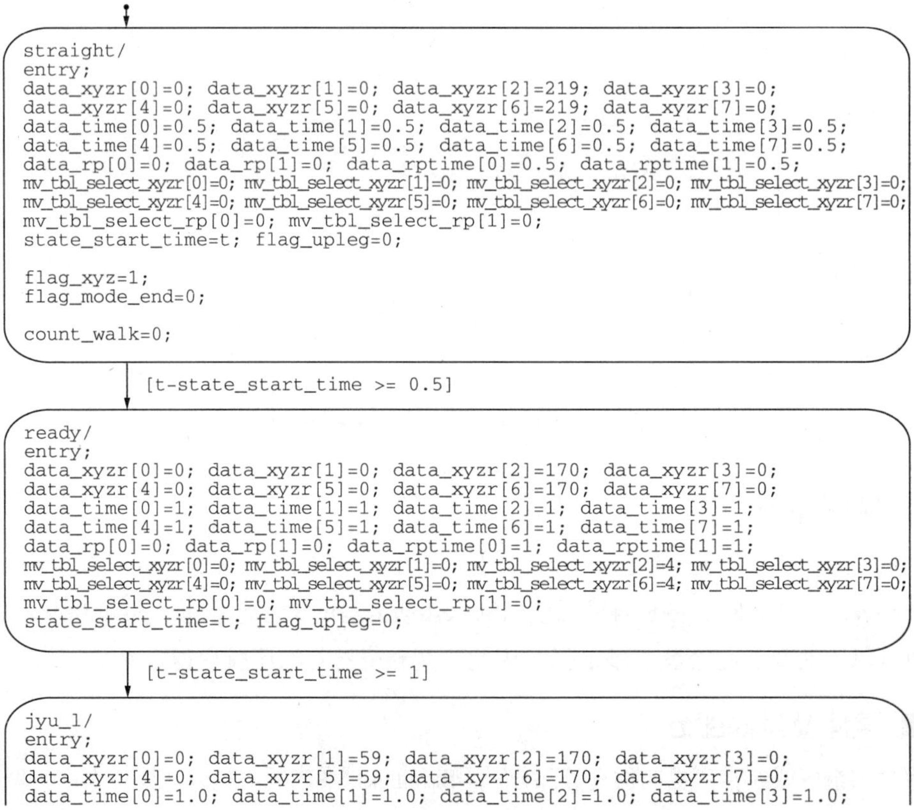

图6.84 Stateflow（下层）

Simulink的程序整体显示在图6.85中，说明如下。

（1）在指令值生成处理过程中，切换机器人的模式，进行生成对应模式的运动脚尖位置指令值或关节角度指令值的处理。Stateflow2阶层，在图6.83的上层表达步行、起身、爬台阶等动作模式切换，图6.84的下层表达各种模式中运动的顺序。

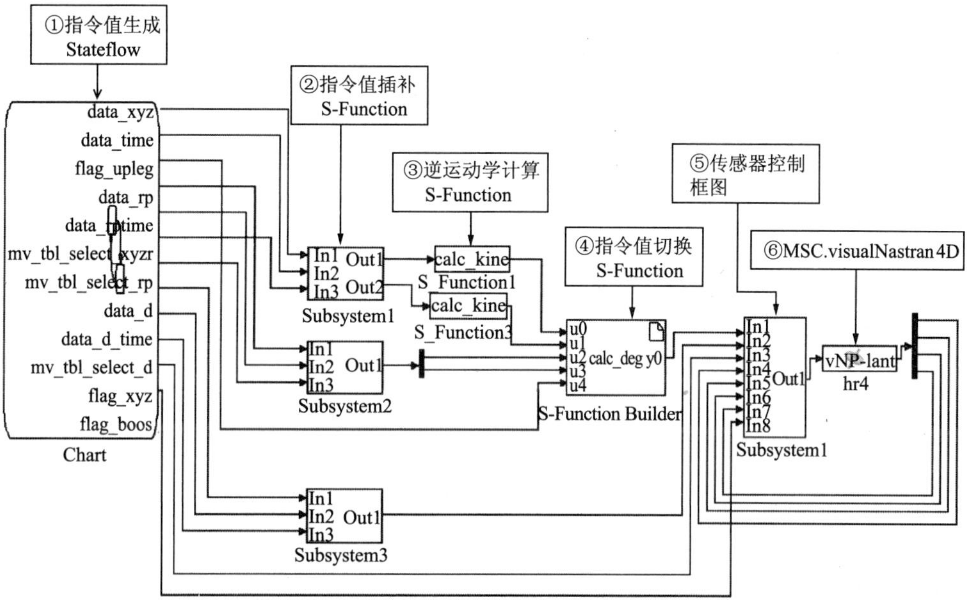

图6.85 Simulink的程序整体组成

（2）在指令值插补处理中，这些指令值用曲线插补。

（3）在逆运动学处理中，经过逆运动学计算，把脚尖的位置指令变换为腿的各关节角度指令。

（4）在指令值切换处理中，切换经过逆运动学计算的场合和不经过计算的场合的指令。

（5）在传感器控制处理中，对来自MSC.visualNastran 4D的传感器信息进行反馈计算，生成伺服电机的角度指令值。作为传感器信息，使用角速度或加速度。这一部分的子系统如图6.86所示。

（6）把伺服电机角度指令值传递给MSC.visualNastran 4D。

6.5.6 实施仿真

图6.87是仿真的画面布局。右侧的MSC.visualNastran 4D界面上，观察实时显示的机器人动作或传感器信息，同时监控左下方Stateflow的状态。

可以说，在PC显示器上看到自己的机器人开始步行、起身动作，同时在实际机器上进行参数调整。调整的步骤与实机相同，但是，如果是仿真，由于要花费计算时间，因此同样也要花时间调整，并且调整结果与实际机器的数值很接近。图6.88所示抬起动作，几乎与实机相同。图6.89的步行与地面滑动过大，状态变差。在慢步

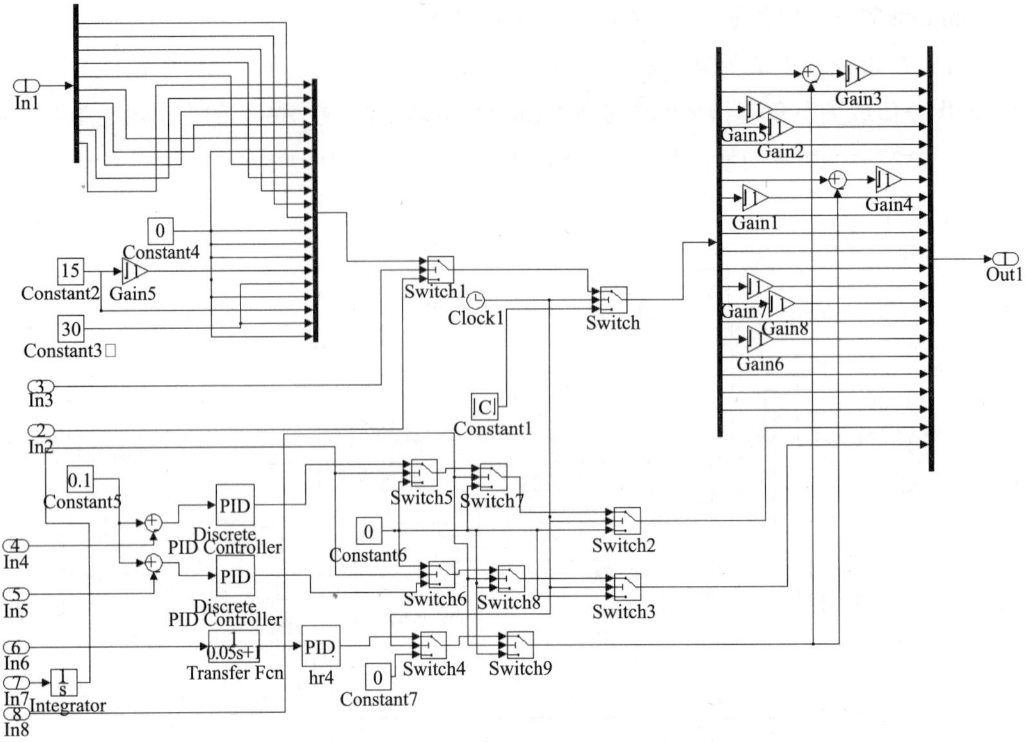

图6.86 传感器控制的框图

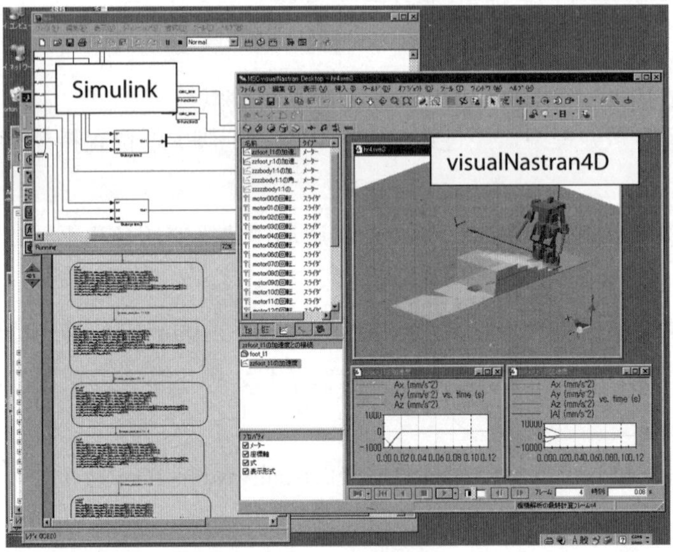

图6.87 仿真中的画面

行中是边滑动边行进，而高速步行时由于地面滑动，即使让腿移动，也不能前进。MSC.visualNastran 4D中没有备用的橡胶材料，不能输入静摩擦数值。而实际机器可以在脚内侧粘贴橡胶，仿真中脚掌摩擦与碰撞的缓解部分与实际机器和地面难以相符。关于仿真时间，走一步，需要1min以上。因此，仿真主要从夜里开始到早上进行计算。

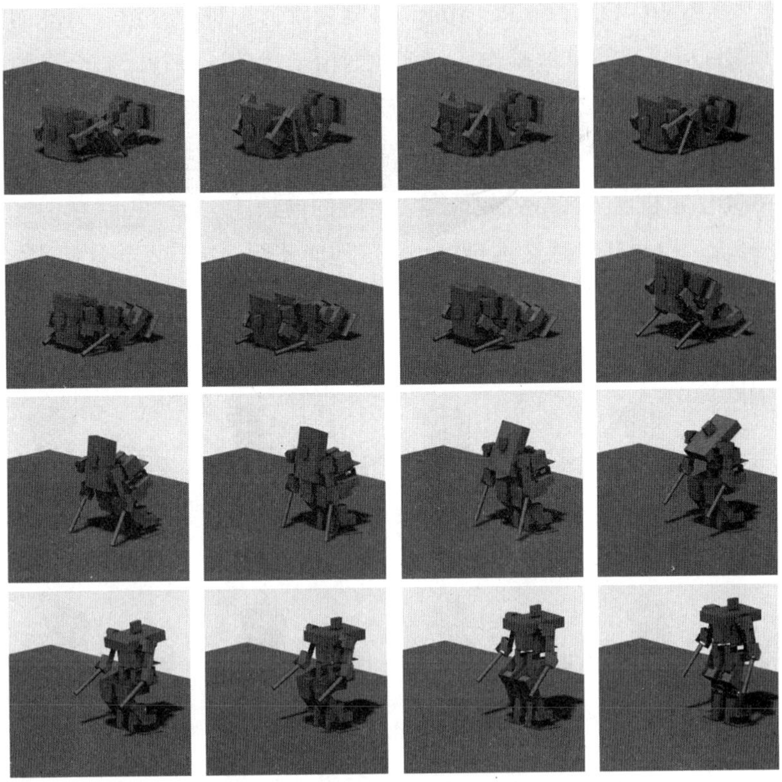

图6.88 起身画面

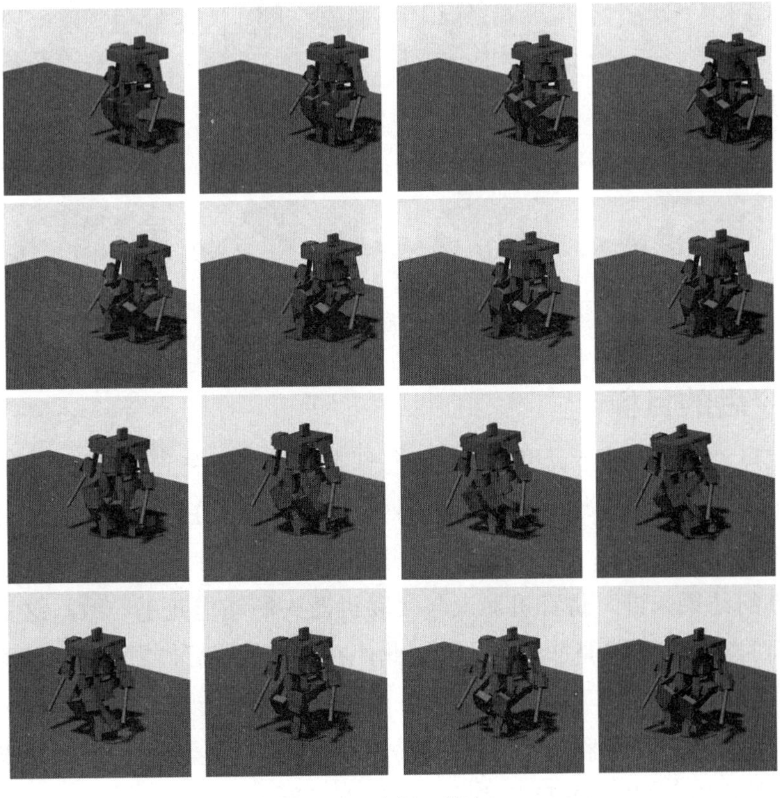

图6.89 步行（静态）

接下来，就ROBO-ONE on PC Mission1爬台阶情况进行介绍。月球的重力为地球的1/6，对于仿真这可以很简单地操作。仿真地面由于滑动，步行时脚会滑脱导致从台阶上跌落。于是，为使腿不滑动，或者把滑动反向利用，要从后面粘住两腿，向后蹬腿就可以。Poster的输出通过传感器反馈控制，这个表达可以用易于修改的框图表示（图6.86的下面）。图6.90中是机器人战战兢兢地爬上台阶的情景。

一爬完台阶，快要打滑时又跳起，此后落地而摔倒，接着又一次起来，Mission1终于完成了。

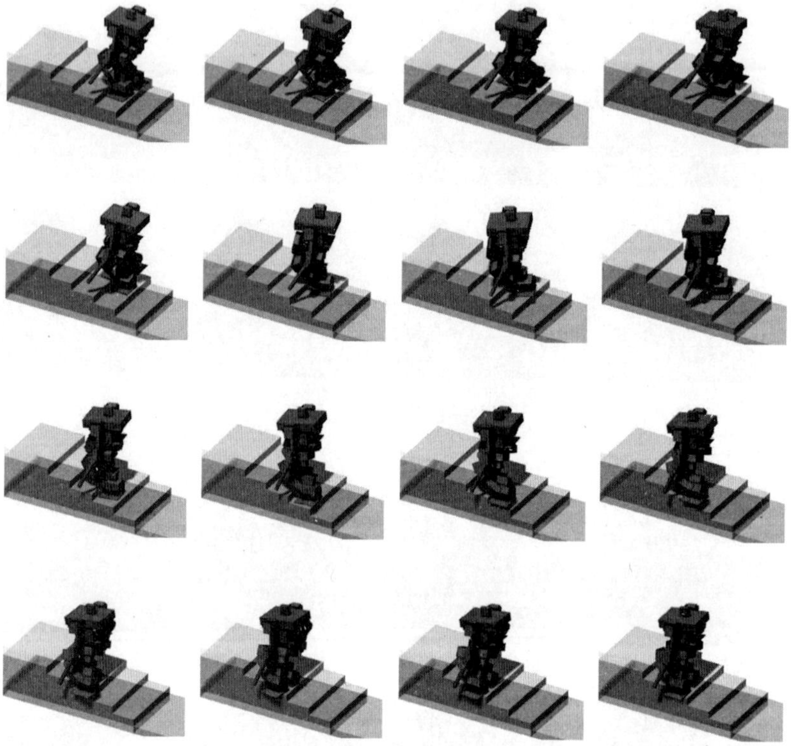

图6.90 爬台阶

6.5.7 今后的目标

现在就可以采用这些工具很容易地进行即使具有复杂关节结构的类人机器人仿真。虽然花了很多时间，但是类人机器人这样复杂模型的仿真在PC上可以进行还是非常了不起的。

就仿真的结果来讲，仿真机器人与实际机器人的动作几乎一致。这里由于地面滑动，与地面的接触问题等是非常难的。因此，在仿真的背后，需要深入学习的地方还很多。

最后，在设计新型机器人时，在不能进行月球实验环境下进行动作的验证时，仿真有举足轻重的作用，今后请继续努力。

6.6 bode

6.6.1 在ROBO-ONE on PC出场

我在第4届之前就知道了ROBO-ONE on PC举办业余机器人格斗大会的消息。双足步行机器人是经历了长期研究最近终于实现的技术，那么任谁也不敢想象吧。恰好在大会上，让我们看到平坦的步行，敏捷的起身等优于机器的动作。在感动的同时，就自己能否制作这样的机器人，开始通过机器人杂志或网络等进行调研。然后，好像出现了自己可以制作的想法，然而手头没有三维CAD等，一直头疼不知怎么办才好。

期间，又开始募集机器人设计比赛ROBO-ONE on PC的Mission2。不知如何通过资格审查，取得了Autodesk Inventor，MSC.visualNastran 4D，MATLAB/Simulink/Stateflow的无偿使用资格，因为很早对机器人仿真感兴趣，所以很快提交了申请。此后不久，还举行免费的培训会，给我们教授ROBO-ONE on PC中的常用软件的使用方法。我聆听了吉村先生的伺服电机Inventor数据讲座、津藤先生的机器人仿真实例，这些经验充分地体现在以后的设计中。

此后半年，我天天持续面对PC的战斗，特别是在夏季后，休息日几乎都花在PC上。无论如何，终于还是完成了规定的科目，并且取得了优胜。能在ROBO-ONE中取得优胜，的确很高兴。

这一节通过Mission2重点总结控制的技巧。同时，也有其他一些更好的方法，请理解这些内容。在本节用Mission2能够完成跑步、跳跃、返回宇宙等动作。如果对大家有帮助，那我将倍感荣幸。然后，我想引出在Mission3中出现的了不起的演技。大家一起来提升ROBO-ONE on PC吧。

6.6.2 Mission2的结果概述

Mission2的审查项目就是“以机器人的设计外观和行走的美感、控制的鲁棒性、机构分析、结构分析的正确性等进行评价”，见表6.8。特别是拘泥于Mission2的眼球的“行走美感”。在“跑”之前，我留意了一下，没有使用突起，自己“向前跳”，然后“缓缓着地”。仿真动画在ROBO-ONE的主页上已经公开了，请大家浏览。另外，图6.91是所设计的机器人和优胜奖品。ROBO-ONE on PC的奖品也是虚拟的。

下面，在本节中说明这两点（向前跳，缓缓着地）的控制技术。虽然听起来很难，但使用起来却很简单。

6.6.3 Mission2技巧——向前跳的方法

如果向前跳跃，由于在MSC.visualNastran 4D中不能处理静摩擦，可能会出现地面滑

表6.8 Mission2 设计结果概要(bode)

No.	项 目	设计概要	使用软件
1	外观/设计	基本遵循下列原则： •由市售伺服电机和钣金构成 •腿，正交轴 •双边支撑结构 •重心平衡好的机体	Inventor
2	机构分析	确保运动需要的可动范围	Inventor
3	强度分析	进行结构分析（FEM）， 腿部与臂部的强度分析	Inventor MSC.visualNastran 4D
4	行走美感	不使用突起，向前跳、缓缓着地	MSC.visualNastran 4D MATLAB/Simulink
5	控制的鲁棒性	通过陀螺平衡控制	MSC.visualNastran 4D MATLAB/Simulink

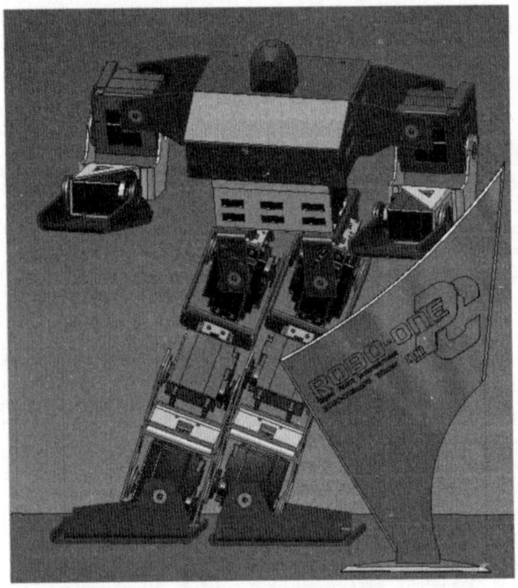

图6.91 设计的机器人和优胜奖

动、飞不起来等问题，于是想到在Mission2中设置一个2mm的突起，试着把脚搭在这个突起上，向前跳跃。可是，由于2mm的突起太小，难以顺利地搭上。而且即使可以搭上，如果与突起有不同的接触角度，会大大地改变轨道。因此，使用这个突起是不可行的。

于是，我便改变想法考虑不使用突起，让它能自己向前跳起，在尝试了MSC.visualNastran 4D中各种各样的方法之后，用了大约一个半月的时间进行讨论。终于明白了不用突起，采取自己向前跳跃的方法。我想这个要点就是“要依靠地面反力进行调整”。下面进行详细说明。

在研讨会上，有报告说不把电机设置成转矩指令型，就不能得到地面的反力，在刚刚确认调试完成后，就知道了角度指令型也可以取得地面反力并向前跳跃。所以，本节笔者将其整理成向前跳跃的技巧。

■ 地面反力

地面反力就是用腿踩地面时的反力。例如，在体重计（非数字式的）上跳起，跳跃的瞬间，体重计的指针突然摇摆。也就是说，在跳起瞬间，对地面产生很大的力，这就是地面反力。这个蹬的瞬间产生的足够大的反力就成为推动力，向前跳跃时，没有这个反力，就会出现滑动，前进不了。因此，如何获得地面反力就是向前跳跃的关键。

■ 基于简单模型的实验（采样时间的调整）

如果从初始状态让机器人向前跳跃，由于问题过于复杂，难以把握问题在哪里。为了便于简单分析，我们来看图6.92所示简单模型，在一个倾斜的导轨上放置一个物块，如果让这个物块沿斜前方瞬时移动，就是说整体沿斜前方飞出，这就是1个自由度的简单模型。这里，物块的驱动指令不是力，而以位置指令输入。

在MSC.visualNastran 4D模型中，要监控地面反力，如图6.93所示选择基础与地面，在菜单中选择“插入→“测量”→“接触力”。这个接触力相对于地面反力。

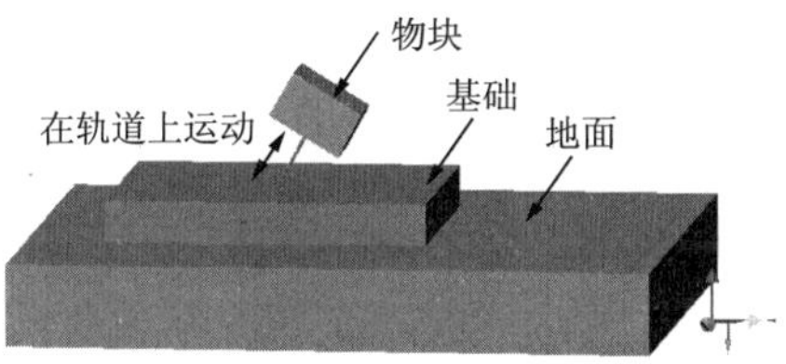

图6.92　简单模型

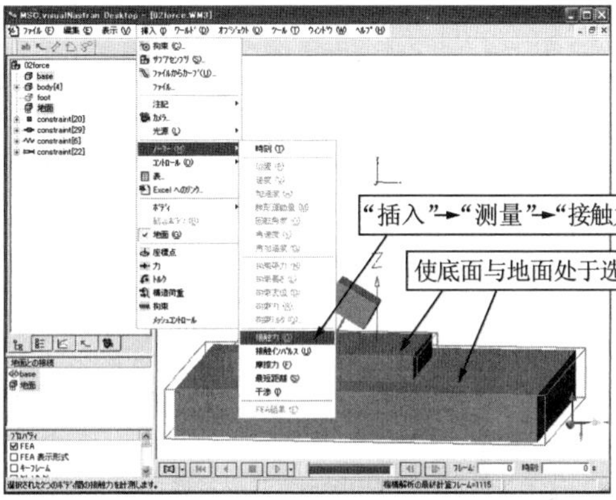

图6.93　MSC.visualNastran 4D中的地面反力的监控

在这个模型中尝试让物块沿斜面移动，向前跳跃。可是物块从初始状态没有向前飞出（图6.94）。观察地面反力，在跳起的瞬间，几乎没有得到地面反力，因此不会前进。

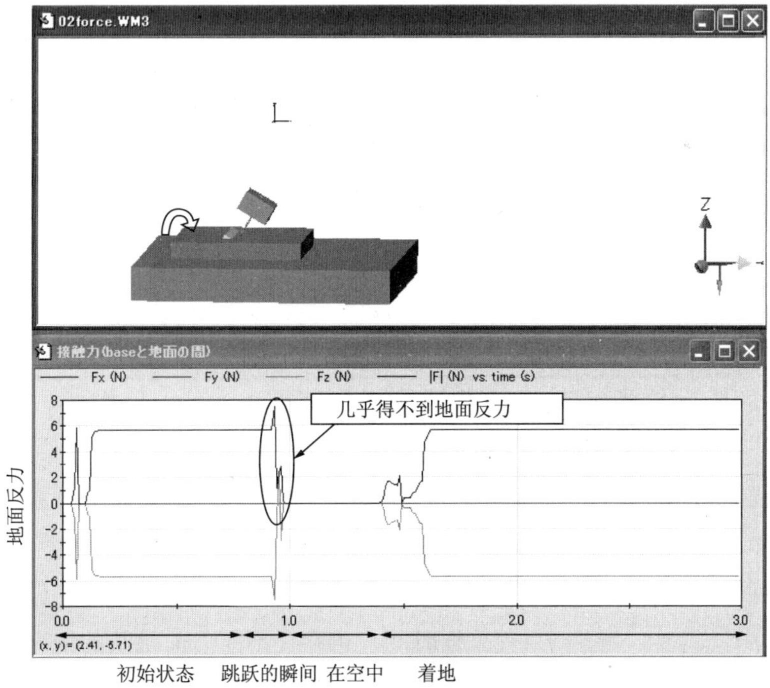

图6.94　地面反力的结果（跳跃失败时）

得不到地面反力的原因是，因为在突然跳起时产生的地面反力的过程只是一瞬间，如果采样周期太短，地面反力不能充分地仿真出来。于是，可以按图6.95那样设置仿真的积分设置。也就是说，在默认状态采样时间会变成自动，采样周期变长。这次固定其采样周期为0.002s，相当精细。使其进行同样的跳跃，的确向前跳起了（图6.96）！观察地面反力，就可以知道在跳起的瞬间得到了非常大的地面反力。

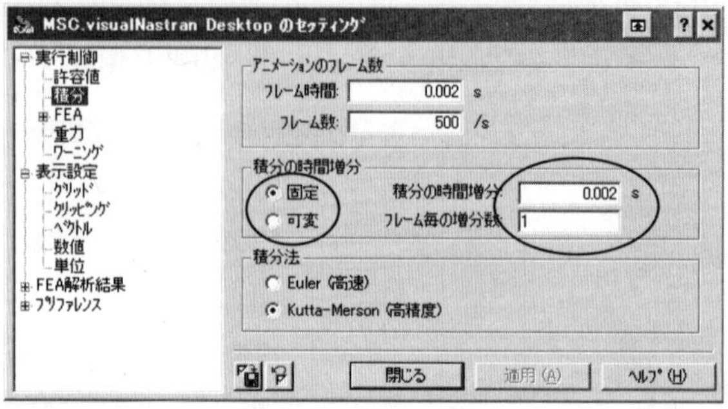

图6.95 更改仿真积分设置

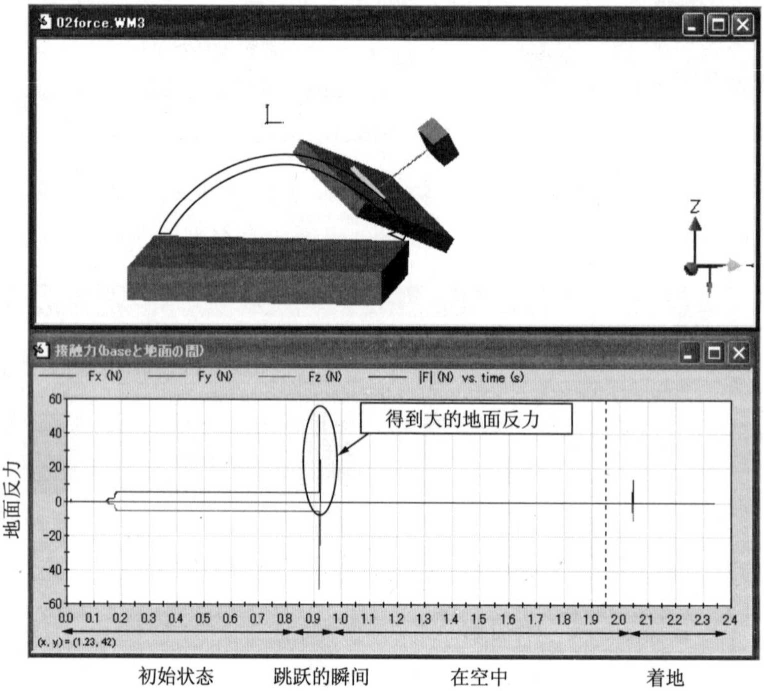

图6.96 地面反力的结果（跳跃成功时）

然后，就能知道“要向前跳跃，需要适当地设置采样时间”。所以，我想以后就使用5.4节中所叙述的伺服电机模型，这样的话，不用特别说明采样时间就会自动变细。

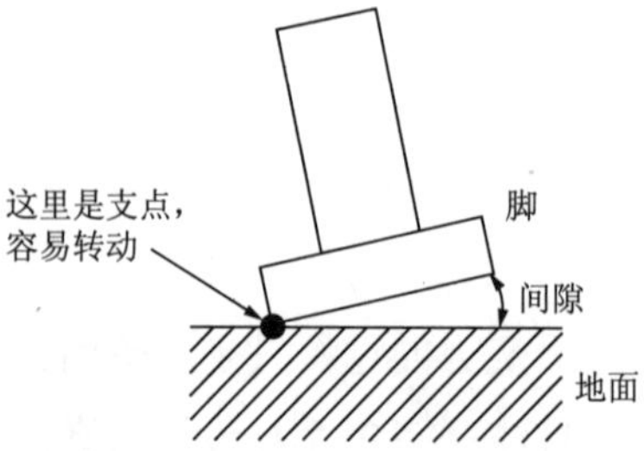

图6.97 地面与脚掌之间的间隙

可是，一旦在实际的机器人中这样做的话，即使调整采样时间，也存在不能向前跳跃的情况。下面，就这个问题进一步说明。

■ 基于机器人的确认1（接触的调整）

机器人无论如何都不能向前跳起时，首先试着仔细观察地面与脚掌的接触吧！如图6.97所示，如果地面与脚掌之间存在间隙，就不能顺利地向前跳起。其原因是地面与脚掌接触的区域为“线”接触，易于转动、滑动。因此，尽可能在前跳的瞬间使脚掌整体与地面接触。为此，也需要“精细地创建运动”，需要根据“添加陀螺等的平衡控制”稳定姿态。进而，根据伺服电机模型，即使关节与地面之间存在间隙，只要脚掌与地面接触得更紧密就行。利用在5.4节中讲述的伺服电机模型，就可以简单地使用。

■ 基于机器人的确认2（调整MSC.visualNastran 4D的设置）

即使进行上述的调整也不能向前跳跃时，再一次仔细观察地面反力的图像。如此，是否就会成为图6.98所示不规整的波形呢？这是脚掌和地面之间的间隙造成的。可是，抑制间隙也是有限度的。于是，重新在MSC.visualNastran 4D中设置接触。

所以，用MSC.visualNastran 4D中的接触来判定图6.99与图6.100中的参数就成为了关键。我想就引出下列含义。

“允许两个物体之间的重叠为（重叠许用值）×（代表尺寸）”

在本次的仿真中，各参数为

重叠许用值=0.001

脚的代表尺寸=0.01m

地面的代表尺寸=0.01m

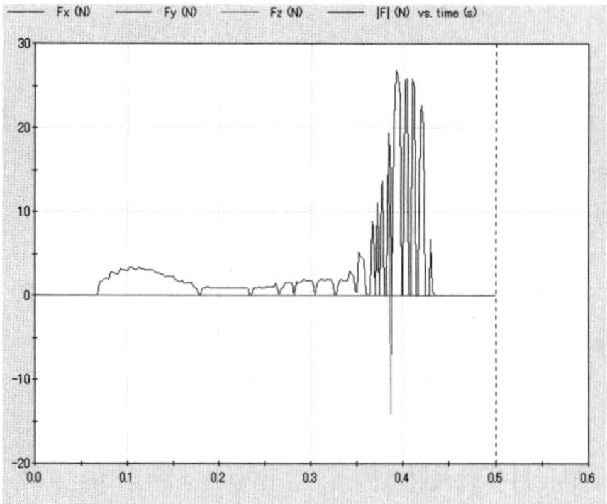

图6.98 地面反力图像（脚掌与地面存在间隙时）

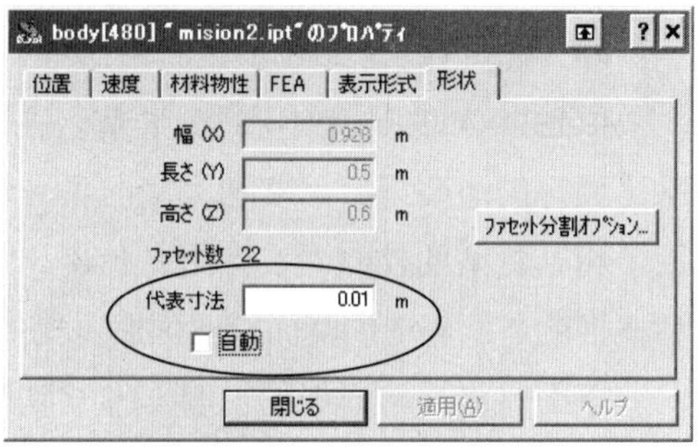

图6.99 代表尺寸的设置

因此，脚与地面的重叠只允许为0.01m×0.001=0.00001m=0.01mm。0.01mm就是金属表面粗糙度。当重叠恰好等于这个值时，即可正常运转。那么把该值设置为0.01mm，更改各个参数，进行仿真（如果在脚掌粘贴橡胶，就是0.01mm左右的变形程度）。

接触许用值=0.01

脚的代表尺寸=0.01m

地面的代表尺寸=0.01m

这时的地面反力如图6.101所示。地面反力的波形变得很漂亮，没有了不平整现象。如果是这种光滑程度的波形，就可以得到地面反力，从而获得较大的向前推进力。

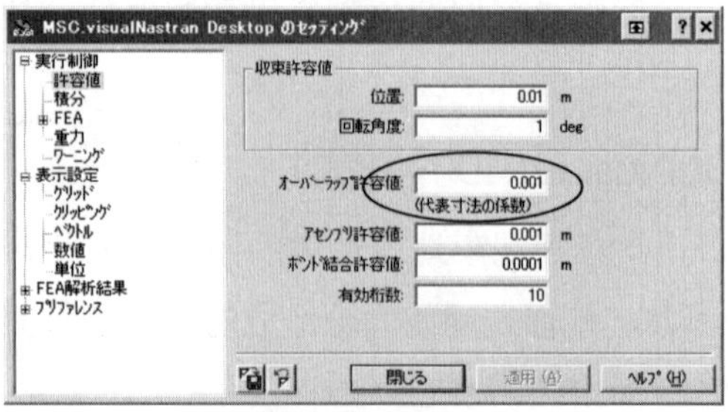

图6.100 重叠许用值的设置

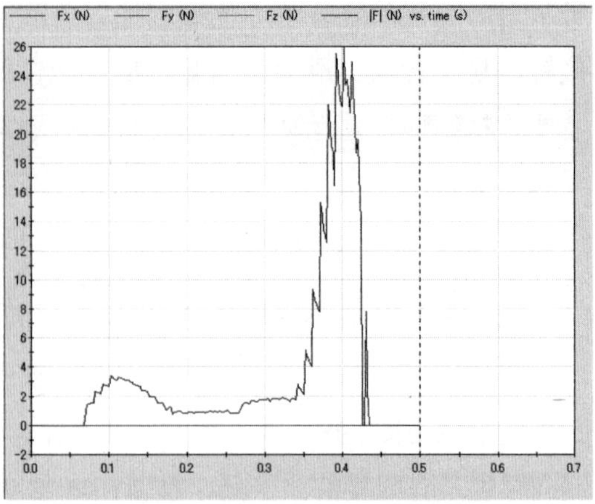

图6.101 地面反力的图表（调整接触许用值之后）

可是，坦率地讲，难以说清楚在实际中这个值究竟为多大比较好。在完成了Mission3之后，最好对这个值进行规则化。

■ 补 充

以上总结了向前跳跃的秘诀。另外，为便于理解采用了位置指令型模型，使用了伺服电机模型，使脚与地面易于接触。以往要创建伺服电机模型时需要控制方面的知识，这就有些难度，但是，如果利用5.4节中叙述的模型，就简单了。

6.6.4 Mission2技巧——缓缓着地的方法

■ 缓缓着地的概念

ROBO-ONE on PC研讨会之前，在网络上公开了一部分机器人顺利着地的动画，似乎比预想的还要好，着实让大家吃了一惊。此后，人们提出了各种各样的疑问：是否采用了相当复杂的控制？实际上是使用比大家想象的更为简单的算法进行控制的。用一句话概括就是：着地的瞬间减弱伺服电机的P增益，通过阻尼效果吸收冲击。

下面，将给出详细的说明，本节以使用5.4节的伺服电机模型为前提，围绕基于伺服电机模型进行最低限度的绕腿俯仰和旋转等控制展开说明。

■ 缓缓着地简单实验

首先，试用通常伺服电机的增益让机器人从上面落下。我想如果这样，机器人就会飞出地面。这是由于腿关节被结实地固定，不能吸收冲击造成的。

然后，减小各伺服电机的P增益（我大约减少1/3左右），试使机器人从上面落下。我想如果没有在地面上跳飞，就会成功地站立在地面上。如果跳飞，最好再一次减少P增益，也同时调整D增益。一般情况下，P增益会增强伺服电机的刚性，D增益有抑制振动的效果。我希望采用各种各样的值进行尝试。P和D的值必须恰当，过大、过小均不可，我们要做的就是通过调整两者的值从而找到合适的值。